産業革新の源泉

ベンチャー企業が駆動する
イノベーション・エコシステム

原山優子・氏家　豊・出川　通【著】

Driver of Industrial Innovation

Technology Ventures Fueling Innovation Ecosystem

Yuko Harayama・Yutaka Ujiie・Toru Degawa

東京 白桃書房 神田

はじめに

一国の革新力をナショナル・イノベーション・システム[1]の視点から捉えるようになって久しい。産学官連携、ネットワーキングをばねに新たな技術・産業が創出され、社会的余剰、ひいては国民の豊かさが拡大するという考え方だが、根底には生産活動、それに対をなす消費活動、そして安定的均衡への収束を壊す創造活動が存在する。

ここでいう生産活動の主体たる企業は、旧来その規模[2]から大企業・中小企業・零細企業というカテゴリーに、また製造業、卸売業、小売業、サービス業といった業種によるカテゴリーに分類されてきたが、往々にしてそこに埋没してしまうのが「ベンチャー企業」と呼ばれる企業群である。

ベンチャー企業は法的あるいは学術的な定義がいまだ確立されていないという状況[3]にあり、ベンチャー・キャピタルに由来する[4]とも、ベンチャー精神を重んじる企業とも解釈されているが、生産活動の舞台で、「その他大勢」から「脇役」へと着実に役どころを高めていることは確かである。中には「主役」に躍進したベンチャー企業すら存在する。

では、なぜベンチャー企業の存在感が高まりつつあるのか？　この現象を理解するカギを探る、恐れずにいえば「ベンチャー企業の本質に迫る」ことを本書は試みる。

本書が着目する第一の軸は、生産活動に新たな息吹を吹き込む彼らの創造活動である。規模の大小を問わず、すでに社会的な地位を確立した企業、安定期に入った企業にとって「破壊的創造」[5]の優先順位は経営戦略のなかで低い。事業化への道のりは長く、高コストで、不確実性を伴うこと、また自ら培った既存の市場を粉砕してしまう可能性をも含むことが主な理由とされるが、それでもIncumbent（在職者）であるが故の制約を迂回し、またイノベーションのプロセスを部分的に実践する手段を提供するのがベンチャー企業ではなかろうか。本書では特に「開発型ベンチャー企業」[6]に着目してその raison d'être（レゾンデートル：存在意義）を探る。

また、過去に起こったイノベーションの事例からそのプロセスを紐解くと、大学から企業への技術移転といったライセンシング・モデルで明快に説明されるケースは少数派であることに気づく。多くの場合、複数のプレーヤー間で知識の取り引き、共有、協創が行われ、またそれらを取り巻く制度、政策、経済状況、価値体系といった環境とのインターアクションのなかで、さまざまな連鎖反応が起こり、その結果としてイノベーションが現実のものとなっている。本書では、このイノベーションの連鎖を内包する複雑系をイノベーション・エコシステムと呼ぶことにする。これが着目する第二の軸である。エコシステムは「A system in which the interaction between different organisms and their environment generates a cyclic interchange of materials and energy」と定義[7]されるが、この物質の循環をベースに生体系の自己再生を可能にする仕掛けをイノベーションの生成に転写するという発想である。イノベーション・エコシステムの舞台で生物系を演じるのがアントレプレナー（Entrepreneur）、企業群を含むアクターとなる。特定の複雑系がイノベーションを継続的に生成するシステムとして機能するには、そこに、スピード、柔軟性、リスク・テーキングを行動規範とする活性剤たるアクターが必要となるが、その役割を担うのがベンチャー企業ではなかろうか。本書は、ベンチャー企業そのものにスポットライトを当てるのではなく、イノベーション・エコシステムのなかに活路を模索するベンチャー企業の姿を捉えることを試みる。

次に、上記のイノベーション・エコシステムのなかでも特にベンチャー企業と大企業との関係に着目する。第三の軸である。この背景にある動きとして昨今では、イノベーションの捉え方が、一企業の単独の行動によるイノベーションから、複数のプレーヤーの連携の結果として、特にベンチャー企業と大手企業間の連携を核とするそれへとウェイトが移りつつある。

昔もいまも、アイデアを技術面とビジネス面から成熟させ市場へと送り出すプロセスにおいて中核的役割を担うのが、資本力と人材を集約する大手企業となるが、それらがイノベーション・エンジンのタービンを回転させるためには、そのタービンの要素となるある部分を充たしてくれるような対象先が必要になる。旧来それは社内に見出してきた。ただ、現在のような産業革新のめまぐるしい局面では社内のリソースのみでは限界が生じ、社外のアクターとの協働が不可欠となる。その象徴的な存在が、大学等の基礎レベルの研究を過ぎて、何がしかの事業化段階に入り込んでいるフェーズの技術を磨くベンチャー企業である。一九八〇年代に米国の東海岸の既存大手企業群が社内の研究開発を中核としたイノベーションに行き詰まり、東西、特に西海岸のシリコンバレーのベンチャー企業群と組むことで活路を見出していったことは象徴的である。多様で技術力の高いベンチャー企業群、なかでも大手企業が振り向かざるを得ないくらいのレベルに達したベンチャー企業の存在は大企業のイノベーション能力を向上させるうえで必要不可欠のものになりつつある。

第四の軸は域である。イノベーションの震源地を地図上にプロットするとしよう。いくつかの特異点が浮かび上がり、そこには上記のイノベーション・エコシステムの構成要素の集積が見受けられると共に、外部の要素を吸引する力が存在する。さらにそこに集積するアクターの行動を追跡すると、域内のアクター間の密な関係に加えて域外のアクターとの取り引きも観察される。ベンチャー企業は「住みよい環境」を求め、居する場を決定し、また活力のあるベンチャー企業が集積することにより、その場の吸引力がさらに高まる。本書では米国の西海岸のシリコンバレーと東海岸のボストン地域に着目するわけだが、ベンチャー企業を「域」の視点からも捉えることを試みる。

分析の枠組みとしては、ナショナル・イノベーション・システム、地域イノベーション・システムといった概念がすでに存在し、そこでは国、地域が地理的なスコープとして特定されている。[8] またイノベーション論と平行して、地理経済学において産業集積、Innovative Milieu といった概念が構築され、その論議の場に経営学、経済学が参入しクラスター論が展開されるに至った。[9] 我々はイノベーション・エコシステムのなかにベンチャー企業を位置づける作業を進めるにあたって、これらの文脈を踏まえつつ

「ベンチャー企業にとっての地域性とは？」という問いを常に念頭に置くこととする。

また、イノベーション実現の基点となるベンチャー企業の本質に迫るということは、つまりはイノベーション実現のメカニズムを解明することに他ならない。つまり、さまざまな事業活動、そして産業社会を、より前へ、より高く推し進める広い意味でのイノベーションの根底をなすものは何であって、現代産業社会においてそれを押し進めるためには何をすべきか、これを追求することである。本書の狙いもそこにある。

なお、経営、ファイナンス、技術開発、あるいは実践の視点からのベンチャー企業論、個別のベンチャー企業の分析はすでに著書として数多く出版されているが、本書は、米国と日本のケース・スタディーをたたき台としながら、イノベーション・エコシステムという文脈のなかでベンチャー企業が果たす役割を浮き彫りにするという、これらとはまったく異なるアプローチを取る。

この新たなベンチャー企業論への第一歩を踏み出すに際して、まず第1章（原山）では、本書の骨格をなすイノベーション、ベンチャー企業、クラスターの概念整理を行う。そして第2章（出川・氏家）でベンチャー企業のブリッジング機能について論点整理をしたうえで、第3章（氏家・出川）ではケース・スタディーをもとに米国の西海岸と東海岸のベンチャー企業の実態に迫る。ここでは日本のケースを紹介することにより、米国のベンチャー企業の特色を浮き彫りにする。続く第4章（氏家）ではシリコンバレーをイノベーション・エコシステムとして捉えたうえで、ベンチャー企業の位置づけを明らかにする。第5章（出川）は日本の現状に立ち返り、ベンチャー企業を取り巻く環境を分析し、第6章（氏家・出川）ではここまでの議論を踏まえてイノベーションが社会にもたらす変革を再考する。「おわりに」（原山）で総括をおこなう。各自担当の執筆を終えた後、筆者三名が集まり座談会形式でベンチャー企業論を交わした。その鼎談をもって本書の締めくくりとする。

イノベーションの現象に興味を持ちそのプロセスを理解すべく学んでいる最中の学生の方々、さらには研究対象となさっている方々、現場でイノベーションの一翼を担う実務者の方々、イノベーション政策を担っている方々、またベンチャー企業を起こそうと考えている方々に対し、本書を通じてこれまでとは異なる視点からベンチャー企業を捉えるきっかけを提供できれば幸いである。

■注

（1）Nelson, R.R. ed.（1993）, *National Innovation Systems*, New York, Oxford University Press. OECD（1997）, *National Innovation Systems*, Paris, OECD Publications.
（2）中小企業基本法参照。
（3）ＯＥＣＤではベンチャー企業に近い概念としてGazelleを「All enterprises up to 5 years old with average annualised growth greater than 20% per annum, over a three year period」と定義している。
（4）トートロジー的な側面も否めないが、ベンチャー・キャピタリストが投資対象とする企業と定義するなど。
（5）Schumpeter, J.（1942）, *Capitalism, Socialism and Democracy*, New York, Harper & Row.

（6）追って詳しく説明するが、製品開発のステージに注力・特化したビジネス・モデルを持つベンチャー企業をここでは開発型ベンチャー企業と呼ぶ。
（7）ＯＥＣＤの Glossary of Statistical Terms（http://stats.oecd.org/glossary/about.asp）は国際連合の *Glossary of Environment Statistics*, Studies in Methods Series F, No. 67, United Nations, New York, 1997を引用している。
（8）行政区分に準拠しない場合、「地域」の定義は分析枠組みに依存する。
（9）Maillat らが提唱する社会的ネットワークの形成に軸足を置く産業集積論。Maillat, D. and B. Lecoq（1992）, "New Technologies and Transformation of Regional Structures in Europe: The Role of the Milieu," *Entrepreneurship and Regional Development* 4, pp. 1–20.

目　次

第2章　技術と事業のブリッジング……29

第3章　現象としてのベンチャー企業

第4章　イノベーション・エコシステム―シリコンバレー・モデル―

1 キー・コンセプト

本章では、「ベンチャー企業の本質に迫る」ための準備作業として、カギとなるいくつかの概念について筆者三名の持つ共通認識を提示する。「イノベーションとは？」という問いを出発点とし、「ベンチャー企業」と呼ばれる企業体の概念整理を行い、最後にイノベーションの地域性を「クラスター」の概念から引き出す。

(1) イノベーションとは？

日本においては、第三期科学技術基本計画における戦略の基本のひとつとして「科学の発展と絶えざるイノベーションの創出に向けた戦略的投資」(1)が掲げられた。また同様に欧米亜諸国の科学技術政策(2)にも「イノベーション」が共通して登場する。イノベーションという言葉が社会に浸透し、概念の社会化が進むほどに、経済の活性剤、ひいては社会変革の誘発剤としてイノベーションへの期待は高まる。今日、社会経済におけるイノベーションの重要性に異論を唱える人はいない。

歴史から、現象としてのイノベーションを確認するというアプローチもあるが、ここでは、イノベーションの源泉について考察を行ったうえで、主だったイノベーション論を概観し、イノベーションの捉え方について論じることにする。

(1)―1 イノベーションの源泉

人類の長い歴史を振り返ったとき、普遍的なひとつの行動が浮かび上がってくる。それは「既存のものに新しいものを吹き込み、新たな価値を生み出していく」という行動である。これこそが人類と他の動物とを差別化するものでもあり、それが故、社会が形成され、世界が変遷してきた。狩猟採取の時代から、ひとは常に与えられた環境に働きかけ、その環境を変革させることにより、自らの存続を維持し、また新たな環境を創り出してきた。そこには「知恵」があり、そこから「技」「道具」が生まれ、反復作業のなかで、また「伝承」のプロセスのなかで、人間の英知が蓄積されていった。

この行動は、人類が誕生して以来、延々と引き継がれてきたもので、なにも目新しいことではない。まさに、人々のイノベーティブな行動の積み重ねによって、今日の社会が形成されてきたのである。しかし、この行動の背景にある誘発因子は時と共に大きく変わってきた。その日その日の糧を確保するための行動は、食物の貯蔵が可能になった時点から先を見据えた行動へと移行し、それと同時に「社会」のユニットも、家族から、集落、自治体へと広がっていった。行動の分化、組織化はこのように進んでいった。生存、危機への対応に発する「糧」の蓄積が誘発要因となり、豊かさの創造へと広がっていったのだ。この一連のプロセスに新たな方向性を吹き込んだのが、数世紀前に登場した「近代科学」である。なかでもドラスティックに変わった点は、環境へ働きかける際に、従来からの体験的手法に「科学的手法」が、そして「技」「道具」に「技術」が加わったことであろう。さらに二一世紀に入ると、人類はInformation & Communication Technologies（ICT）というツールを操作するようになり、情報・知識・創作活動の相対的価値は高まり、時間的・空間的・物理的な制約を一部コントロールしながら行動を取ることが可能になった。ＩＣＴはイノベーションの対象であると共に、イノベーションの連鎖を促す加速装置でもある。

イノベーティブであったが故に人類は、今日の社会を築き上げ、また時々の破壊的な行動で社会厚生の後退をも招いた。ここに「今日現役である私たちは過去から何を学び、未来に何を投射すべきか？」という命題が登場する。仮に二〇二五年の日本を想定することにしよう。[3] このとき「国」としての日本はさまざまな指標で表現することができる。また、さまざまな経済モデルを動員してパラメーターの変動による経済成長への影響を予測することも可能である。例えば、研究開発投資を対ＧＤＰ比率で表し、その割合を引き上げたときの経済成長率に与える効果を計算することはマクロ経済学の演習でよくやることだが、肝心なのは、ベースとするモデルの組み立て方であり、その背景にある現場でのプラクティスとそこで行動を取る「ひと」である。もちろん経済成長モデルのなかに「人的資本」は盛り込み済みだが、ここで注目したいのは、「在学年数」などの指標では捉えきれない人的資本の「質」の側面である。ひとは生まれながらに授かった本能を核として、環境とのインターアクションのなかで自己形成、社会化を進めていくわけで、だからこそ、二〇二五年に日本をリードしていく次の世代にどのような環境、どのような価値観の社会を提供していくかが今日問われるのだ。

(1)―2　イノベーション論

経済学・経済史において「イノベーション」はすでに長い歴史を持つ概念である。古くは産業革命にまでさかのぼることもできるが、シュンペーターの「創造的破壊」によって、イノベーションが産業にダイナミックスをもたらすメカニズムの解明が進んだ。それは完全競争が社会厚生の最大化をもたらすとする新古典派のスタティックなアプローチと一線を画し、独占市場の位置づけに新たな視点を加味するものでもあった。アロー(4)はイノベーションの原点である発明および研究を、不確実性、不可分割性といった特徴を有する情報の生産と捉え、従来の市場メカニズムでは最適資源配分には至らず、それが故、政府の助成が必要であると主張した。

経済成長論においては、旧来「技術進歩」は外生的な要素として取り扱われてきた。経済成長の決定要因は大きく労働と資本とされ、技術進歩は何らかの影響を及ぼすものの、ひとつの時間と共に変化するパラメーターにしか過ぎなかった。「残差」と呼ばれる所以である。しかし一九八〇年代後半に登場したローマー(5)の内生経済成長論によって、技術・知識の非競合性、知識生産者に帰属する独占レントの存在、技術・知識のスピルオーバーといったファクトがモデルに盛り込まれるようになった。以降、徐々に技術のブラックボックス(6)が開かれ、その内生化が進んでいった。

産業組織論のなかでも、イノベーションはひとつの柱であり、新たな技術の発明から普及のプロセス、インセンティブ・メカニズム、技術戦略、ネットワーク効果、標準化等、イノベーションに関するキー・コンセプトの理解を深めるうえで一読に値する文献[7]が数多く存在する。また、ゲーム理論、契約理論のフレームワークのなかで行われる議論はイノベーションのダイナミックスの理解を深めるものである。

経営学では、クリステンセンの「イノベーションのジレンマ」、ポーターの「国の競争優位」が広く知られているが、後続の著書も含めて、企業の視点からイノベーションを考察するうえで欠かせないものとなっている。

これらのイノベーション論からエッセンスを抽出すると次のようになる。まず、さまざまな論脈からイノベーションが議論されているが、そこにはこれまでの完全競争のロジックでは包括することのできない実態が存在する。また、イノベーションの世界では、「特許」に象徴されるように、イノベーションを促すためのルールでもそのさじ加減を誤ると期待とは反対の効果をもたらすことがしばしばある。「占有可能性」対「スピルオーバー」、「戦略的アプローチ」対「不確実性のマネジメント」、といったトレードオフに対して政府は裁定役を担うことになる。

これらの理論的フレームワークは、イノベーションの現象を理解するうえで役に立つが、それと同時に、イノベーション政策の根拠としても使われている。そのため一部の研究者[8]は政府に対し、さらに一歩踏み込んで提言を行い、イノベーション政策に影響を与えている。

(1)―3　イノベーションの捉え方

ここまではイノベーションの概念化を試みたが、再度、現象に戻ってイノベーションの考察を続けることにする。

イノベーションとは、与えられた制度のなかで研究開発がなされ、その成果が新たな製品・プロセスの創出または改良へと結びつき、結果、市場を介して経済的付加価値が生み出されていくという一連のプロセスを指すわけだが、そこにはさまざまなプレーヤーが関与するため、イノベーションに対する認識はそれぞれの立場によって異なる。例えば、大学、公的研究機関では新技術の開発に重点が置かれ、企業においては具体的な市場を描ける製品が対象となり、政府では産業競争力の視点が重要なカギを握る。さらにこれらの組織の内部に侵入すると、部局によって異なる返事を得ることになる。また、イノベーションという概念は、ここまでのテクノロジー・イノベーションに焦点を合わせた捉え方に加えて、「やり方」「考え方」「組織の動かし方」「社会の動かし方」等も対象として幅広く捉えることのできる概念である。よって、イノベーションを議論する際には、まず、誰の視点から、何を対象としているかを確認する作業が必要となる。

例として、以下に政府の視点を挙げる。科学・技術・産業を包括するイノベーション政策は、日本のみならず各国政府が重点的に推進している[10]。また欧州連合ではリスボン戦略[9]が策定され、ＯＥＣＤにおいてもイノベーション戦略の論点整理を行っている。国際競争力強化、経済活性化といった規範的なスタンスの政府の介入もあるが、実証的な視点からイノベーション政策を考えると次のようになる。イノベーションは、企業には新たな市場機会を提供し、消費者には財の多様化、質の向上、価格の低下といった便益をもたらすが、その一方に不確実性、非競合性といった特徴を持つことから、イノベーションを誘発するためには、何らかの形で政府の介入が必要となる。呼び水としての研究開発投資、補助金、税制上の優遇措置、特許といった制度面での対応もあるが、施策を導入する際、イノベーション論が示唆するさまざまなトレードオフに配慮する必要がある。とりわけ経済の低迷期にあっては、イノベーションに多大な期待が寄せられ、上記の配慮を欠いた政策ツールが矢継ぎ早に導入される傾向にあることから、政策効果の測定はよりいっそうの慎重を期す。

(1)―4　イノベーティブなひと

最後にイノベーションの原動力となる「ひと」について考察を深める。

ものの捉え方に関しては、古くはパスカル(11)（Pascal）の「幾何学の精神（Esprit de géométrie）」と「繊細の精神（Esprit de finesse）」の二分法が存在する。幾何学の精神の持ち主は公知の原理のめがねを通して、繊細の精神の持ち主は目を見開き、感性を総動員して、世の中の事象を捉えようと試みる。「繊細なもの」を前にしたとき、「暗黙的に、自然に、技に頼ることなく」精神が機能すべきところを、前者は定義、原理にこだわるが故、その姿はこっけいに映る。また、後者に関しては、一瞬でものごとを判断する習慣が身についていることから、わずらわしい論理を避けることになり、よって、推論、構想力により構築される世界に触れる機会を自ら閉ざす結果となる、と解釈できる。パスカルが投げ掛けているメッセージは、Aタイプ、Bタイプ、その他にひとを分類することではなく、両者の素養を持ち合わせることの重要性である。パスカルの視点をイノベーション論に投射するならば、この「幾何学の精神と繊細の精神が同居するひと」の存在がイノベーションを推進する際のカギになるといえよう。

次にひとを育てる場である大学が置かれた状況に目を移す。いうまでも無く、「教育」対「研究」、「教育・研究」対「産学連携」、「基礎研究」対「応用研究」、「学部教育」対「大学院教育」、といった異なる方向を向いた力のベクトルが同時に大学を牽引している。大規模な、しかも時間軸が入っている連立方程式を解くことが要求されているわけだが、そもそも解が存在することすら不明であり、このような状況下で「どう大学の舵取りをするのか?」という疑問が生じる。ここでは、キャメロン(Cameron)[12]を引用する。環境が激しくかつ複雑に変化する状況にある大学に対して彼が提唱するのが、「Janusian Thinking」である。ローマ神話に登場する左右ふたつの顔を持つ神ヤヌスに由来するが、一見相反する見解が同時にもっともである場合、矛盾を乗り越えた解釈、解を出すことにより、大きなブレイクスルーを生み出す発想が登場するという考え方である。柔軟な発想、創造性を総動員する行為であり、それを実践することに意義があるとする。もちろんその結果として大学が活性化されるわけだが、これを「ひと」に当てはめてみると、そうしたパラドックスこそがイノベーティブなひとの力を引き出す役割を担うように思われる。

既存の理論に従ったロジックを紙上で積み上げ、それを現実に投射し、アクションを起こすという思考は、合理性に基づいてはいるものの、問題に直面する現場ではほとんど機能しない。このことは誰でも知っている。では、何が欠けているのか。パスカルを引用すれば、それは幾何学の精神のみに頼っている、Janusian の片方の顔しか見ていない、ということになる。繊細の精神も総動員して、あるいは Janusian のもう一方の顔もにらみながら判断を下し、行動することが必要であるということに気づく。しかし、ここにもひとつの落とし穴が存在する。何を判断基準とするか、という点である。この疑問に光を照らしてくれるのが野中[13]の提唱する「Phronesis」の概念である。定義を引用すると「個別具体的な場面のなかで、全体の善のために、意思決定し行動すべき最善の振る舞い方を見出す能力」となる。ここでカギとなるのが主観であり、その主観がよりどころとする価値体系の構成要素、つまり倫理観、歴史観、社会観、政治観、美的感覚なのである。科学的知識と実践的知識を融合してアクションを取るイノベーティブなひとには、規範的な側面においても卓越していることが求められるのではなかろうか。

(2) ベンチャー企業とは?

「イノベーティブなひと」がイノベーションにつながる業を起こす際、一個人としてのアクションもありうるが、多くは何らかの組織に所属し、その組織のメンバーとして、場合によっては外部組織を活用しながら行動することになる。ここではその組織に注目する。まず「ベンチャー企業」の定義づけを試み、次にその類型化を図る。最後に「大学発ベンチャー」を例に取り、イノベーション・システムにおけるベンチャー企業の役割を考える。

(2)―1　ベンチャー企業の定義

イノベーションのリニア・モデルにおいて主となる組織は、学問の府である大学および公的研究所と産業界の構成員である企業、特に技術開発能力を持つ大企業となるが、そもそもの両者の関係は科学と技術の緩やかな結びつきを映し出すものであった。イノベーションの歴史を古くまで遡り、後退帰納的にその原点を追跡すると、多くの場合、ある特定の科学のドメインにたどりつく。そこに当初から科学と技術のつながりを意図的に設計した形跡を見出そうとすると、それはなかなか困難な作業となる。「緩やかな結びつき」と呼ばれた所以である。しかし、戦後になると、イノベーションのプロセスは複雑性を増す。そして、ショックレーによるトランジスターの原理の確立からソニーによるトランジスターラジオの事業化に至るプロセス、ARPANET（一九六九）に発するWWW（一九九一）、MOSAIC（一九九三）、Yahoo（一九九五）、Google（一九九八）の台頭、インターネットの社会基盤としての地位獲得、さらにはその基盤をベースとする新たなビジネスの創出に至るプロセスが示すように、イノベーションの原動力として新たな組織体が登場する。それらは、すでに確固たる地位にある企業にとっては魅力を欠くが、パラダイム・シフトを促す技術を見極め、またその技術をインキュベートし、事業として確立する力を持つ。この組織体をここでは仮に「ベンチャー企業」と呼び、経済学で「通貨」を定義するときのように、その役割を定義することでベンチャー企業の概念化を図る。

与えられた財・サービスの市場は、プロダクト・サイクル論が示すように、時と共に変遷する。それは、消費者の嗜好および学習能力、補完的あるいは代替的な財の市場の動き、価格動向など、さまざまなファクターの影響を受けながら誕生し、成長期と成熟期を経て一種の収束値へと向かっていくわけだが、その一方では、既存の市場の隙間をぬって、あるいは衰退期に入りつつある市場に取って代って、または既存の技術パラダイムを乗り越えて新たな市場が創出される。このプロセスが存在するが故に経済活動は進化し続ける。ここでは、このダイナミックスを誘導する組織体をベンチャー企業とする。そうした、いわば起爆剤として機能するベンチャー企業は、既得権のある市場で守りの態勢を取る企業とは対照的に、環境の変化がもたらす機会に対して素早く反応できるスピード感、現行の規範に拘束されることなく発想を展開する力、時として相対的なポジショニングの論理から脱し、あるいはリスクの許容度に柔軟性を持たせることも辞さない判断力を基本的な行動原理としている。

次に着目すべきは、技術あるいはアイデアをインキュベートする機能である。ここでいう「インキュベート」とは、「緩やかな結びつき」とは対照的に、スクリーニングされた特定の技術を意図的に、そして集中的に成熟させることであるが、ベンチャー企業は産業界に属する組織体であることから、大学・公的研究機関とは異なり、技術面のみならず、ビジネス面でも、技術あるいはアイデアを成熟させることが役割となる。核となる技術はしばしば大学・公的研究機関から移転されるわけだが、ベンチャー企業の手に渡ってはじめて当該技術へ経済的価値を付加する作業が開始されるのである。また、このインキュベーションのプロセスを資本面で支援する、あるいは加速する装置である「ベンチャー・キャピタル」、「インキュベータ」といった補完的な制度の存在も見逃せない。

対象となる技術は、インキュベートの段階で、技術そのものが内包する課題、それを取り巻く環境の変化、例えば代替技術の台頭、流行現象など、さまざまなファクターの影響を受けることから、すべてのケースで確実に成熟度が増すとは限らない。むしろ、そうした不確実性こそがベンチャー企業の存在意義を高めているといえる。これらはリスク・マネジメントの観点から既存の企業には採択しがたい、いわゆるハイリスク・ハイリターンな技術投資案件となるため、このときベンチャー企業は不確実性に対するバッファーとなる。

(2)―2　ベンチャー企業はどこに「宿る」？

さて、このような機能を取り揃えた組織体はどのような姿で社会に存在するのか、この疑問に答えるべくベンチャー企業の類型を試みる。

基本形ともいえるのが「スタートアップ企業」である。特定の技術あるいはアイデアに源を発し、会社という法人格を獲得した組織体である。スタートアップ企業の創業者は「業を起すひと」であることからアントレプレナー（Entrepreneur）と呼ばれる。

起業に至る段階で、源となる技術あるいはアイデアがどこで育まれてきたかによって、異なった名称が存在する。それが大学の場合は「大学発ベンチャー」となるが、既存の企業のケースでは、Entrepreneur と母体となる企業との関係によって、母体企業をアセットとして位置づける「スピンオフ」と、独立性を強調する「スピンアウト」[14]に細分化される。

技術あるいはアイデアをもとに業を起すことが「スタートアップ」の真髄だが、このプロセスにより、既存の企業を変革させようとするEntrepreneurも存在する。いわゆる「第二創業」であり、この場合、スタートアップ企業とは異なり、新たな会社の設立は伴わない。

ここまでは、起業の発意はEntrepreneurたる一個人、あるいは数名のチームから生じるという想定であったが、母体となる企業が主導してベンチャー企業を立ち上げるケースもある。「コーポレート・ベンチャー」⑮と呼ばれるものだが、新たな事業の芽としてのポテンシャルを当該技術に見出しつつも、企業のコア・ビジネスとの整合性が取れない、収益性に課題が残る、リスクが通常許容されるレベルをはるかに超える等の理由で、企業内での事業化が見込めない場合、しばしばこの手法が用いられる。母体企業は社員をEntrepreneurに任命して起業準備を進め、また起業後も資金・ビジネス・技術といったあらゆる側面から支援していくことから、ベンチャー企業にとってはインキュベータのごとき存在といえよう。また、母体企業内ですでに事業化を実践しうる組織体が形成されている場合に、その組織を独立した法人格として切り離すことがあるが、それは「カーブアウト⑯」と呼ばれる。かなり体制が整った段階での起業となることから、上記の「機能」という観点からすると、ここまでに登場した組織体の姿と比べてベンチャー企業としての色彩は薄まる傾向となる。

最後に「中小企業」との位置づけを整理する。企業は規模により通常大企業・中小企業などと分類されるが、中小企業基本法では「資本の額又は出資の総額並びに常時使用する従業員」を基準とし、製造業の場合、資本金三億円以下、従業員三〇〇人以下が中小企業とされる。スタートアップ企業のように新たに会社を設立するケースでは、その規模から中小企業として位置づけられる。また第二創業においても中小企業のカテゴリーに属するものがほとんどであり、よって、通常ベンチャー企業は中小企業の部分集合と整理されることとなる。しかし稀にではあるがスタートアップ企業でも急成長をなし、大企業としての規模を獲得するケースも見られる。また「ベンチャー企業の定義」で述べた機能を適え持つ大企業もしばしば見受けられる。要するに、「ベンチャー企業」と形容しうる企業は、大企業のカテゴリーにも存在するということだ。

(2)―3　大学発ベンチャー

日本において「ベンチャー企業」の社会化に一躍買ったのがいわゆる「大学発ベンチャー一〇〇〇社」の施策である。二〇〇一年五月「産業構造改革・雇用対策本部」に提出された「新市場・雇用創出に向けた重点プラン」（通称平沼プラン）を機に、「大学発ベンチャー」が「産学連携推進施策」のひとつの柱として脚光をあびるようになった。これは二〇〇六年度末までに大学発ベンチャーを一〇〇〇社創出するというステイトメントであったが、具体的には、経済産業省の施策として大学発事業創出実用化研究開発事業（マッチングファンド）と大学発ベンチャー経営等支援事業が打ち出され、当初の数値目標は前倒しで二〇〇四年に達成された。この勢いをどう捉えるか、以下ではイノベーション・システムの視点からこれを考察する。

先に概念として導入した「大学発ベンチャー」に対して、ここでは現場で活用されているオペレーショナルな定義を概観する。文部科学省は「大学等発ベンチャーの現状と課題に関する調査研究」[17]（二〇〇一）で「特許以外による技術移転型」「特許による技術移転型」「人材移転型」「出資型」と分類し、経済産業省は「大学発ベンチャーに関する基礎調査報告書」[18]（二〇〇三）で、文部科学省の分類をベースに「大学で生まれた研究成果を基に起業したベンチャー」と「大学と関連の深いベンチャー」のふたつに大きくカテゴライズした。そして二〇〇六年には前者を「コアベンチャー」と称し、さらに二〇〇七年[19]には、「コアベンチャー（大学で生まれた研究成果を基に起業したベンチャー、大学と深い関連のある学生ベンチャー）」と「共同研究ベンチャー」と分類するに至る。この変遷は政策目標が量から質へと移行していったことを反映するものだが、視点を変えると、米国型の大学発スタートアップ企業（University Start-up Companies）への収斂と読み取ることができよう。以下にその解説を行う。

米国の大学技術管理者の集まりであるAUTMでは、大学で生まれた研究成果をもとに創設されたスタートアップ企業を「University Start-Up Companies」と称し、イノベーション・プロセスのひとつとして位置づけている。その重要性は次のように説明される。大学から生み出される研究成果のなかでも特に革新的なものは、既存の企業にとっては、自ら優位性を持つ市場の崩壊をもたらす恐れがあるか、リスクが企業体の許容範囲を超えてしまうことから、多くの企業はこれらの技術を大学から移転することに躊躇する。そうした既存の企業が興味を示さない、しかし社会的価値の高い技術を実用化に導くのがUniversity Start-Up Companiesとなる。

かつて日本で産学連携による新産業創出のひとつの手段として大学発ベンチャーが着目されるに至っ

た折、主導的な役割を担ったのは政府であった。産業政策と産学連携推進政策の収束点とでもいえようか。ところが米国のケースを見てみると、バイドール法の施行以降、大学発スタートアップ企業の数は増加の一途をたどっているが、この法の意図するところは「技術の活用」であり、政府は制度整備を行うことにより、大学発スタートアップ企業の創出に間接的に貢献したことになる。

米国における大学発スタートアップ企業の設立は、あくまでも大学の教員あるいは学生の発意によるものであり、ミクロ・レベルの事象として捉えることができる。そこでは、自らが生み出した研究成果の実用化が大きなモチベーションとなっており、アイデアが社会的・経済的付加価値を生み出すようになった時点でスタートアップ企業の第一線から身を引き、大学に復帰したうえで新たな技術シーズの探索に専念するというケースも多々見られる。つまり米国の大学人の多くは、起業すること自体に意義を見出しているわけではなく、あくまでも技術の活用を一義的な目的としてきたのである。利益はその手段としての企業に付随してもたらされるものでしかない。

これらを踏まえたうえで二〇〇四年以降の「大学発ベンチャーに関する基礎調査」を見てみると、日本で「大学発ベンチャー」にチャレンジする動機は、かなり米国に近づいてきているといえる。この調査は広義な大学発ベンチャーを対象としているが、「アイデアを事業化するため」「社会に貢献するため」という動機が目立っており、また起業の直接的な契機も、「既存企業への技術移転が不可能なため」が上位に挙げられている。こうした事柄は、政府主導からプレーヤー主導へ、「大学発ベンチャー」から「大学発スタートアップ企業」への移行の兆しと捉えることができよう。

最後に発信源である大学へのインプリケーションを考察する。今日、産学連携は、教育と研究に続く大学の第三のミッションとして認識されるに至ったが、そのツールとして、伝統的な共同研究・委託研究、一九九〇年代終わりに登場したＴＬＯを介した技術移転に加えて、大学発ベンチャーを位置づけることができよう。また、法人化後の国立大学においては、財源の多様化という視点からも、大学発ベンチャーの存在感が高まりつつある。中国では、大学発ベンチャーを主たる財源のひとつとして位置づける大学が存在するが、果たしてそれが日本の国立大学法人の目指すべき姿かというと疑問が残る。例えば、今日の国立大学法人において、営利目的の企業活動に起因するリスクに対して何らかの責任が発生しうる場合、そのリスクをヘッジする術を準備しているかというと、多くの場合、答えはノーである。大学本部には、「大学発スタートアップ企業は技術移転のツールである」という本来の姿を見失うことなく、制度整備を行っていくことが求められている。

(3) クラスターとは？

最後に、ベンチャー企業が居する場について考える。情報通信技術（ＩＣＴ）の飛躍的な進歩と社会への浸透を背景に地理的制約から開放されたという錯覚さえ覚える今日だが、イノベーションの原動力として機能するベンチャー企業にあっては、その行動原理として地理的に集積する傾向が見られる。さらにベンチャー企業が引き寄せられる場には、知恵袋たる大学・研究機関、ベンチャー・キャピタルをはじめとするイノベーションの中核機関が散在し、共生ともいえる関係を保ちつつ、同時に互いに切磋琢磨しながら、ビジネスを成長させている。ここで、イノベーション能力とも呼べる力を兼ね備える場を仮に「クラスター」と称することにしよう。

本書が取り上げる米国西海岸のシリコンバレーはまさにクラスター形成事例の筆頭に挙げることができるが、いま世界では、このシリコンバレーの現象を、与えられた場に意図的に再現させようとする試みが顕著化している。昨今、日本および欧州・アジア諸国では、イノベーション政策と平行して「クラスター政策」を打ち出しており、また全米競争力評議会はパルミサーノ・レポートで「地域イノベーション・ホット・スポット」の整備を提唱し、さらに欧州連合[20]、OECD[21]でも重要課題のひとつとして位置づけられている。各地におけるこうした動きは、地域政策、産業政策、中小企業政策、科学技術政策、イノベーション政策などを集約するものであり、想定されるその政策効果の裾野は広く、ゆえに政府の期待も大きい。しかし、目指す「クラスター像は?」となると、政策ツールとしてのクラスターの認知度は高まっているものの、いまだ関連するプレーヤーが共有できる概念が形成されるには至っていない。これに関連する概念は「地域イノベーション・システム」「地域クラスター」「産業クラスター」「産業集積」などさまざまあるが、ここでは「クラスター」にフォーカスして概念整理を行うこととする。

(3)—1　地域性を考える

イノベーションの一連のプロセスは、複数のアクターが業を営み、それがバリュー・ネットワーク[22]のなかに組み込まれていくことにより具現化されるわけだが、このとき、「誰が」「どこで」「何を」営み、また「誰と」連鎖する、といった視点からイノベーションの事象を観察すると、特定の地域に「誰が」と「誰と」が集積しているケースが多々見受けられる。ではなぜ集積化が起こるのか。そして集積のメリットとは何なのか。そこで、まず基本に立ち返って、生産活動における場の意味を再考する。

生産活動とは、有限な資源を有効活用することにより、経済的、社会的、文化的付加価値を生み出していくことを指すが、その付加価値を受益し、生活の豊かさに還元していく作業があってこそ、「社会」にその存在意義を見出すことができる。

狩猟採集、農耕型自給自足の時代を経て、生産活動に家内手工業、大型工業が登場し、そうして社会を形成する空間の広がりは変化していった。定住化を機に集落が形成され、さらに人の集積が進むことによって自治体が登場し、社会の構造化が進んだのである。そのなかでは、地域の環境・資源・歴史的経路・社会構造などが相まって地場産業が発展していくわけだが、物流の発達により資源の再配分が可能となり、さらに比較優位性のメカニズムも寄与することで、ある地域は生産主体の集積が進んで労働力を吸引し、ある地域は労働力を拠出していくという分化が表面化していった。

このような時の流れのなかで近ごろ台頭したのが「知識集約型産業」である。その社会変革力は、これまでなかったほど大きい。そこでは、有形財に対する情報・知識・創作活動の相対的価値が高まり、科学技術と産業の関連も一層強まり、一方で、時間的・空間的・物理的な制約は薄らいでいく。変革のスピードは加速され、情報は一瞬にして地球規模で広がるため、時として局地的な事象は制御する時間を与える間もなく地球規模のインパクトをもたらすことになる。地球規模での生産の分業、コントロール、市場形成が可能となり、またWTOなどを介して人・財・サービス・資金の国際的で自由な移動が奨励され、「どこにいても同じ」という錯覚すら覚えることがある。また社会構造においても、既存の行政区分・国境を越えた空間で、何らかの志を共にする人たちのネットワーク型コミュニティーが形成されていく。なぜこのような状況下で「地域」がイノベーションの場となりうるのであろうか？　この疑問に対してヒントを与えるのが「クラスター」である。

(3)―2　クラスターの概念

まず「地域」の捉え方から考察を始める。「地域」を定義[23]するに当たっては、「行政区分にその出発点を置く」「何らかの特性（自然環境、産業基盤、歴史的経路、等）を共有する地理的な範囲を指す」、あるいは「何らかの集積（産業、教育機関、文化施設、健康施設、等）が起こっている場を対象とする」ことが考えられる。

この「地域」にイノベーションの視点を加味するとどうなるか？　先進諸国を対象として「イノベーティブな地域」を地図上に表示してみるとしよう。そこには、伝統的な技術を基盤とする地域、先端技術を柱とする地域、古くから繁栄している地域、意図的に集積化が進められた地域、ドラスティックに変革した地域等[24]、多種多様なケースが映し出されることであろう。これらの現象が生成されたメカニズム解明の一役を担ったのが「クラスター」の概念である。

クラスター論は開発経済学、国際経済学にルーツを見出すことができるが、経済地理学において企業の集積プロセスおよび集積による地域発展への影響が問われるようになり、競争優位性に基づくマイケル・ポーター（一九九〇）の「産業クラスター」へと発展していく。ポーター[25]（一九九〇）、ドリンジャーとテルクラ[26]（一九九五）、ＯＥＣＤ[27]（二〇〇七）からエッセンスを抽出してクラスターの定義を試みると、「クラスターとは、相互に関連のある組織体が集積し、競争的環境にありながらも、それぞれの補完性を活用しつつ、イノベーションのダイナミックスを誘発している状況にある地理的範囲」となる。「産業集積」が特定の産業の枠内で融合体として機能する企業群を想定するのに対して、「クラスター」は、自律的発展さらには進化をも可能にする要素を内包する。もちろん、生産工程の外部委託のように、域外のリソースも活用し、また域外に市場を形成していくわけだが、中核となる活動を遂行するに必要な「要素」を内包する地理的範囲であることが、ここではカギとなる。また、発想を転換すると、この地理的範囲がクラスターと称される地域を限定するともいえる。

要素としては、ポーターのダイヤモンド・モデルの流れもあり、さらにクラスターの成功事例からは関連するプレーヤー（産業を織りなす中小企業、ベンチャー企業、大企業、サポート役を担う大学、公的研究機関、インキュベータ、ベンチャー・キャピタル、サイエンス・パーク…等々）をつなぐネットワークや競争的環境等が抽出されており、またそれらの重要性、役割についてもすでに議論がなされている。

しかしながら、地域にとっては、これらの要素を兼ね備えることがクラスターたる十分条件とはならない。構成要素であるアクター、特にChesbrough[28]がfocal firmと呼ぶ中核企業が地域のリソースを活用しつつ付加価値を生み出していく、このような行動があって初めてクラスターとしてのダイナミックスが発生するのであり、それぞれの地域に埋め込まれた特有の仕掛けがこの行動を後押しするのである。ここでいう特有の仕掛けとは、地域を牽引するキーパーソン、スイッチ・ボード役を担う中堅企業の存在、競争と協働のパラドックスを乗り越える価値観、技術的・経済的な関心と地域への社会的・心情的なコミットメントから形成されるアクターのネットワークなどを指す。

(3)—3　クラスター政策

ここまではクラスターとして機能している地域を対象に議論を進めてきたが、そうでない地域に対して、何らかの手段を講じることによりクラスターに変革させることは可能か、という疑問が生じる。クラスター形成を重んじる理由としては、一義的なイノベーションの加速もさることながら、地域にイノベーションの生態系が埋め込まれ、セレンディピティが醸造されることにより、地域の吸引能力、発信能力、地域学習力[29]、変革力が高まり、環境の変化に対してプロアクティブな対応が可能になる、という点が指摘できる。

では、「クラスターが形成された」とは、どのような状態を指していうのであろうか？　いい換えればこれは、地域のイノベーション能力が一定基準に達したか否かを確認するには何を見ればいいのかという問いに相当する。そこで地域の質的変化に影響されそうな指標を探してみると、地域における論文数、特許出願件数、ライセンシング件数、ベンチャー企業の設立数、企業の研究開発投資額、産学共同研究件数、新製品投入数、工業出荷額、雇用創出数などが挙げられるが、いずれも一対一の関係にないことに気づく。Feldman[30]らはこの課題に対して、指標ではなく、クラスターに成熟した地域を表すふたつの特徴を示している。ひとつは「域内の労働市場の密度」であり、コアとなる産業において多用な雇用機会が創出され人を吸引する状況を指す。もうひとつは「景気停滞に対する抵抗力」であり、当該地域は環境の変化に押し流されることなく反発する力を持つ。

クラスターを形成するということは、与えられた地域において、既存の要素をベースにしながら、イノベーションが連鎖的に発生する状況を生み出すという命題であるが、そこにシンプルな解は存在しない。ましてや、地域に不足する要素を組み込みさえすればイノベーションが自動的に誘発されるというものでもない。何よりもまず、地域の特性に適合した仕掛けを埋め込む作業こそが必要なのである。

では、具体的にどのような政策手段が存在するか？　「クラスター政策」の登場である。

まず政策を誘導する主体であるが、大きく地域の母体となる地方自治体と、国策としてクラスター政策を位置づける中央政府がそれにあたる。ただしヨーロッパにおいては“Competitive European Regions Through Research and Innovation”をひとつのターゲットとする欧州連合など、国境を越えた主体も存在する。上位の施策は下位のものに対してある種の枠組みを形成することになるが、そのときレベル間のコーディネーションに相当の注意を払う必要が生じるため、補完的に機能しうる制度設計が望まれる。

クラスター政策の手段としては、「地域においてネットワーキングを促進するコーディネーターの投入」「インキュベータなど仲介機関の設置」「地域中小企業，特にベンチャー企業を対象としたマーケティング・販路開拓・資金調達などビジネス面でのサポート」「トリプルヘリックス・モデルをベースとする共同研究の推進」などが挙げられる。これらの手法の多くは，地域開発，科学技術振興，中小企業支援を目的とする既存の施策でもあるが，視点を変えて見れば，OECD[31]が指摘するようにクラスター政策は，「地域性」を共通分母とする地域開発政策，科学技術政策，産業政策からなる政策群と見ることもできよう。

目標設定としては，特定産業の振興，知識集約型経済への変革，地域の企業によるグローバル化された市場における競争優位性の獲得などが想定され，実際，多くのクラスター政策はアウトプットとしてこれらのいずれかを掲げている。しかし，国によっては，異なる目標を持つ複数のクラスター政策を同時に遂行したり，絞り込みをかけた目標をクラスター政策の柱としたり，または既存の政策を補強して組み合わせる，いわゆるポリシー・ミックスを実践するなどスタンスはさまざまである。また，着地点である「クラスター形成」という状況に関しても同様で，すでに実施されている施策を見る限りでは，それぞれの国のなかで政策立案者および地域のステークホルダーの間でビジョンが共有されているかというと必ずしもそうとはいい切れない。

各国ではこれまで，クラスター政策としての取り組みがさまざまに実践されてきた。そして，ベンチマーキング，ベストプラクティスの抽出，政策評価，観察[32]などを通じ，導入された政策の効果も可視化されつつある。経済成長の牽引役としての期待が大きいが故に，その直接効果は限定的なものとの評価が多いなか、当事者である地域にとっては、イノベーションを軸足とした発展経路が視野に入ってきたことは事実である。この機会を地域がいかに活用していくか、そしてベンチャー企業にとって魅力的な場へと変革していくか、いままさに試されているといえよう。

■注

（1）http://www8.cao.go.jp/cstp/siryo/haihu51/siryo1-1.pdf 参照。
（2）ＥＵに関しては http://cordis.europa.eu.int/innovation/en/home.html 参照。
（3）「イノベーション25」は二〇二五年の日本の社会像を想定してイノベーション政策を提言している。http://www.kantei.go.jp/jp/innovation/saishu/070525/saishu.pdf 参照。
（4）Arrow, K.（1962），"Economic Welfare and the Allocation of Resources for Innovation," R.R. Nelson, editor, *The Rate and Direction of Inventive Activity*, Princeton NJ : Princeton University Press, pp. 609-626.
（5）http://www.stanford.edu/ promer/ 参照。
（6）Rosenberg, N. の *Inside the Blackbox*（1982, Cambridge University Press）参照。
（7）Tirole, J. の *The Theory of Industrial Organization*（1988, MIT Press）参照。
（8）例えば、Romer は「Allocating Federal Funds for Science and Technology」(http://books.nap.edu/html/fedfunds/) のパネルのメンバーであった。また Tirole はフランス首相の諮問機関であるＣＡＥのメンバーで、二〇〇三年には知的財産に関するレポートを提出している。
（9）http://ec.europa.eu/growthandjobs/index_en.htm 参照。
（10）http://www.oecd.org/dataoecd/2/31/39374789.pdf 参照。
（11）"Pensées" より。

（12） Cameron, K.（1984）, "Organization Adaptation and Higher Education," *The Journal of Higher Education*, 55（2）, pp.122-144.

（13） Nonaka, I. & R. Toyama,（2006）, "Strategy as distributed phronesis," Institute of Management, Innovation & Organization Working Paper, IMIO-14, University of California, Berkeley. 野中郁次郎・遠山亮子（二〇〇五）「フロネシスとしての戦略」『一橋ビジネスレビュー』53（3）八八—一〇三頁。

（14） より明細な概念整理は第2章⑵—1に譲る。

（15） 第3章⑵—2参照。

（16） 木嶋豊の『カーブアウト経営革命』（二〇〇七、東洋経済新報社）参照。

（17） http://www.ilc.tsukuba.ac.jp/rehp/jp/hp/survey/h12/h12vbreport.pdf 参照。

（18） http://www.meti.go.jp/policy/innovation_corp/houkokusho/VBchousaFY2002.pdf 参照。

（19） http://www.meti.go.jp/policy/innovation_corp/start-ups/h18venturereport.pdf 参照。

（20） European Commission（2007）, The European Cluster Memorandum 参照。
http://ec.europa.eu/regional_policy/cooperation/interregional/ecochange/index_en.cfm?nmenu＝1 参照。

（21） OECD（2007）, *Competitive Regional Clusters. National Policy Approaches*, Paris, OECD.

（22） バリュー・ネットワークに関してはChesbrough（2006）参照。

（23） 首都圏の反義語として地域を用いることもあるが、本著ではこの場合「地方」と呼ぶことにする。

（24） 例えばフィンランドのオウル、スイスのニューシャテル、フランスのグルノーブル、ソフィア・アンティポリス、米国のシリコンバレー、日本の豊田市、TAMA地域。

（25） Porter, M. E.（1990）, *The Competitive Advantage of Nations*, New York, The Free Press.

（26） Doeringer, P. and D. Terkla（1995）, "Why Do Industries Cluster?" in Staber, U. et al.（1996）, *Business Networks: Prospects for Regional Development*, New York, De Gruyter.

（27） OECD（1999）, *Boosting Innovation*, Paris, OECD. OECD（2001）, *Innovative Clusters*, Paris, OECD.

（28） Chesbrough. H.（2006）参照（Chubrough, H.（2006）, *Open Innovation, Researching New Paradigm*, Oxford

University press)。

（29）Florida, R.（1995）,“Toward the Learning Region,” *Futures*, 27（5）, pp. 527-536.

（30）Feldman, M, J. Francis, and J. Bercovitz（2005）,“Creating a Cluster While Building a Firm,” *Regional Studies*, 39（1）, pp. 129-141.

（31）OECD（2007）, *Competitive Regional Clusters*, Paris, OECD.

（32）例えば European Cluster Observatory（http://www.clusterobservatory.eu/）が挙げられる。

2　技術と事業のブリッジング

ここではテクノロジー・イノベーションを基本とした用語の整理と概念モデルを示していく。まずは技術から事業への橋渡しを考える場合の起点として、技術の意味について考える。次いで技術と科学、発明とイノベーション、ＭＯＴ（技術経営）の位置づけ研究と開発の違い、先端技術、知的財産の活用などについても言及し、いわゆる技術の事業化の流れを理解するためのステージなどを検討する。

(1) 技術から事業へ（研究、開発、事業化、産業化ステージ）

イノベーションにおけるマネジメント手法のひとつであるベンチャー企業は、優れた技術シーズをもとに事業化への道を進んでいく。どんなに優れた技術シーズがあっても、それだけではビジネスにならない。事業展開への障壁を資金と時間をマネジメントして乗り越える必要がある。いわゆる「死の谷」は、その障壁として最大のものである。米国では、この谷を越えて橋をかけることを概念モデルとして示し、米国のＮＩＳＴ[1]（工業化標準局）やＳＢＩＲ[2]はここをターゲットとして資金援助を行なっているが、日本でのインフラ整備は模索中であるといえる。

⑴—1　テクノロジー・イノベーションに関わる用語の整理

次に、技術を主体としたイノベーションの実践に関連してよく使われる用語を整理したうえで、技術を商品化・事業化する際の研究と開発との違い、ベンチャー企業との関わりを示す。

技術と科学

まずは技術と科学の違いをここでは明確化し共有化する。「技術」とは世の中に役立つという意味を持つ用語である。この点が、真理の追究はするが何の役に立つかは特定できない「科学」との違いとなる。イノベーションで扱うのは「科学」ではなく「技術」であることをここで認識しておく。また先端技術を科学そのものと捉えることもできるが、イノベーションのプロセスからすると先端技術というのはあくまでも時間的に先を行く「技術」であって、「科学」とは違うという捉え方が必要であろう。

イノベーションとインベンション（発明）

イノベーションの定義についてはすでに第1章で示してあるが、ここではイノベーションを具体的に実現するプロセスの観点から検討していく。

現実的には、イノベーション実現のプロセスは多くの不確定要素が絡み、また中長期に渡るため、「戦略的なマネジメント」が必要になる。このなかで、特に技術をベースに考えられたイノベーションのマネジメントが、米国において体系化が進められてきた「MOT（技術経営）」であるといえる。

イノベーションとよく対比される言葉としてインベンションがあるが、これはいわゆる発明であり、たいていの場合には発明者一人の独創的な作業である。イノベーションはマーケットまでつなげる必要があることから一人ではほとんど不可能であり、何人かの個人または組織の協力が必要となる。この点が発明との大きな違いであり、また「イノベーションにはマネジメントが必要」とされている理由のひとつであろう。(3)

研究と開発の中身とベクトルの違い

「研究」と「開発」の違いについてであるが、マネジメントを行う立場にいると、実際の研究開発の現場ではこれらの位置づけや方向性の捉え方が人によって異なることにしばしば気づかされる。研究開発現場のマネジメントや評価プロセスなどに混乱を引き起こす原因のひとつはここにあると思われる。「研究」という用語は、第1章でも用いられているように、基礎研究、基盤研究、科学研究、技術シーズの実証研究、応用研究、実用化研究等々、いろいろな用い方がある。同じように「開発」も、技術開発、製品開発、商品開発、事業開発、マーケット開発まで幅広い用い方がされている。

最終的には「研究」も「開発」も新しい未知の世界に挑戦することで「人類に役立つモノを自然法則を用いて造る」という意味では同義といえるが、それぞれが本質的に備えているベクトルやターゲットはまったく異なるものである。

図表2・1[4]には、「研究」と「開発」の際の展開のイメージ（ベクトル）を並べて描いた。

この図が示す通り、形態は似ていても実際の方向は異なっており、開発は収束型、研究は発散型の方向を成している。内容に関していえば、研究はある程度未知のターゲットを見出す作業であり、開発は仮定したターゲットに向けて進める作業である。図からわかるように、開発においてターゲットが明確でない場合、そのステージはいつまでも完了しない。このように、開発において最大効率を得るためには、開発ターゲットをマーケット視点からできるだけ絞り込む必要がある。

研究型ベンチャー企業と開発型ベンチャー企業

研究と開発の記述に関連して、イノベーションのプロセスにおいてエンジンの役割を果たすベンチャー企業を設立し運営する場合にも、その位置づけに注意する必要がある。繰り返しになるが、「研究」はいろいろな可能性を踏まえた方向

図表2.1　研究と開発の違いのイメージ

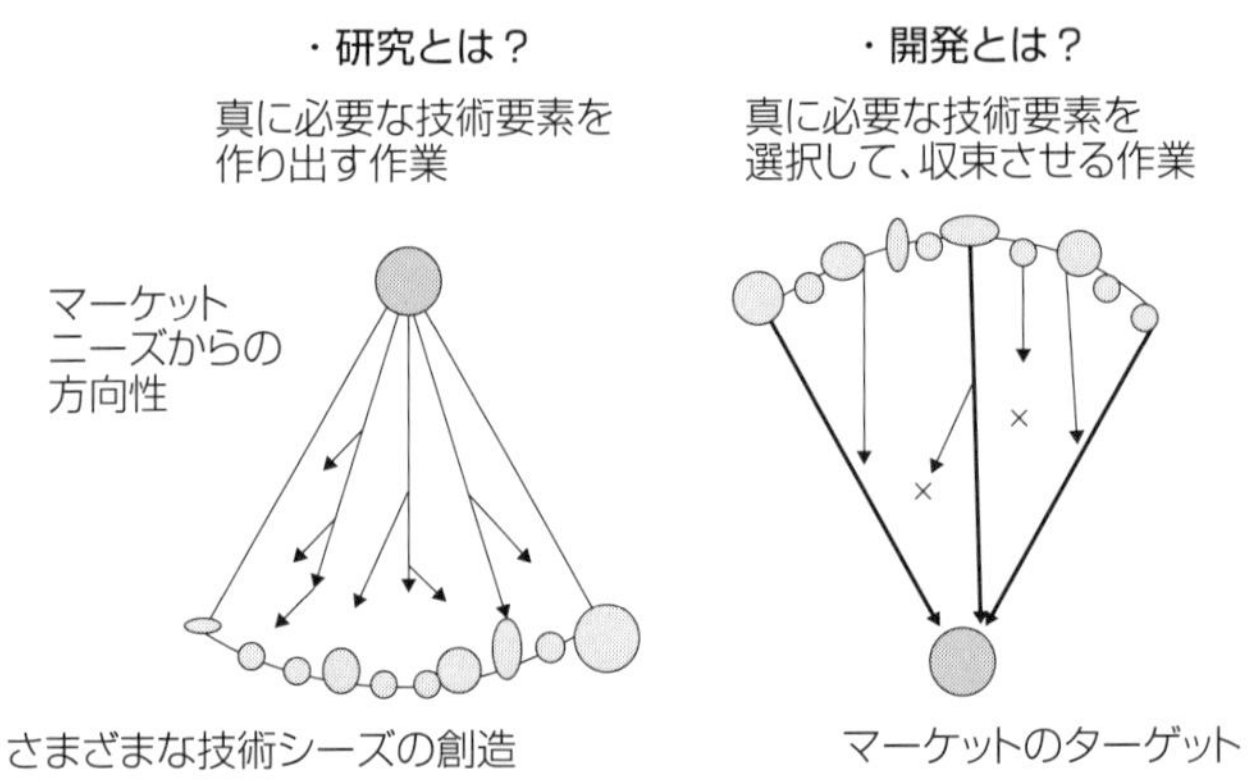

性のなかで新たなシーズを見つけていく作業で、「開発」はいろいろなシーズをひとつのターゲットへと絞り込む作業である。この違いはベンチャー企業のビジネスモデルにも見ることができる。つまり、研究主体なのか、開発主体なのかという区分けである。

例えば、大企業と連携することも多いベンチャー企業にとっては、どのステージで連携するかが特に重要で、普通、エレクトロニクスや機械系のベンチャー企業は開発ステージでの連携を行なうことが多く、一方、創薬系のベンチャー企業は研究ステージに軸足を置くところが多い(5)。こうした場合、連携のステージを明確にしながら達成内容と期限をはっきりとさせたマイルストン型のマネジメントを前提とした。アライアンスとしての契約が行われる。

先端技術の捉え方：ビジネスと技術の区分け

イノベーションのプロセスのなかでは、前述した「先端技術（ハイテク）」の考え方と扱い方に十分な注意を払う必要がある。一般的に、先端度が高い技術ほど現実の世界から離れて、ビジネス基盤から遠くなるということがよく起こる。このとき、先端的な研究がはらむビジネスとの時間的ギャップについて検討を加えると、技術が先端的であるほどにビジネス上は以下の問題点が拡大する。

1. 技術の不確実性が大きい（完成度が低く、ハイリスクである）。
2. 他の技術体系との非整合性が大きい（この技術だけ突出しても、他の技術とのバランスが取れないので、実用化しにくい、時間がかかる）。

3. 市場側のスキルと理解が不足（一般顧客は技術はわからない、それだけではマーケットが広がらない）。

要するに、先端技術ほど時間的に先を行っており、現在価値は判断しにくいということになる。このことから、研究ステージにおいて開発する製品・商品の具体像や事業化への道が見えてない場合、その技術に関する価値評価を行うのは極めて難しいということがいえる。

(1)－2 研究、開発、事業化、産業化へのステージ分け

イノベーションのプロセスを考えやすくするために、研究と開発、そして事業化、産業化へというプロセスを、マネジメント方法の違いによりステージごとに分けてみる。さらに、それぞれの内容と各ステージ間に存在する障壁も明確にしていきたい。もちろん現実的には、そうした単純なプロセスで技術が事業へと移行しているわけではないので、いろいろなステージが同時並行的、多面的に起こりうることに注意が必要である。

研究開発から事業化・産業化への四つのステージと障壁の内容

ここでは、研究から開発、そして事業化を経て産業化に到るプロセスを四つのステージに分けて整理する。[6] 各ステージごとにマネジメント手法が異なるのがポイントで、「イノベーションの進化過程の位置づけ」という観点から特にベンチャー企業に関連する要点を述べる。

1．研究ステージ：技術シーズ探索と確立の段階でベクトルの大まかな方向性はあるものの発散型のマネジメントとなる。

2．開発ステージ：マーケティングによりニーズを捉えた目的型のプロセス遂行段階で、収束型のマネジメントとなる。

3．事業化ステージ：顧客への販売、利益を目的にしたビジネス最適化の段階で、顧客に対しては発散型および社内部については収束型のマネジメントとなる。

4．産業化ステージ：技術マネジメントというよりは、競合に勝ち抜くための重点投資、営業や生産を含む総合的な経営マネジメントとなる。

各ステージ間に存在する障壁とその障壁を越えるポイントの例を図表2・2[7]にまとめて示した。もちろんこのステージ分けは例外もあり、あくまで技術を事業

図表2.2　3つの障壁（溝）の克服手段

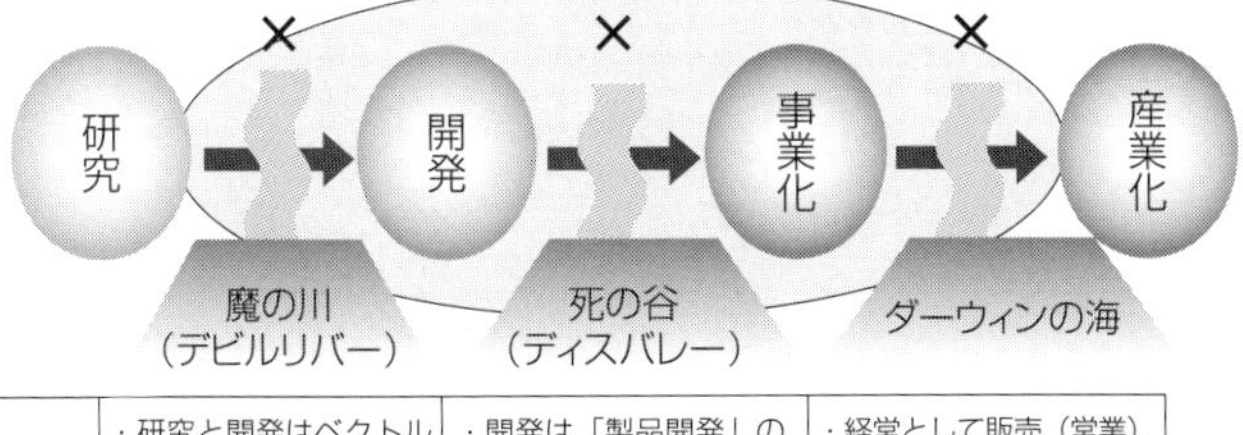

原因の例	・研究と開発はベクトルが異なることに起因、ベクトルは研究はシーズ指向、開発はニーズ指向	・開発は「製品開発」のことが多い。これを「商品開発」とするために顧客対応が必要。	・経営として販売（営業）、生産（工場）、開発等一体となった事業経営体制が必要。 ・タイミングのよい大幅な投資が必要。
克服手段	・研究成果をもとにマーケティングにより開発ターゲットを明確にして研究成果を開発プロジェクトへ移す。	・マーケティングから販売に軸足を移す。営業、製造を含めた事業化プロジェクトとして顧客対応体制を明確にしていく。	・事業分野がよくわかっている経営者によるリーダーシップとリスクテーキング（管理）。

化するための概念的モデルであることに留意が必要である。例えばマーケット指向型の事業開発モデルとしてソフト系のシステム開発などにおいて、もともと開発ターゲットは明確で、研究が不要の場合もある。

実際の現場では、技術に基づいた製品（サンプル、試作品、プロトタイプなど）を作る段階までは比較的順調に進むが、その先の「本格的な売り上げをもたらす商品（利益が出るレベルの販売品）」を作る段階へと進むのは容易ではない。いわゆる「死の谷」に相当する部分であるが、この表現は、本ステージの分類法においても、ベンチャー企業や企業内起業に対して用いることができる[8]。

ところで本書では、特に米国のベンチャー企業の発展過程をわかりやすく時系列的なステージを用いて検討していく。例えば研究ステージではまだベンチャー企業の話ではなく、準備段階となり開発ステージにおいてベンチャーの創業や展開を主として扱っている。さらに開発ステージのなかでの進捗をふたつに分けて「シード・ステージ（試作品開発）」と「アーリー・ステージ（完成品開発）」と呼び、事業化ステージについてもそのなかをさらにふたつに分けて「エクスパンション・ステージ（販売開始）」と「レイター・ステージ（拡販、セミ量産）」と呼ぶ場合もあることを付記しておく。

事業化への障壁とその環境条件としての資金

ベンチャー企業への資金提供に関する環境条件（個人のリスクマネー、ベンチャー・キャピタル、助成金などの存在条件）を、米国と日本とで現状比較（二〇〇八年）してみたのが図2・3[9]である。米国

図表2.3　ベンチャー企業への資金提供の日米比較

	個人リスクマネー※1		ベンチャーキャピタル(VC)※2		助成金※3	
	リスクマネー所在	エンジェル	VC(銀行、証券ほか)	コーポレートVC(OVC)	R&D	Start-up
米国	○ 壮年層(積極的)	○ ベンチャーの成功者多い	○ ベンチャー経験者多し	○ データベースと目利きの存在	○ ATPの歴史	○ SDRの歴史あり
日本	△ 老年層(保守的)	× ベンチャーの成功者少ない	△ ベンチャーの経験者少ない	×△ データ蓄積中のため不安定	大学、中小企業対応	×△ 最近設定あり

注：※1 税優遇制度は米国にあり。※2 絶対量は米国は日本の10倍。
※3 助成金には補助金と委託金がある。

図表2.4　事業化における死の谷の発生のイメージ

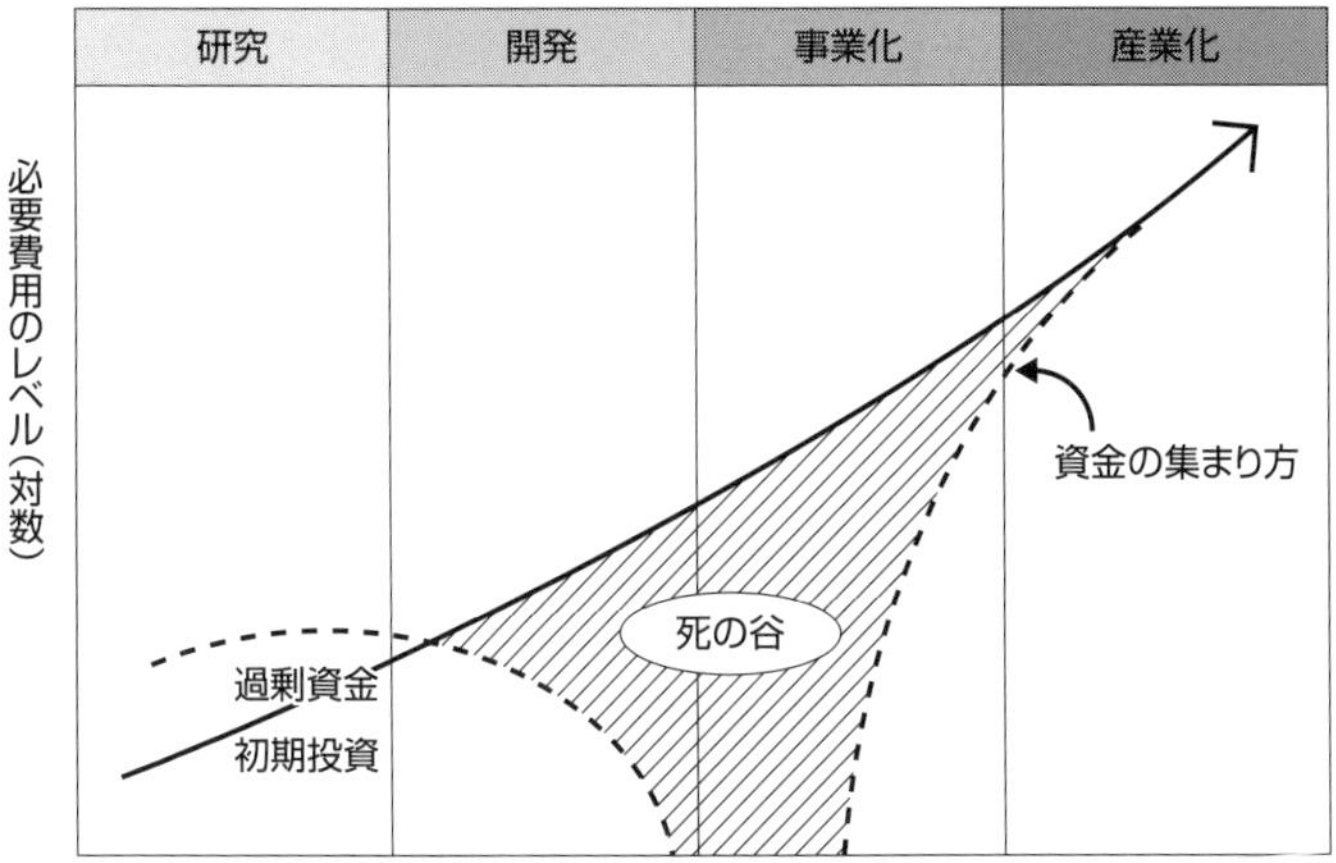

では、イノベーション・プロセスとマネジメントを重視したが日本より二〇年以上先行している。こうしたことは、ベンチャー企業への投資や産学連携といった長い歴史のなかで進められてきた各種外部環境の整備（評価経験と資金量）、エンジェルやコーポレート・ベンチャー・キャピタルといった存在、そして各種政策などに見ることができる。

研究、開発ステージから事業化ステージへと移行する際に必要となる資金量と、実際に調達可能な資金量の関係をイメージとして図2・4に示した。[10]「資金の流れ」という視点で見ると、事業化展開というのは、確保したい投資量に対する資金の集めやすさ（期待度の高さと、資金の絶対量）と使っていく資金との差で表わすことができる。

一般に、初期の研究開発段階では、資金は使う量に比して余裕がある。しかしその後、開発末期や事業化初期のようなビジネスの先行きが見えない段階にあって必要資金が急増した場合、資金が集まらないという「死の谷のギャップ」が生じる。米国では、これまでの経験から完成度の高いイノベーション・プロセスの理解が進んでいるため、資金の集まり方についてもステージによらず比較的平均化するよう工夫が施されている。

このような障壁（＝死の谷）の普遍的な発生原因としては、ベンチャーを運営するうえで必要な資金量が急増の一途をたどるわりに、一方の売り上げが予想外に伸びないということに尽きる。問題はベンチャー企業自体のマネジメントにもあるが（ビジネス・プランの甘さや、開発ステージにおけるマーケティング不足、商品開発能力の不足など）、社会インフラの課題（上記したリスクマネーの絶対量や事業化時期に関する判断システムの不在といった全体を見まわしたシステム上の未熟さ）も挙げられる。

これを乗り越えるためには、一般的に以下のようなマネジメント上の対応策が実行される。

1．初期資金を大量に集める：創業者が可能な限り多量の投資資金（Funds）を集めて「死の谷」対応資金とする。

2．経費を削減する：開発や事業化における必要資金を減らす。特に開発・事業化段階での設備投資は膨大になるので、この部分は大学や外部企業とアライアンスをする。

3．売上げを早く増大させる：見込まれる費用増大に対応した売上げを確保する、このためには事業化ステージでの顧客をあらかじめ明確化しておく。

これらはベンチャー企業自らによる基本的な経営努力が前提になるが、それだけでは即効性に乏しい。やはり、本書で述べるイノベーション・エコシステムの考え方のもとで、社会全体として資金や経営を支援できるような仕組みをインフラとして貯蓄しておくことも重要なカギとなるだろう。こうしたことからも、日本では、ベンチャーの歴史が長い米国のそれよりもさらに深く考えておく必要がある。

事業化へのリスクマネジメントは、すなわちリスクヘッジ

イノベーションを実現させるアクションにリスクはつきものである。そして、不確実な状況であってもそれを打破するのがイノベーションである。さらにいえば、リスクを回避して事業を止めさせるのではなく、むしろ、できない理由を明確にして、その解決策を示すことこそがリスクマネジメントである。

しかるに、事業化のような「不確実で不連続な事象」を前提として可能性を検討する場合、不確実要素が経営側にもたらす最大のダメージを見積ることがリスクマネジメントの第一歩といえる。次いでさまざまなオプション設定によるその回避方法を明確化することが事業化へのステップとなる。このリスクマネジメントができていないと、開発から事業化へと向かおうとするベンチャー企業の経営は、その不確実さに翻弄され、リスクの大きい取り組みとなってしまう。

また、新規事業は不確定性が高いからと、リスクを避けることばかりに捉われていると新しいことは何もできなくなってしまう。本当に必要なリスクを見極め、その対策を事前に打つことで成功したときこそ、大きな付加価値が得られる。リスクマネジメントとは、単にリスクを回避するだけの「リスク管理」とは異なり、取るべきリスクを取り、そのリスクを「必要」と位置づけることでもある。

一般にリスクというと「実施して失敗するリスク」ばかりが強調されるが、実際には、「実施しないことでビジネスチャンスを逸するリスク」も一方には存在しており、この両方のバランスからもたらされるのが本来の経営的決断であろう。「実施して失敗するリスク」への対応策を選択肢として増やし、そしていかにリスクを低減するか、これがいわゆるリスクテーキングとリスクヘッジの基本的考え方である。

ベンチャー企業や企業内で開発や事業化に係るプロジェクトを企画・推進する立場にある人は、ベンチャーキャピタル（VC）などに説明する際、とかく技術的なリスクにばかり言及することが多いが、必要なのは、ビジネス面での「得られるかもしれないものが失われてしまうリスク」についてもわかりやすく説明することである。このとき、イノベーションまでの各プロセスにおける「ステージ単位のリスク」を個々に整理し、検討し自らの立ち位置を明確にすることが大切になる。

(2) ベンチャー企業を支える資金還流

(2)―1 企業投資のトレンド

図表2・5は、全米における最近のベンチャー・キャピタル（以下ＶＣ）投資金額推移である。各セクター投資金額の全体での比率を一覧にした。実際には、これに加えて、エンジェル投資家（富裕な個人投資家）の資金や、把握が難しい中国系や中東筋からの資金も直接ベンチャー企業に流れているといわれている。なお二〇〇七年は総額二九九億ドルで、二〇〇三年にボトムをつけてから順調に回復基調にあったが、二〇〇八年は同二八三億ドルとなり、折からの経済危機のあおりを若干受けた。

また、二〇〇〇年以降の数年間のＶＣ投資統計データによると、米国西海岸シリコンバレーを中心にした北カリフォルニア州地域には、全米の三六―四〇％の資金が安定的に投下されている。これにロサンゼルスやサンディエゴ地域を加えたカリフォルニア州全体として見ると、当該地域だけで常に全米の投資金のほぼ五〇％を占めている。ちなみに米国第二のＶＣ資金集積地である東海岸のボストン、マサチューセッツ地域では一〇％程度、他の地域は数％ずつである。一方、全米のＶＣ投資セクターの推移は表1の通りで、以下のような傾向が読み取れる。ここには、二〇〇〇―二〇〇一年にかけてのバブル崩壊以降における、米国市場でのベンチャー事業分野での構造変化の一端がうかがえる。

・ソフトウェア自体はやや弱含みだが、二〇％強を堅持して依然最も大きなセクター領域。他方で「ＩＴサービス」が堅調に比率を高めた。

・同じＩＴ領域でも、通信・ネットワークや半導体、つまりハードウェア領域は益々比率を下げている。海外に移転していることがうかがえる。数字上はこの比率の落ち込みがＩＴ分野投資全体の比率低下を招いている。ただし、ここでも、通信ネットワーク系はＩＴサービスと融合している可能性は大きいと見られる。

・バイオ製薬、医療機器共に、若干の変

図表2.5　米国ＶＣ投資のセクター推移（単位%）

	2001年	2002年	2003年	2004年	2005年	2006年
ソフトウェア	24.5	25.3	23.9	25.1	23.0	21.7
通信・ネットワーク	23.7	20.9	15.3	12.4	12.9	10.6
ＩＴサービス	7.0	5.0	5.0	4.7	7.9	9.3
半導体	7.2	7.0	9.3	9.1	7.9	6.8
その他	4.0	4.8	4.6	5.5	4.8	5.0
ＩＴ分野合計	66.4	63.0	58.1	56.8	56.5	53.4
バイオ・製薬	10.4	15.2	19.0	21.1	17.6	18.3
医療機器	5.2	7.9	9.5	7.7	9.2	10.2
その他	3.1	3.8	3.3	3.6	4.0	3.5
ヘルスケア合計	18.7	26.9	31.8	32.4	30.8	32.0
ビジネスサービス他	14.9	10.1	10.1	10.8	12.7	14.6
比率合計	100.0	100.0	100.0	100.0	100.0	100.0
ＶＣ投資金額計(億ドル)	364.0	222.0	197.0	224.0	238.0	257.0

注：ベンチャーワン資料より集計。

動を見ながらも、ここ五―六年で投資全体に占める比率は倍近くになっている。
・上記以外でも「ビジネスサービス」といわれる分野が二〇〇一年をボトムに比率を回復し、その後も伸ばしている。これには業務のアウトソーシング領域が含まれている。なお、この集計表にはないが、二〇〇四年以降急速に躍進しているセクターが環境エネルギー分野である。つい最近新しくひとつのセクターとして加えられ、二〇〇八年での全体構成比で約十五％を占めた。ちなみに、同時期で、IT分野計が約四〇％、ヘルスケア計が約三五％であった[11]。

(2)―2　企業発展ステージと資金調達

図表2・6は、米国のVC業界が示すベンチャー企業の発展プロセスモデルである。成長指針モデルとして広く米国市場に受け入れられているタイムテーブルである。以下では、この全ステージを見渡しながら、ベンチャー企業活動における資金調達源の概要を、主として機能面に絞って述べる。ベンチャー企業を取り巻く「有機的な関係」については、これらも含め、さらに詳しく後述する。
・製品開発の初期段階にあたる**図表2・6**「試作品開発」は、技術領域によって、つまり連邦政府も力を入れている分野に関しては、国防総省（DoD）、国家航空宇宙局（NASA）、エネルギー省（DOE）、国立衛生研究所（NIH）、国立科学財団（NSF）等といった連邦政府省庁や、SBIR（Small Business Innovation Research）助成金などの公的資金が投入される。
・それら基礎技術のなかでも特に事業化の見込みが高い対象から順に、その技術開発主体またはその当該マーケットに精通する個人・チームによって起業化され、製品企画、さらに試作品開発へと持ち込まれる。この段階は通常、シードラウンドやシリーズAと位置づけられる。主に成功した事業家経験者や弁護士、不動産業者などの資産家層が個人投資家として、エンジェルまたはそのグループとなって、資金面でサポートする段階である。

・完成品開発、事業化、量販段階に差しかかると、VCという、より組織化された投資家（Institutional Investor）から資金を得られるようになる。機関投資家（恩給基金、資産運用・投資会社）、外国政府ファンド、そして大手企業からの直接的戦略投資が、ベンチャー企業にとっての主力資金源になる。

以上を踏まえて、企業における各ステージの資金調達の概要を図表2・7にまとめた。この表の上段は、図表2・6そのものである。これにVC他による投資ステージを加えてある。「シード／スタートアップ段階」への投資が「シード投資／シリーズA投資」、「アーリー・ステージ投資」が「シリーズB投資」となっており、以降、同様に続く。

この図表2・7の下段が、本項のテーマであるベンチャー企業の資金調達手段である。シリコンバレー、および米国での実態を書き入れたものである。またこれは、各

図表2.6　ベンチャー企業の発展プロセス

設立後経過年	1年半	1年半	1年半	1年半プラス
企業ステージ	シードスタートアップ	アーリー	エクスパンション	レイター
事業展開内容	試作品開発	完成品開発	販売開始	拡販・量産

図表2.7　ベンチャー企業の発展ステージと資金調達

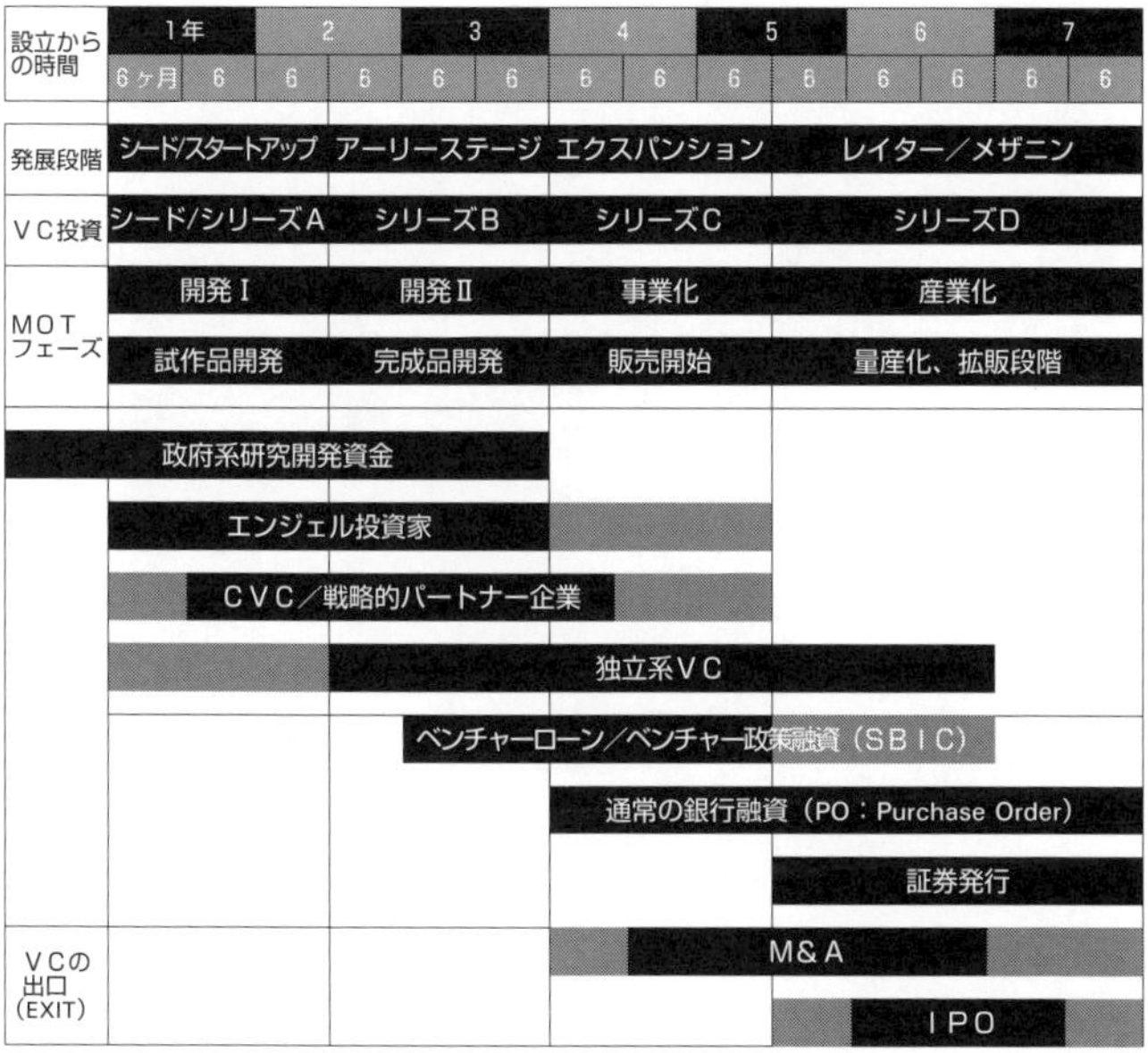

投資主体とベンチャー企業との関わり方についての相対的関係図でもある。

政府系の研究開発資金・ベンチャー企業助成資金

ベンチャー企業の資金調達手段には、まず、政府系の研究開発資金がある。その技術研究・開発の内容が、連邦政府の戦略的R&Dターゲット分野に適うものであれば、企業の形を成す前の大学・各種研究機関における「研究開発」段階から、「大学発ベンチャー企業」段階、そして相当程度の「試作品・完成品開発」段階に到るまで資金が供給される。二〇〇〇年以降の、この数年の例を挙げれば、テロ対策に資するセキュリティー技術・製品、ナノテクノロジー、バイオ・医療関連、それらのＩＴ技術との融合領域など、前述の連邦政府の各省庁とその関連機関により、かなり早い段階から研究助成資金の提供が行われている。ここでの資金の受け手は、独自技術を持っており、かつ特定のサンプル製品を開発中で、これを主に政府調達向けに販売展開している極小人数チームというのが典型的なケースである。なかでも国家ＮＩＳＴ（National Institute of Standards and Technology）がサポートしたＡＴＰ⑿は有名である。

一方、ベンチャー企業助成ファンドというのがある。ＶＣ等からの本格的投資が得られない零細ベンチャー企業を資金的にサポートしている。中小企業投資（ＳＢＩＣ）と中小企業専門投資（ＳＳＢＩＣ）というのがあって、共にベンチャー企業支援の国家組織である中小企業庁（ＳＢＡ）により認可を受けている。こうした投資会社は、数百万ドルの独自資本を持ち、さらにＳＢＡが出資する信託基金から有利な金利で追加資金を借り入れることもできる。特にＳＢＩＣは、そのような資金を源に、銀行や通常のベンチャーファンドに比べてハイリスクな対象にも融資対応し、政府が推し進める技術開発領域によりマッチした特定分野を専門としている。

もっとも、融資というのは、当然のことながら返済能力があることをその前提としている。そのため融資対象先は、売上げや利益実績をすでに有する企業が中心となり、設立から七―八年程度経過していることが条件として含まれる場合もある。全米中小企業投資協会（ＮＡＳＢＩＣ）によれば、全米には四〇〇以上のＳＢＩＣやＳＳＢＩＣがあって、総額二一〇億ドル以上を運用しているが、その具体的な融資先は、製品を販売することで比較的短期間にキャッシュフローを生み出せる段階や、既に需要を確保した追加製造・サービス提供段階にあるベンチャー企業が対象となっている。

ベンチャー企業にとってのトータルな資金調達コストは安くない。SBICおよびSSBICは、その多くが、資金の提供先であるベンチャー企業に対して、金利の他に何らかの株式報酬を求めている。株式報酬は通常、株式か、あるいは保有者が一定期間に規定価格で当該株式を購入できるストックオプションやワラント債の形で提供される。企業は、返済能力があることを証明するために、通常の信用調査を受ける必要もある。

これら政府系資金は、社会を担う新事業に結びつくシーズを求めている。そして同時に、融資申請やデュー・デリジェンス（内容の実態調査）の過程を通じて「ベンチャー企業を育てる」という大切な役割を果たしている。なお、一般的には、一回に利用できる資金の範囲は一五万～五〇〇万ドルである。内容に関しては、個々の試作品を政府が買い上げる形での資金援助から、省庁側のニーズに沿った本格的な完成品開発のための資金援助までさまざまである。

エンジェル投資家

エンジェル投資家とは、一般にいう「富裕な個人投資家」である。米国には、証券取引委員会が定めるところの「エンジェル投資家たる定義」がある。いわば「公認個人投資家」として、収入や資産レベルに規定が設けられているのだ[13]。規定の内容は以下の通り。

1. 本人分のみ、または配偶者のそれと合わせた純資産が一〇〇万ドルを超える自然人（法人ではない

通常の個人)、または、

2．最近二年で、どちらか一年に本人収入が二〇万ドルを超した、または配偶者との共同収入がどちらか一年に三〇万ドルを超した自然人で、本年も同じ収入レベルに達するという確たる理由がある者。

これらの規定を満たす公認投資家は、カリフォルニア州だけで数十万人いるという。これには、個人投資家育成、意識づけという意図もありそうだ。もっとも、稼動しているエンジェル投資家はそのなかの一部で、二〇〇七年の総数は全米で二五万八二〇〇人である。ただし、同年の全米エンジェル投資家による投資金額総計は全体で二六〇億ドルと、同時期のＶＣ投資金額合計（約三〇〇億ドル）に迫るレベルである。[14]そのため、ごく一部の有名エンジェルは、有力ＶＣ含め、キャピタリストの投資行動に大きな影響力を持つ。

エンジェル投資家からの資金を受けるには、会社設立から間もない、つまり第三者割当増資時の株価が安い段階から外部資本を前向きに受け入れ、自分自身のみによる会社支配にそれほど執着しない柔軟性を備えることが求められる。加えて、最終的な株式公開や大企業による買収といった形での「出口」を求められる点では、通常のＶＣからの資金受け入れと同様である。投資の中心ステージは企業の創業期から製品開発期あたりまでの段階で、一回当たりの投資資金は、一般的に三〇万～五〇〇万ドル程度と、技術・事業領域、投資ステージに応じて幅がある。

ベンチャー企業にとって、彼らから資金を調達するコストは安くない。つまり、企業のトータルバリューに対するエンジェル投資家の投資持分比率は、最低でも一〇％以上、アーリー・ステージ企業の場合には、おそらく五〇%を超すとされている。そうしたエンジェル投資家は、大都市地域の半径一五〇マイル圏内に多く存在するといわれる。当該地域の経済発展が技術牽引型であるほど、技術志向の強いエンジェル投資家がより多く集まってくる。こうしたことは、エンジェル投資家を探すうえでは好都合だが、彼らは協調して投資に乗り出すことはあまりなく、個々に異なる条件を要求してくるため、その交渉は意外に難航しがちである。

独立系ベンチャーキャピタル

ここでは、大手企業系VCや政府系ファンドに対する独立系のVCについて述べる。彼らは既存の一般企業からは独立した投資家チーム・集団で、ベンチャー企業への投資ファンド金額として一般に二、五〇〇万~一〇億ドルを有しており、かつ専門的な組織化が図られている。エンジェル的投資家やベンチャー事業推進の専門家が、チームを組んで活動していると捉えることもできる。従ってその投資先も、企業発展の早期段階ではエンジェル投資家と重なる。そしてその後、ベンチャー企業における事業展開の節目ごとに、達成度合に応じた段階的な投資を行っていく(マイルストン投資)。節目とはつまり、製品の開発段階から、販売を開始して売上げが伸びてくる本格的製品・サービス提供の段階、そして国際展開も視野に入ってくる量産と拡販までの各段階を指す。

ある最近のデータによると、投資金額的には七六~八〇%が「エクスパンション(完成品ができあって販売段階に入っている企業段階)」以降に向けられており(図表2・8)、この比率レベルは比較的

図表2.8　企業発展ステージごとのＶＣ投資（単位：百万ドル）

投資ステージ	2007.3Q	構成比(%)	2008.3Q	構成比(%)
シード・スタートアップ	308	3.9	443	6.2
アーリーステージ	1,199	15.3	1,227	17.2
エクスパンション	3,083	39.4	2,651	37.2
レイターステージ	3,234	41.3	2,810	39.4
四半期合計	7,825	100.0	7,131	100.0

安定している。[15] こうした「販売開始～レイター」段階への投資シフトは、最近のバブル崩壊期（二〇〇一―〇三年）以降で特に顕著になった。大量の投資資金を抱える有力ＶＣほど、この傾向が強い。

背景としては、投資スタンスがより保守的になったために、実際の製品、売上げ、優良顧客を重視するようになり、そうした条件を充たすエクスパンション、レイター段階へのシフトが進んだという面がある。また、ベンチャー企業の全体価値（バリュー）がまだ小さい早期段階の企業のみでは、大量の外部資本を受け入れるうえで持ち株比率的に限界があるため、大手ＶＣは手持ちの投資資金を投資しきれないという実務的な理由もある。こうした面では彼らは投資会社化してきている。実際、このような大手ＶＣの現状に飽きたらず、ハンズオン的なＶＣを新しく立ち上げるスピンオフＶＣも多い。

ところで、ＶＣの投資先の多くは、自社ないし他ＶＣの既存ポートフォリオ内企業への追加投資、追随投資である。一方、新規のベンチャー企業に先鞭を切って投資するＶＣがリードＶＣで、これは有力ＶＣであるケースが多い。このリードＶＣには将来、まわりのＶＣやその他の投資家を束ね、さらには大手企業に対しても追加投資の働きかけや共同開発のセッティングを行い、最終的には当該ベンチャー企業の買収も仕向けられるような展開力が要求される。また、彼らは確かに、対象企業の全体価値に見合った投資も早い段階から行う。二〇〇八年に入り、バイオや環境エネルギー系の若い企業への投資が構成比にも現われている。

一般企業の戦略的企業投資

一般企業は、イノベーション的事業活動を目指して、企業内ＶＣ（CVC）や、共同開発に向けた出資という形で、ベンチャー企業に資金を投入する。

これらは通常、ＶＣからの紹介を受けて投資する追随型の投資スタンスが多い。紹介のタイミングとしては、シードステージやシリーズＡで投資したリードＶＣが、完成品開発の段階で大手系企業に対してその投資先企業を紹介していくというのが典型的である。大手企業側から見ても、製品が完全にできあがる少し前の段階から絡むことで、より安い株価でベンチャー企業株を取得でき、かつ、より自社ニーズを反映

図表2.9　ＶＣ投資企業の出口件数集計

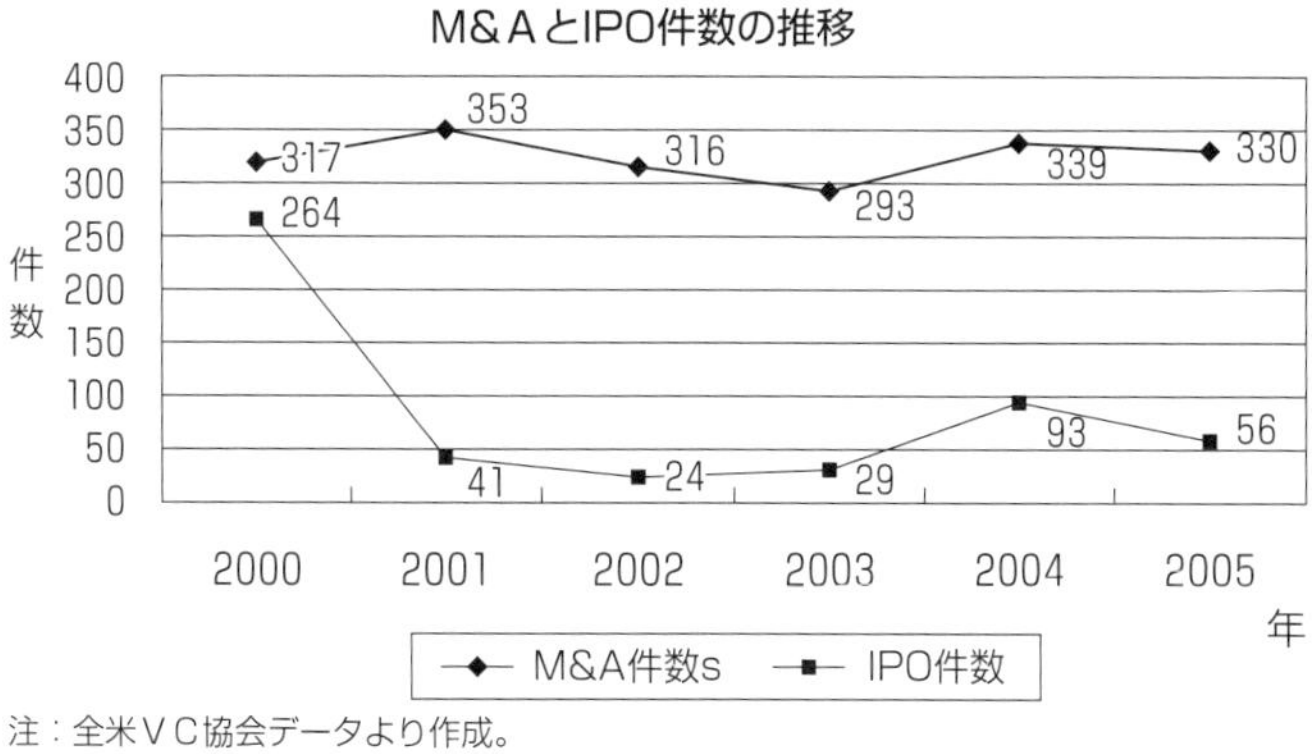

注：全米ＶＣ協会データより作成。

させた完成品開発を促すことができる。その後VCは、有望な企業には製品販売段階から再度大々的な追加投資を行う。そして資金回収の八〇%前後を大手・中堅企業への投資先企業の売却によって達成する。ちなみに全米VC協会集計データでは、VCが投資している企業で、資金回収に成功したケースのうち、二〇〇四年で七八%、二〇〇五年で八五%が他企業への売却によるものである。企業買収に対する一般企業の積極化がうかがえる（**図表2・9**）。

一般に、米国での企業投資あるいはCVCの投資段階は、エクスパンションからレイター・ステージに集中している。つまり、会社設立からおおよそ四～五年から六～七年経過していて、基礎技術のみならず製品化も進み、有力顧客層も充実しつつある段階である。こうしたステージにおける投資は、アーリー・ステージ（おおよそ企業設立後二～三年まで）のそれと比べてリターンは低いが、一般的にリスクも低い。CVCによる投資は、自社との事業シナジーを多面的に考慮して実施されるため、通常のVCのようなキャピタルゲインを狙った投資とは様相を異にする。

政府系ベンチャーローン、民間銀行ローン

企業発展段階の後工程を担う資金源に政策融資がある。民間融資と比べて早い段階から出動するが、完成品（販売対象）の目処がついた段階からの融資で、基本的に担保主義である。

この典型が銀行または民間貸出機関による一〇年を最長期間としたターム・ローンで、SBA（Small Business Administration）がその融資元金の八〇%を保証している。融資対象となるのは、キ

ャッシュフローから融資を返済する能力は備えているものの、自社の元金に対する配慮から、より長期の返済とすることで定期返済額を少なくしたい、あるいは融資を担保保証するには不十分な法人または個人資産しかもっていない既存の中小企業である。こうした融資に対してＳＢＡは、年間およそ一二〇億ドルの元金を保証している。資金使途条件は、設備購入、企業買収のための資金、または特別ケース向けの運転資金が含まれる。

この資金調達コストは比較的安い。最大許容金利幅は、最高値のプライムプラス六・五％ポイントからプライムプラス二・七五％であるが、それより低い場合もある。さらに、ＳＢＡ保証型融資を提供する銀行は、貸出しの際の「約定手数料」や、一五年を下回る融資における前払い料金（前払い罰則手数料は、より期間の長い融資の場合に効力を生じる）を取ることができない。つまり、ＳＢＡ保証型融資における金利は、従来型融資と比べて借り手に有利な内容となっている。ただし、ＳＢＡはこれまで融資申請に対するアプローチを合理化してきたとはいうものの、重要な必要書類の提出や企業運営管理上の要求は強いられる。一般的に利用可能な資金の範囲としては、融資元金保証一〇〇万ドルまでである。

証券発行（ＩＰＯほか）

レイター・ステージ以降は、証券発行（新株、転換社債など）による資金調達も期待できる。実際、米国では未公開株式の流通市場が発達している。証券会社を介して一般大衆からより広く資金を募る株式公開（ＩＰＯ／証券取引所上場、店頭市場登録）は、証券発行による資金調達の典型である。株式公開は、結果として企業の知名度が上がり、創業者などにとっても大きな成功の証となるため注目されているが、本質的には、企業の業務内容（特に財務内容）を一般投資家に対してわかりやすく開示することで広くマーケットから資金を募るひとつの手段に過ぎない。一般に、株式公開に至るまでの設立からの経過年限は、米国では平均で六年程度といわれている。

(3) ブリッジングの組織としてのベンチャー企業

新技術を事業化、すなわちビジネスとして成功させるために、ベンチャー企業はどのような体制を整えるべきなのか。これを検討することはとても大切である。すでに第1章(2)でベンチャー企業の概念をまとめてあるので、ここでは、実際にベンチャー企業を生み出して運営する視点から、設立の際の組織やマネジメントなどの判断基準について技術とマーケット面から検討する。

(3)―1　ベンチャーの組織と運営、始める時期

ベンチャー企業における典型的な組織とマネジメントの概要を述べる。不確実性に立ち向かうバッファーたるベンチャー企業の実践体制はまさにケースバイケースであり、これこそが最適であるという一般論は存在しない。しかしながら、そこにはイノベーションのプロセス実践手段としての連鎖内包型の複雑系を、継続的に育成、発展させるマネジメントが必要となる。言葉を換えれば、本書の主題であるイノベーション・エコシステムに適合したマネジメントともいえる。まずはその組織と運営を従来型の

組織体系と比較して述べていく。

ベンチャーの組織と運営

ベンチャーの組織・体制の基本は、フラットな、いわゆる文鎮型（なべ蓋型）の組織となるのが普通である。従来型の企業における一般的組織体系であるピラミッド型組織[16]は、工場などの管理された製造体制に多く見られる伝統的なものであるが、構造上、その情報伝達方法は階層的になるという性質がある。これは、生産現場のように作業上の方法論がマニュアル化されていて、経験がすべてにおいて優先されるような現場では必要なものである。しかし、開発現場のような、経験よりも斬新なアイデアや発想のほうが有用とされるアドホックな（まだ方法論が確立されていない）現場にはそぐわないといえる。

このため、開発を主体とするベンチャー組織においては、ピラミッド組織に対して逆の体制であるフラットな組織体制となるのが自然な流れである。そして、このような組織を実際に運営するうえで必要なのは、実は「管理」ではなく「マネジメント」なのである。

管理とマネジメントの違い

日本において、管理（Administration）とマネジメント（Management）は混同されることが多い。これは、課長をマネージャーと呼んだり、マネジメントレベルの階層の職種をひっくるめて管理職と呼んだりすることによる誤解・混乱だと思われる。もっとも日本において製造業は、最近まで工場体制そのものであったといえるので、実質的にも管理がマネジメントのなかでもっとも優先されてきたという理由も存在する。

管理とは、管理される側の個別の特性をできるだけ画一化することで、全体としての最適化を図ることでもある。例えば、ある生産工程で均一かつ高品質なものを安く大量に作ろうとした場合、そこには厳しい共通ルールや明確に数値化された管理指標が必要になってくるし、どうしても例外というものを嫌うことになる。そのため、管理構造の権威化が必要となり、必然的に各種の階層が生じてくる。

一方、ここでいう「マネジメント」とは、全体を統一的・均一的に管理することではなく、それぞれ個別的に対応していく行為のことを指している。これは、未知の領域に挑む研究・開発のように、定められたルールがない現場においてこそ必要な概念である。このとき、マネジメントする人間は、個別の能力や適性を十分に把握・活用しながら、全体としての最適化を図っていかなければならない。この方法論は言葉でいうと簡単だが、実際に全体としての最適化を図っていくためには、理念や目的などの共有化が果たされなければならず、多大な努力が要求されることとなる。(17)

ベンチャー企業におけるマネジメント

ベンチャー企業は、イノベーションの担い手として、開発プロジェクトのような未知の領域に挑戦する業務が仕事となる。このような場合には、後追いや、ものまねではないイノベーションベースのビジネス展開が基本となるため、上述したマネジメントの巧拙が、その成果に直接影響を与えることになる。

まさに、「マネジメント」という本来のスタイルを基軸にしたうえで、プロジェクトと会社の両方をしっかりと管理できていることが大切となる。別ないい方をすれば、ベンチャー企業とは、不確定要素の極めて高い業務を「マネジメント」する場でもある。このとき、研究・開発・事業化・産業化の四段階のステージのなかでは、開発・事業化のステージにおける予測確実性は低く、マネジメントが特に大切になってくる。一方では、生産管理が主体となる産業化段階では、進捗の予測可能性（管理性）が非常に高いため「管理」型が主流となる。

技術の類別とベンチャー

優れた技術は、そのままでは商品になりにくい。このとき、「優れた」という言葉の意味が「先端的」でかつ「汎用的」である場合には特に注意を要する。ベンチャー企業を起こす動機として上位に位置づけられるのもこのような技術である。

また、「技術」の特質は、まったく新しい技術と、すでに従来の技術体系に含まれている一部の改良型のふたつに大きく分けられるが、ベンチャー企業での展開に向いているのは、新しい独立的な技術である。

一方、ビジネス的な視点から見ると、技術としての完成度が、それ自体ですでに高いのか、それとも他の既存技術と組み合わせることで補完されるものなのかどうかも判断基準として重要となる。つまり、新技術によって事業化を図ろうとした場合、なるべく既存のビジネス資源を活用したうえで、どうしても既存組織内ではできないと判断されたときに、ベンチャーという組織で実施することが基本となる。このように、先端的技術と汎用的技術、そしてビジネスとのつながりをよく考慮する必要がある。

ベンチャーの特質と関連マーケットの成熟度

マーケットへの視点からベンチャー企業の立ち上げを見てみると、従来存在しないマーケットだったために成功する場合が多いが、既存のマーケットを代替して成功する場合もある。このような「マーケットを代替する」ケースでは、マーケットのライフサイクルにおける「位置づけ」を判断する必要がある。本来的な「ベンチャー企業」という観点からすると、既存するマーケットよりは新規マーケットのニッチな部分を狙うのが普通である。

その理由は、確立されたマーケット分野では、性能そのものよりも、安全性やコストといった面が優先されやすいところにある。したがってこの場合、大切なのは技術の特質をまずはいかにマーケットの「ニッチなニーズ」と結びつけられるかという点にある。このとき従来のマーケティング手法だけでは、マーケットの大きさを把握することにばかり注力され、潜在的なニーズをつかむ力は弱い。潜在的ニーズを把握するには、技術を単に機能にのみ落とし込むのでなく、顧客候補のメリットとしてのベネフィットまで落とし込むことが必要となってくる。

このような作業を通じて技術と顧客の対話を成立させ、具体的なマーケットの推定を可能にすることが、ベンチャー企業のスタートアップ時には特に大切となる。

ベンチャー企業を設立するには必ず資金が必要となるが、資金を集める前にまず何の目的（＝商品とニーズ）のために集めるのかを明確にすることが基本であろう。また、予想される製品やアウトプットのマーケット分野が、実績や高度な信頼性などが要求される種類のものである場合には、基盤技術の開発コストがとりわけ膨大になるため、大企業と連携しながら展開するのも妥当な選択肢のひとつといえる。

どのステージで起業を考えるのが妥当か？

ここでは研究や開発段階にある技術者がベンチャー企業を起業するタイミングについて検討する。すでに述べてきたように、技術とマーケット双方から検討した結果、既存の体制ではどうしても事業化が困難と判断される場合には、ベンチャー企業を起業するのが正解であろう。そうした場合には、独立であっても、社内（コーポレート）であっても、ベンチャー企業を実践する本人が全責任をもって決めていくことが必要になる。当然ながら、人、もの（技術）、金という事業の必須要素に対するマネジメントも必要となってくる。

このとき注意しなければいけないのは設立のタイミングである。これまで何度も述べてきたように、事業化へのプロセスにはさまざまなステージが存在する。ベンチャー企業の起業を思い立った時点で、それがどのステージに位置づけられるのかを見極めることはたいへん重要なことである。なぜならば、ステージの位置づけによって起業するべきベンチャーの性質やアライアンス、さらに売上げが得られるまでの期間も変わってくるからである。

例えば、まだ研究ステージにある場合、そのままではベンチャー企業を起こすには時期が早すぎる。このステージで、もしマーケットとしての社会ニーズがあるとしたら、研究成果や可能性を大企業に売ることがベースになるだろう。そうした連携を視野に入れながらベンチャー企業を起業するのもひとつの選択肢ではあるが、いずれにせよベンチャー企業を起業するの前に連携の候補と十分な打ち合わせをしておくことが必要となる。

次に、技術が開発ステージにある場合、この段階ではいわゆる「死の谷」はまだ越えていないが、サンプルはできているというケースが多い。このとき、顧客がすでに存在しているか、もしくは明確に見えているならば、開発型ベンチャー企業の創業はリーズナブルなものとなるだろう。

そして開発ステージから事業化ステージへと移行する段階にある場合、その資金需要（＝投資）は開発ステージのときよりも五―一〇倍にふくらむ。開発ができたからといって、安易なベンチャー展開を行うと経営上失敗するのはこのためである（「死の谷」の言葉の由縁でもある）。それでも、できるだけ資金を節約して上手に運用するか、早期に売上げを伸ばすことができればいいが、場合によっては開発連携型ベンチャーとして大企業と組んで乗り切るのもひとつの選択肢である。

上記の事柄の背景には、成功している事業化例でも、新技術の事業化には一〇年以上、通常は二〇年程度の時間がかかっているというデータが存在する。通常のペースだといわゆる研究ステージだけでも五―一〇年、開発ステージも入れると相当な年月を覚悟しておかなければビジネスとしては成り立ちにくい[18]。

以上をまとめると、研究開発段階を経て事業化段階まで急速に移行してきているのならば、ベンチャー企業、それも独立型ベンチャー企業を立ち上げるのは正解である。投資も短期間に回収できて、IPOへの道も比較的近いといえる。このように、技術の中身と進捗ステージをにらみつつ、ベンチャーを起業すべきかどうか、はたまたどのような体制による事業化が最適かについては十分な考慮が必要となる。

(3)—2 コーポレート・ベンチャーと独立ベンチャー起業論

ベンチャー企業とは、リスクを伴うイノベーション・システムのひとつの手段であることは繰り返し述べてきているが、ここではコーポレート・ベンチャーと独立型ベンチャーの起業についての相異点と類似点を概観する。それぞれがエコシステムの一員としてのベンチャー機能を持っているが、事業や企業を成功させていくには、さまざまな壁を乗り越えることが必要である。

コーポレート・ベンチャーとは

ここでは、技術者がいきなり独立型のベンチャーを起業するのでなく、大企業のなかで、自分や大学などの技術シーズやマーケットニーズをもとに事業化を図るという、まさに擬似ベンチャー起業体験として、その会社内起業のパターンを想定し、係るメリットや課題の解決策としてコーポレート・ベンチャーを取り上げる。

コーポレート・ベンチャー（社内起業）とは、基本的に既存企業の内部でいわゆる「ベンチャー的」な意思と組織形態を持って新規事業を立ち上げる方法論として定義される。[19] ベンチャー企業を生み出した母体の企業があくまでビジネス上の資金を提供し、それ故に責任と収穫を取るというのが、コーポレート・ベンチャーの姿である。ここでは経営責任を母体（企業）が取ることによるベンチャーと個人にとってのメリット、デメリット、前提条件、展開例などをまとめていく。

日本の雇用システムのなかでは、優秀な新卒技術者の多くは大企業指向であることは否めない。このような環境のなかで、大企業のなかの技術者が起業家精神を発揮してコーポレート・ベンチャー（企業からのスピンオフ・ベンチャー企業も含む）を目指すことは、企業にとっては事業構造改革の尖兵として、また技術者個人にとってもリスクが少ない割に大きな冒険ができるというメリットがある。[20]

あくまでコーポレート・ベンチャーは会社主導であり、技術者個人としてのセーフティネットになるとはいえ、その起業にあたっては、資金調達、ビジネス・プラン作成、事業スタートへの説得、人員の確保、マーケティング、試作開発、顧客への販売、損益管理、プロジェクト・マネジメントと、実際の独立ベンチャー起業における作業とマインドは同じである。

ふたつのコーポレート・ベンチャー

コーポレート・ベンチャーは企業内起業、新事業開発、社内革新のための組織体と見ることができるが、母体の社内に作られるものと外部に作られるものの二種類に分けられる。

・社内ベンチャー：社内組織として位置づけられるが、既存の組織内で発揮される方法論による影響が少ない新しい運営組織体（社内資本金、新規事業プロジェクト）となるのが基本である。

・社外ベンチャー：独立企業であるが、あくまでも企業によって主導されていることが特徴である。資本の形態によって一〇〇％子会社、ジョイント・ベンチャーなどがある。最近では経営者や従業員がその株の一部を買い取って創業するというMBO（Management Buy Out）[21]、EBO（Employment Buy Out）[22]、カーブアウト[23]などもあるがこれは独立ベンチャーとの中間的存在であり、ここでは取り上げない。

母体になる企業においても、新しい事業への継続的な挑戦はその企業の生存においても必要なことである。しかし大きな企業での官僚的な既存組織においては、新規事業展開が現実的には困難を伴う傾向にあり、そのため破壊的イノベーションに対抗するのが難しい[24]というパラドックスも抱えている。これは、開発にせよ、事業化にせよ、不確定要素が多いイノベーションのプロセスは、既存ビジネスを主体とする企業の仕組みとミスマッチを起こすことが多いためと説明される。そこで提案されてきたのが、コーポレート・ベンチャーにおける運営である。

大企業組織とコーポレート・ベンチャー

大企業内部のコーポレート・ベンチャーによる新事業立ち上げがもたらすビジネス上のメリットについて、実行する人たちを主体としたポイントを中心に述べる。

《ブランド力：大企業の一部であることの価値》

最大のメリットはブランド力である。例えば、個人より会社名が先に立つ日本のビジネス社会にあっては、大企業につながっているだけでその信頼感は大きい。ブランド会社ということであれば国内外を問わず、ほとんどの人たちと面談が可能である。

《人材の豊富さ：優秀さ、均質さ、豊富な育成プログラム》

大企業は人材の買い手市場である場合が多いが、その結果として、専門を異にする優秀な人材がまわりにたくさんいることになる。大企業に所属することで第一線の各種専門知識を持つ人材と出会え、極めて効率的な交流が生まれてくる可能性も高くなる。

《資金の豊富さ：潤沢な研究開発資金》

基本的に大企業の研究開発予算は「前年の実績」「売上比何パーセント」ベースで決まってくることが多い。また部門の人が存在しているというだけの理由で、ある程度の予算は確保されている。もちろん内容などによってその予算は上下するが、ある程度の予算はほぼ毎年使えることになる。これは、まとまった研究開発を複数年に渡って実行可能なことを示している。

《研究開発のリスク：個人的なリスクは極めて少ない》

企業のなかでは、研究遂行上の、そして結果に対しての個人的リスクはかなり低い。例えば、高価な装置がそれほど役立てられていないとしてもあまり問題にならない。

《各種プレゼンテーション資料作成のスキル向上：対外取りまとめ、根回し能力》

歴史のある大企業ほど、「失敗の歴史」を持っている。このため管理部署に対する十分な内部説明が必要となる場面が多い。このとき、技術的素人を相手にした説明や資料作成能力が求められ、結果として鍛えられる。

コーポレート・ベンチャーの成功への課題

コーポレート・ベンチャーにおける課題を、開発ステージと事業化ステージ、さらにそれらのあとの段階について検討していく。

《開発段階でのコア技術》

コアになる製品群の開発が先行していれば、ベンチャーの展開はいろいろな可能性を持つことになる。コアになる製品には、単なる既存製品の延長ではない新技術または新マーケットのニーズが組み込まれている必要がある。大きな企業体のなかではそれらはすでに存在しているが、コーポレート・ベンチャーではまずはコア技術の明確化と特定が課題となる。ベンチャー企業において漠然と大企業のやり方を踏襲するとコアが拡散し、先鋭的な、いわゆるベンチャー的な展開が失われていく恐れがある。

《事業化段階でのリスクと客先対応》

一般的にトップマネジメントは、「先端技術関連の開発・事業プロジェクト」の経営マターまでは担当のマネージャーまたは担当者クラスに依存しつつ、その一方でリスク管理体制を強めるものである。やはりコーポレートベンチャーの存在意味を企業の経営マネジメントに理解してもらうことは必須であろう。そうでないと担当者は報告義務から生じる社内対応に追われ、大切な社外の顧客へ対応が後手にまわるということになりかねない。

《母体の企業の持つ固有のスピードの壁》

新規製品開発における最大のリスクとチャンスは、マーケットへの上梓タイミングにある。これがうまくいかないといつまで経っても事業化ステージに入れないのだが、企業にはマーケットとは別の「独自の時間感覚」があることを忘れてはいけない。例えば、重厚長大型の大型企業では、すでにゆっくりとした組織体制を生態系として備えている。そうした時間感覚のなかでは、短いサイクルで動くベンチャー的な社内組織がスピードを上げたりすると、いたるところで摩擦が生じることになる。これは、新規ビジネスを展開するうえで重大な障害となる場合が多い。

このようなとき、コーポレートベンチャーは自分たちがあくまでベンチャーであることを理解する必要がある。そうでないと企業組織との深刻な摩擦や手遅れが生じる。

《社内外の壁を越える》

主要製品でない「新規事業分野」には、売上げにおけるふたつの壁が存在する。「社内の壁」と「社外の壁」である。企業の大きさによって感受性が異なるということであるが、ここでは数千億円―一兆円レベルの売上規模を持つ会社を例に検討する。

まず売上げにおける「社内の壁」について述べる。比較的小規模のニッチマーケット（一〇―三〇億円／年程度まで）での事業展開は、大企業の人材、技術、資金を持ってすれば難しい話ではない。一方、これを次のビジネス規模にまで発展させようとした場合、その追加投資は迅速かつ的確に決断する必要があるが、新事業開始時よりも大きなリスクを伴う決断であるため、通常の大企業組織の中では投資決断に遅れが生じることがよくある。このような、「もう少し、もう少し」と迷っているうちに勝負を逃してしまうのが「社内の壁」である。

一方、マーケットにおいては、新規参入企業が「三〇億円レベル」にまで売上を伸ばしてきている場合、これは先住している既存会社にとって大きな脅威であると同時にチャンスでもある。このレベルを迎えると、それまで傍観していた競合会社が本格的な対抗策を打ち出し始める。マーケットが「ニッチ」から「メジャー」へと転換し始めることから、これが「社外の壁」として立ちはだかる。このとき、コーポレート・ベンチャーベンチャーもそのビジネス体制を「メジャー」なものに転化しないとビジネスに勝つことができない。

独立型ベンチャーの起業とは

独立ベンチャーとしての起業モデルとタイミングなどについて検討していく。革新的な独立型ベンチャー企業については、バイオ、ＩＴ分野の成功例がマスコミなどでも取り上げられ、ベンチャー企業のひとつの形となってきている。

しかし一方では、株式の市場公開（ＩＰＯ）を目指すベンチャー企業の設立、運営はリスクも大きく、必ずしもそうしたベンチャーばかりが市場で成功しているわけでもない。

ベンチャーの意思を持ち、そして実際に個人の意思で独立してベンチャー企業を立ち上げるという定義での「独立型ベンチャー」は、自立と自律を手にした技術者にとって、まさしく自己責任による会社経営者への転身となる。この場合、まず最大の課題となるのが資金の獲得である。ここでは創業者自らが経営責任を取ることのメリットとデメリット、展開例などを述べていく。

独立型ベンチャーの起業のメリット

最初に、ユニークな技術を保持している大学・国立研究所の研究者や、企業の研究開発部門からのスピンアウトをベースにした「イノベーション創出型（開発連携型）ベンチャー」に的を絞り、その必要性や大企業との補完関係、実際の設立のプロセス、技術者にとってのメリットなどについてまとめる。

《開発への専念体制》

最大のメリットは開発への専念体制である。例えばコーポレート・ベンチャーにおいては、いくら社内的に任されているといっても組織内の業務であるため、数多くの社内手続きが発生することになる。独立ベンチャー企業の開発者にはこうした間接業務がなく、開発に専念できる点がまずメリットとなる。

《インセンティブと収穫》

ベンチャー企業の創業と運営というのは自己責任の世界であるから、稼ぐほどに自分たちの収入も増える。この点は、特に創業者または創業時期からのメンバーである場合のリスク・テーキングへの対価である。また従業員であっても、資本参加やストックオプション制度の権利を手に入れることで、いわゆるサラリーマンからの脱皮がいやおうなく図れるわけで、この「すべてが自分たちに返ってくる」というインセンティブはコーポレート・ベンチャーでは得られないメリットとなる。

《経営と意思決定の自由度》

独立型ベンチャーでは、ほとんどの経営判断を経営チームの意思によって実行することができる。つまり、結果がすべてのビジネス社会のなかで、いつ頃果実を得るかというタイミング、その手法や意思決定といった判断の何もかもが自由となる。また、どの段階のターゲットに、どうコミットしていくか等々の具体的なプロセスについても、コーポレート・ベンチャーに見られるような「母体企業との経営上のコンフリクト」といったフラストレーションは発生しにくい。

《人材と資金の選択》

報酬と能力に応じた人材獲得が自由となり、人材の選択肢が世のなか全体に拡がるのも大きなメリットである。また、資金の獲得についても、個人やベンチャー・キャピタル（ＶＣ）だけでなく、事業系の会社も含めた幅拾い選択肢が獲得でき、さらに経営上の資本政策といった選択肢も自由となる。ただし、自由度があるが故に事前の綿密な計画は必須となる。

《アライアンス、パートナーの自由選択》

アライアンス構築についても、パートナー的な対等の共同開発を行うことで信頼関係を構築する場面が多くなる。これは、大きな企業を経験してきた人ほど、対等の関係よりも上下関係（下請け的な取り引き）に染まっているので難しくなることに留意すべきである。独立ベンチャー企業では、開発パートトナーシップ、アライアンス構築・維持の観点において意識改革ができているのが前提となる。

独立型ベンチャー企業の成功への課題

独立型ベンチャーのスタートアップ時に想定されるいくつかのマネジメント上の課題を分野別に列挙解説する。

《経営的な課題》

まず起こりやすいのは経営方針の迷走である。これはベンチャー企業設立や初期段階での決め事が不十分な場合に起きる。例えば出口戦略やオペレーション（例えば株式公開による利益追求型の拡大急成長会社を目指すのか、それとも高収益の開発会社を目指すのかなど）における不一致・不統一などである。これを避けるためにも経営者の責任と権限を明確化しておく必要がある。

《技術・費用的な課題》

ハード系の開発ベンチャー企業では、設備の導入に資本金を使うことが多い。このとき、仮に潤沢な資本金があったとしても、徹底的に節約するべきであろう。資本金の六〇―七〇％を装置購入に使ってしまうと、その後の償却と立ち上げ、オペレーションに多大の時間と費用が奪われ、会社自体の立ち上げに苦しむ場合がある。

また、官公庁の補助金や開発資金の受け皿になっているケースであるが、補助金・開発資金の管理が厳しく、そのため専属の要員が必要となる場合がある。このとき予算消化を優先するなど「管理第一」

の運営を行うとベンチャースピリットが薄れてくる。

《人材的な課題》

大企業からの転職社員がいる場合、立ち上がりから大企業と同じ研究開発環境を要求したり、ベンチャーを「理想的な環境」（技術だけに専任できる）と勘違いするといった認識の誤差が生じる場合がある。また、拡大基調時の採用では中途採用の人材を増加させる必要があるが、その質とスキルは往々にして不足する。

《創業技術者、例えば教授との関係》

大学発のベンチャーの場合には教授との関係が大切となる。大学教授自身の責務と会社の利益はそもそも性質を異にするものであるが、それでも、双方が真剣になるほど会社内部の対立は起こりやすい。やはり、教授は会社を研究成果の実践の場と捉え、一方の会社は売れることを第一と考え、そのベクトルは異なるのが普通である。まず、学会での発表を優先する教授の意識改革を行わないことには、大学発ベンチャーは成り立たない。

《出資者（株主）間における意見不一致》

株主が多い場合には、要注意である。大企業並みの手続き（書類、事務連絡など）を要求する株主の存在は、ビジネス上ブレーキとなる。出資者間のビジネスへの思惑はそれぞれ異なるのが普通であり、これが会社設立後に顕在化するとその運営は混乱状態に陥る場合が多い。

いずれにせよ独立ベンチャー企業は法人格を持つ組織体であるので、その存在価値、すなわち企業理念をまず最初に明確化しておく必要がある。

■注

（1）ＮＩＳＴとは米国政府組織である National Institute of Standard and Technology のことである。
（2）ＳＢＩＲとは Small Business Innovation Research のことである。http://www.sbir.gov/index.html 参照。
（3）いわゆる「イノベーションはマネジメントされなければならない」との認識となる。これの詳細は、バーゲルマン他編著（二〇〇七）『技術とイノベーションの戦略的マネジメント』翔泳社参照。
（4）基本的な区分けとしての研究と開発の違い、事業化への四つのステージわけの詳細と魔の川については、出川通（二〇〇四）『技術経営の考え方：ＭＯＴと開発型ベンチャー企業の現場から』光文社新書参照。
（5）総合科学技術会議資料「研究開発型ベンチャーの創出と育成について」平成一五年五月二七日。
（6）注（4）参照。
（7）注（4）参照。
（8）このようなステージ分けは、いろいろと試みられており、例えば産総研では、第一種、第二種の基礎研究などと分類する例もある。詳細は吉川弘之・内藤耕編著（二〇〇三）『第二種基礎研究』日経ＢＰ社参照。
（9）出川通、田辺孝治（二〇〇六）『研究・技術計画学会二一回年次学術大会講演予稿集』一〇月。
（10）注（9）参照。
（11）全米ＶＣ協会データから推計。
（12）ＡＴＰ：ＮＩＳＴに属する Advanced Technology Program。Performance of 50 Completed ATP Projects。
（13）米国証券取引委員会の条例Ｄ規定（17CFR230.501）（http://edocket.access.gpo.gov/cfr_2002/aprqtr/17cfr230.501.htm）。
（14）Center for Venture Research データによる（http://wsbe.unh.edu/files/2007%20Analysis%20Report_0.pdf）。

(15) https://www.pwcmoneytree.com/MTPublic/ns/nav.jsp?page=stage 参照。

(16) ピラミッド型組織とは、職制上で上位者から下位者へ階層構造を持ち、下位者の方へ向かって人数が増えていく体制をいう。一般には工場や軍隊組織などに多いが、この組織の場合には、経験が極めて重要な集団的行動において効率的な組織体制とされる。

(17) このような現代のマネジメントはP・ドラッカーが第二次大戦後に初めて提唱した概念だといわれている。詳しくはJ・ビーティ（一九九八）『マネジメントを発明した男』ダイヤモンド社参照。

(18) MEMSの事業化事例など、出川通（二〇〇七、二〇〇八）『産学連携学会講演大会予稿集』参照。

(19) コーポレート・ベンチャーの詳細については、Z・ブロック、I・C・マクミラン（一九九四）、松田修一監訳『コーポレート・ベンチャーリング』ダイヤモンド社、ドナルド・L・ローリー（二〇〇三）、福本晃訳『企業を成長させるコーポレート・ベンチャー戦略』出版文化社参照。

(20) このあたりの詳細は、出川通（二〇〇六）『新事業のすすめ』オプトロニクス社、大江健（一九九八）『なぜ新規事業は成功しないのか（新版）』日本経済新聞社やギフォード・ピンチョー（一九八五）、清水紀彦訳『社内企業家』講談社に詳しい。

(21) 経営者が自分が経営している会社を買い取ることの意味。

(22) 従業員が自ら勤めている会社を買い取ること、例えば、米国の事例集であるリック・カールトン（二〇〇二）『バイアウト』パンローリング参照

(23) カーブアウトは既存の事業のなかから新事業部分を切り出して独立させること。例えば木島豊（二〇〇七）『カーブアウト経営革命』東洋経済新報社参照。

(24) 例えばクリステンセン（二〇〇一）、伊豆原弓訳『イノベーションのジレンマ』翔泳社参照。

3 現象としてのベンチャー企業

本章では米国と日本におけるベンチャー企業の活動を、イノベーションの視点から、またそれぞれの歴史的経緯も踏えた上で整理する。

(1) 米国ベンチャー企業の活動—シリコンバレーから学ぶ—

本節では、ベンチャー・キャピタル（以下ＶＣ）主導のイノベーション・モデルの発信地であるシリコンバレーに着目し、ベンチャー企業の事業理念・活動などを現象として分析する。また産業クラスターとして発展していく際に重要な役割を担った大手企業（Established Campanies）との関係も明らかにする。

(1)—1 企業活動モデル

ベンチャー企業がプレーヤーとなるイノベーション・プロセスには、技術の生成経緯、事業化を担う人材、投資家、パートナーとなるべき他企業の存在、産業政策当局の関与など、実にさまざまな要因が絡み合っている。以下では、米国の大学やベンチャー企業、大手企業の実例を念頭に、研究開発からその事業化に向けた企業の成長ステージごとに何が要（かなめ）になっているかをまとめた。

ここでは、米国のＶＣ業界で定義するベンチャー企業の発展区分に従い、大学、その他研究機関等による基礎技術の研究開発段階を終えた技術をもとに起業した後のフェーズを分析対象とする。もちろん、すべてのイノベーションに資する事業活動が、ＶＣなどからの資金投入と共にハイペースな発展を遂げるわけではない。特にベンチャー企業の場合には、そもそもそのような発展モデルを志向しないケースも多い。そうした背景からも、以下は、ベンチャー企業活動のなかでも「ＶＣ投資を前提にしたベンチャー企業モデル」の分析となる。

ただし一方では、ＶＣによる投資活動は、結果的にベンチャー企業におけるイノベーションに資する事業活動を促し、産業社会に対しても優良ベンチャー企業を多く輩出してきた。このようなベンチャー企業の発展モデル・方法論は、歴史的にもかなり成熟し、米国市場全体でのデファクト・スタンダードになっているのも事実である。

ベンチャー企業の発展区分

図表３・１は、ベンチャー企業の発展プロセスである。これはＶＣが想定する理想的なスケジュールであり、彼らがベンチャー企業に対してその節目ごとに投資する際の目安である。ベンチャー企業自身、そして彼らと関わる大手企業系にとっても、これは行動の指針になる。各フェーズの内容は、基本的に

図表3.1　ベンチャー企業発展プロセス

設立後経過年	1年半	1年半	1年半	1年半プラス
企業ステージ	シード	アーリー	エクスパンション	レイター
事業展開内容	試作品開発	完成品開発	販売開始	拡販・量産

全米VC協会の定義に従い、若干の説明を補足した。

1．シード／スタートアップ（試作品開発）

事業コンセプトや製品の企画開発段階で、かつ、製品がまだ固まっていない試作品開発段階である。資金調達はシードマネー（親族やエンジェルからの投資）が中心で、技術内容によっては公的資金の援助も仰ぐ。通常、設立から一八カ月（一年半）以内の企業を指す。

2．アーリー・ステージ（完成品開発）

試作品またはテスト段階のサービス内容が固まっていて、かつそれらを踏まえた完成品の開発に取り組んでいる段階である。サンプル出荷として一部売上げを計上している場合もある。この段階では、いかに有力企業と組んで製品開発できるかが決め手になる。相手企業から見ても、開発パートナー発掘のターゲット時期である。通常、設立から三年以内を目処とする。

3．エクスパンション・ステージ（販売開始）

販売可能な製品またはサービス（完成品）が完全にできあがり、販売を本格化させる段階である。実績あるCEO（Chief Executive Officer：最高経営責任者）や営業担当役員も迎え入れ、内外ともに事業拡大を狙う時期である。先行投資を優先して利益計上はせず、外部への資金流失を抑えながら急成長を図るのが通常である。

設立から通常四年目からこの段階に突入するのが目安になっている。

4．レイター・ステージ（拡販・量産）

製品またはサービスが拡販、量産段階に入っている段階である。順調に行けば売上げの成長に応じてキャッシュフローも豊かになっていき、利益も出てくる。VC等もますます追加投資してくる。株式公開（IPO）[1]も狙えるが、かなりの確率（最近数年では八〇%前後）で、VC主導による大手企業への売却が行われ、投資資金が回収される。

このようなスケジュール（特に時間的なスパン）になるのは、VCのビジネス・モデルに依るところが大きい。VCファンド（通常、満期一〇年）による特定企業向けの投資の場合、投資後五―六年も経てば、IPOや企業売却の形で出口（資金回収）を模索しなければならない。それなりの回収金額を達成するためには、投資先ベンチャー企業の、より順調な成長が不可欠になる。こうした事情から、上記のような発展段階ペース、そして投資ペースが生じてくる。この成長ペースは、初めて事業を起こす起業家にとっては、単独ではなかなか達成が困難である。後述する通り、CEOやCTO（Chief Technology Officer：最高技術責任者）、CFO（Chief Financial Officer：最高財務責任者）、営業担当というように、機能ごとに専門家を組成するのはそのためである。特にCEOに関しては、VC投資に際して、こうした成長ペースでベンチャー企業を立ち上げてきた経験が重視される。以下は、具体的な事例を念頭に置きながら見た、ベンチャー企業の各フェーズにおける活動実態の典型モデルである。大学系との関係も見るために、起業以前の、基礎技術研究の段階からまとめてある。

1．基礎技術研究ステージ（大学、研究所段階）

起業以前の段階である。例えば、大学の研究室にまだ具体的な使用目的も見えない基礎技術があったとき、これを何らかの実用化、事業化に繋げようと試みる時期である。この段階は、一般企業はまだ参入が難しい。ナノ・材料テクノロジー、それもかなり川上の段階がそのいい例である。資金調達面では、大学内部や公的機関からの政策投資、個人（自前ないし内輪）投資を受ける段階である。またこのステージは、基礎技術そのものを研究する一方で、将来的な使い道を模索する段階でもあるため、技術の事業化という観点で見れば、ここでもっとも求められるのは、外部への啓蒙・プロモーション活動である。事業化していないため、まだプロダクツ（ライセンシングや販売を目的とした技術、製品・サービス）は無く、マーケティングには至っていない。

この段階でしばしば直面する課題は、資金力不足から研究者自身がプロモーション活動もやらねばならず、結局、投資家や企業側に潜在的技術力、つまりその後さまざまなものに開発しうる可能性を伝えきれないことである。打開策のひとつに、このプロモーション活動と学術研究機能を切り離すという方法もある。いずれにせよ、この段階における最大のポイントは、基礎技術そのものの研究と、その成果を使って社会を変えていこうとする研究者の姿勢であろう(2)。

2. スタートアップおよびアーリー・ステージ

これは、新興企業を設立してまだ間もない時期である。起業の経緯はさまざまだが、多くは、大学や研究所における技術研究段階を経て、具体的な製品開発や事業化の目処がついた時点で踏み切る。要素技術は一応完成していて、製品と事業のアイデアを精緻化しながら製品開発に取り組む段階である。また、それまで学会発表等で外部向けに行ってきたプロモーション活動が、一部具体的な製品の開発が進むに応じて、マーケティング活動として位置づけされ始める段階でもある。それでも多くのケースでは、依然として技術開発当事者が経営、プロモーション、マーケティング等に携わっている。反対に、市場ニーズをわきまえたビジネス系人材が創業しているケースもあり、こうした場合には、そのビジネスアイデア、つまり製品コンセプトを示現できそうな要素技術人材が後から調達される。

実際には、過去に起業ないし創業時の事業立ち上げを経験してきた人物による、再度の、または数度目の起業が多い。加えて、同技術分野の精鋭人材が結集して起業する場合も目立つ。シリコンバレーでは、特定の「企業」に帰属するというよりは、その時点で有望と思われる特定「技術・事業領域」での個人的キャリアが優先される。人材が結集する場合も、経済的成功を目指す個々人が、そのひとつの方法として「数年プロジェクト」感覚で最強チームを結成する、というのが典型的である。

この時期の資金には、身内、エンジェル投資家、そして政府系からの助成などがあるが、その技術や事業コンセプトの将来性、製品開発ペースによってはリードＶＣ（企業発展の早い段階から投資して、その後の当該ベンチャー企業の資金調達を先導するＶＣ）や、早い段階からの共同開発をもくろむ企業からの投資もありうる。もっとも、ベンチャー企業側の方針で、あくまでライセンス料、試作品のサンプル出荷でつないでいこうとする独自路線派も多い。そうした場合の成長スピードは、より緩やかになる。

3．エクスパンションおよびレイター・ステージ

具体的な完成プロダクツ（完成した製品・サービス。以下「完成品」）が揃い、営業販売を開始することで事業展開が本格化する段階である。実際には、完成品ができたことで投資家から次段階への移行に必要なまとまった資金が調達でき、それによってこの事業拡張段階に突入できたという関係である。ビジネスに長ける人材を外部から確保し、マーケティング活動や経営全体を任せていくのがこの時期である。

この段階では、販売実績を積み上げていくのと同時に、コア技術、完成品をベースとするアプリケーション（応用製品）やサービス提供の内容も充実させていく。そうしたペースに応じて、ＶＣやＣＶＣ(3)（Corporate VC）からさらなる追加的投資も行われる。なかでもＶＣからの投資は、投資金額全体の七―八割がこれ以降の段階に集中している。また、資金調達のペースに応じて、企業経営（ＣＥＯの所轄、以下同様）、技術開発（ＣＴＯ）、資金調達（ＣＦＯ）、事業運営（ＣＯＯ〔Chief Operating officer：最高業務執行責任者〕）といった形で機能を分化させ、事業急拡大のための体制を整えていく。実際は、既存の人脈からの登用が目立つ。マーケティングの展開先も国内に留まらず海外まで広げる。そして大

手企業との業務提携模索も、技術開発とマーケティングの両面において本格化させていく。

このように、本段階での経営テーマは、追加資金調達とそれと平行した人材調達、つまり急成長に向けた体制固めと、これらを受けた戦略的マーケティングの展開である。しかし、創業から数年しか経っておらず、技術開発力、知名度、人材、そして資金力も依然として不十分な状態にある。創業当時の勢いを保ちつつ一気に駆け上がれるか否かがポイントとなる。一方のＶＣ側では、投資先企業の株式公開や他社への売却という出口対策（投資資金の回収）を本格的に検討していく時期でもある。

もっとも、このように事業展開が順調に進まないベンチャー企業のケースも当然多く、逆に早まるケースもある。一般的に、大手企業で経験を積んだ人たちによる起業は展開が早まる傾向にある。いずれにせよ、ＶＣからの資金投入ペースとその金額の大きさ、それにキャピタリストによる事業サポートがベンチャー企業の成長ペースを加速させているのは確かである。最適に資金が使われることを前提にすれば、「成長スピードは投入金額に比例する」と考えることもできる。

ここで、大手企業内におけるベンチャー事業の立ち上げ過程に関して触れる。資金や人材の調達は社内もしくはグループ内で実施されるが、事業発展ステージは通常のベンチャー企業よりも先に進んでおり、社内プロジェクトのスタート時点ですでに、上記のアーリーステージの末期からエクスパンションの初期に相当するという場合は多い。ただし、そもそものブランド、社会的な立場、個人が負担するリスクの大きさなどの点で、企業内ベンチャーとベンチャー企業では根本的に異なる。(4)

(1)―2　シリコンバレーの新展開

ここまではミクロの視点、つまり企業レベルでのイノベーション活動を見てきたが、以下では、産業クラスターの視点、すなわち個々の企業活動とそれを取り巻くクラスターの各種プレイヤーの集積という観点から考える。そのためにまず、シリコンバレーにおけるこれまでの発展経過[5]を再検証する。

産業クラスター形成のあゆみ

当クラスターにおいて、今日のような発展スパイラルへと新展開を遂げていったのはいつ頃からで、そこで起こったベンチャー事業活動はいかなるものであったのかという観点から考える[6]。

シリコンバレーにおける産業クラスター形成過程として、注目すべき出来事を時系列で書き出すと表2のようになる。これを見ると、日本がこれまで、そして現在たどっているクラスター形成活動とある程度共通する。特に注目したい点は、いまでこそハードウェアの量産工程をほとんど持たないシリコンバレーでも、一九七〇－八〇年代当時は、それまでの半導体に加えて、コンピューター、それも東海岸の大手老舗企業であるＩＢＭに対抗したパソコン中心のハードウェア黄金時代であったことである。そうした時代背景とクラスターとしての飛躍の時期、きっかけを探っていく。

今後の日本のベンチャー企業活動、そしてクラスター発展モデルを究明するのに、なぜシリコンバレーのクラスターの歴史を再検証するのか。それは、かつてそこで起こってきたダイナミズムから、日本で

図表3.2　シリコンバレーにおけるクラスター形成

トレンド	代表的な出来事
大学設立	1891年：スタンフォード大学設立
産学連携、大学発ベンチャー	1927年～：同大学ターマン教授の推進活動
	1939年：ヒューレット・パッカード社設立
政府系研究機関、大手企業の誘致	1930年：モフェット・フィールド海軍航空基地、エイムズ・リサーチセンター
	1939年：ＮＡＳＡの前身が研究所設置
	1946年：ロッキードやＩＢＭの研究所誘致
ベンチャー起業の予備軍人材の形成	1956年：ショックレー半導体研究所設立
	1957年：フェアチャイルド・セミコンダクター社設立等
半導体系ベンチャー企業の台頭	1968年：インテル、ＡＭＤ設立。後にＩＢＭのＰＣ事業と連携
ＶＣ設立ラッシュ	1969年：メイ・フィールド設立
	1972年：クライナー・パーキンス設立
	1977年：マトリクス・パートナーズ、ＮＥＡ設立
コンピューター中心のハードウェア黄金時代	1976年：アップル設立。82年：サンマイクロ・システムズ、シリコングラフィクス設立
ＣＶＣの活発化	1986年：シスコ・システムズ、ＣＶＣ、98年：インテルキャピタル、99年：Google 設立

現在直面している課題への手掛かりを探るためでもある。

なお、図表3・2では、イノベーションのトレンドとして、各時代におけるクラスター形成上の意義を掲げた。例えば、産学連携、大学発ベンチャーというトレンドは、「象徴的には、スタンフォード大学のターマン教授による活動（一九二七年～）に始まる」という意味である。ここに表わされているシリコンバレーの代表的な出来事は、そのときだけの事象ではなく、各々のトレンドの基点となるべき時期と事象を示している。

シリコンバレーの新展開

1．ベンチャー企業の充実，大手企業からの人材の輩出

一九六〇年代も後半になると，折からの不況も相まって，ＩＢＭをはじめとする大手企業から続々と人材が流出し，新規に事業を立ち上げるケースが急増した。ベンチャー起業ブームの到来である。インテル（一九六八年設立）も，時期的に見ればこの大きなうねりのなかの一事例であったといえる。特筆すべきは，それらベンチャー企業の技術力と製品開発力は，大手企業も振り向かざるを得ないほどに十分なレベルまで到達していたということである。また，もともとつながりのあった人間同士による起業の場合はなおさらだが，大手企業とベンチャー企業との間に，ごく自然にネットワークと事業連携の素地が形成されていった。

2．ベンチャー・キャピタルの台頭

現在，シリコンバレー（つまりは全米レベル）でトップクラスといわれる老舗ベンチャー・キャピタル（以下ＶＣ）が続々と設立されたのも一九七〇年前後である[7]。そして，ＶＣの一大隆盛期に突入する。それは，当時のシリコンバレーで，ＶＣというビジネス・モデルが成立するに十分なほどの投資対象，つまりベンチャー企業の厚みが増していたことを物語る。

そこでは，まずベンチャー企業の台頭，充実が起こり，これらに対する投資成功事例が増えたことでビジネス・モデルとしてのＶＣの有望性が認識され，そして続々とＶＣが立ち上げられていく。加えて，その成功事例は投資事業組合という形で外部資本も巻き込んでいく。これは明らかにＶＣという新たな

ビジネスの発展過程であり、VC自身が最先端のベンチャー企業モデルのひとつであったことを表わす。特定の技術や事業領域に精通し、より絞り込んで掘り下げたい人物はベンチャー企業側に立ち、金融やビジネス面にそのバックグラウンドを持ち、かつ広範な領域の技術や事業に関わりたい人物はVC側に立った。この基本構図は現在もまったく変わっていない。

3．大手企業とベンチャー企業間の有機的補完・連携関係の形成

このように、それまで大手企業が優先されてきた産業社会で、VCの発展とも相まって、ベンチャー企業は急速にその存在感を高めていった。

ベンチャー企業の厚みの増大、そしてレベルアップは、VCとの間で相乗効果をもたらしただけでなく、一九八〇年代には、新技術開発に行き詰まっていた当時の東海岸大手企業らの目を引くことになる。その代表例はIBMがシリコンバレーの半導体ベンチャー企業群に最新鋭の半導体開発を託したことである。それ以来、こうした大手企業とベンチャー企業による連携関係は全米規模となり、やがて米国のベンチャー企業活動の新しい流れとなった。

これらはつまり、「技術・事業革新によって差別化商品をつくり、市場シェアと売り上げを伸ばしたい大手企業」と、「新しい技術・事業アイデアを持って光る存在として成長したいベンチャー企業」との間に形成された有機的な補完・連携関係である。時期的に見ると、そうした意味での助走期は一九七〇年代後半で、このような関係形成が定着していったのは一九八〇年代である。そんななかで一九八六

年、企業内ＶＣ（ＣＶＣ）の先駆けであるシスコ・システムズでは、折りしも、その事業展開に資する外部ベンチャー企業への投資活動をスタートした。この時期以降、シリコンバレーの産業クラスター構造は急速に現在の姿に近づいていった。この経緯を整理すると、以下のふたつの側面で表わすことができる。

1．大手企業人材による起業・人材移動、そして有機的なネットワーク形成

不況による大手企業からの人材の大量流出・起業急増という時代背景がある一方で、新興ベンチャー企業に対するＶＣ資金供給で大手企業からの人材移動がさらに促された。いい換えれば、新興企業側に大企業人材を迎え入れる経済的受け皿ができた。これらの事柄が相まって、結果的に、大手企業とベンチャー企業との間にネットワークがごく自然に形成されていく。このネットワークにより、ベンチャー企業は大手企業の開発ニーズを把握しやすくなり、それに合わせた技術と製品の開発が可能になる。このとき必要な追加の資金調達は、当該技術製品分野に理解のあるＶＣに再度相談する。そのキャピタリストも、実はかつての同僚という場合もありうる。こんな形で、大手企業、ベンチャー企業そしてＶＣという三者による有機的なネットワークが確かに強まっていった。

2．ベンチャー企業による要素技術・製品開発、そして大手企業との補完性

例えばインテルは、一九八〇年半ばまではメモリー、ＤＲＡＭメーカーであったが、当時の日本企業

に追い上げられ、マイクロプロセッサーにシフトして成功した。ここでＩＢＭという大手企業は、自社製ＰＣ（パーソナル・コンピューター）を供給するために、このインテル製８０８８モデルを選んだ。そして引き続きインテルからこの半導体供給を受け続ける。ＩＢＭは、コンピューターに対する半導体、大型コンピューターに対するＰＣという二重の意味で、本来自社の領域ではない「ＰＣ向け半導体開発」に自らの手を下さず、インテルという当時のベンチャー企業に任せる戦略を取った。このときインテルのプロセッサー開発を支えたのが当時台頭著しいＶＣ資金だった。このように一九八〇年代の後半あたりから、ベンチャー企業の技術・製品開発はＶＣ資金によって一層促され、そして大手企業の開発ニーズを補完するという構図がより鮮明となっていった。

それは、シリコンバレーにおける「パートナーシップに根ざすベンチャー企業活動」という新展開であり、自律的なイノベーション・エコシステム(8)の誕生である。このエコシステムは時間と共に強力なものとなっていき、国内のみならず海外からも人材と資金を吸引するメカニズムがビルトインされていく。その進展過程では、ベンチャー企業が厚みを増して、当時の大手企業にとっても十分意味のある存在になった時点で、両者間のパートナーシップ形成が確固たるものになっていく。こうした流れのなか、ＶＣの結果的な触媒機能も相まって、クラスターは今日のような急成長路線に入っていった。

(1)—3　大手企業の視点からみたベンチャー事業展開

前節で述べた通り、シリコンバレーにおけるベンチャー企業活動の新展開は、ＩＢＭとインテルの関係に象徴されるように、大手企業が戦略的にベンチャー企業とパートナーシップを取り結んだことで進展していった。そうした進展のなかでは、人材、資本力、そしてトータルな事業展開力を持つその時々の先行する大手企業（Established Companies）がベンチャー企業と連携し、そしてイノベーションをリードしてきた。このことを踏まえ、以下では、現在行われているベンチャー企業の活動を、大手企業の立場から整理する。そして、それらの技術・製品開発、事業開拓方針がもっとも端的に現れる局面として、ベンチャー企業投資を取り上げる。

ベンチャー企業投資の目的

一般に、大手企業がベンチャー企業に投資する目的・狙いはどんな点にあるのだろう。投資先がベンチャー企業ということは、当然ながら、相手先は大学や研究機関における基礎技術研究の段階を終えて起業し、そして要素技術・製品開発の段階を経て、その事業化段階にあることになる。[9] ここでは、大手企業の視点からベンチャー企業への投資目的を整理した。またベンチャー企業にとっては、大手企業側の狙いと自社の状況とを照らし合わせることで大手企業との位置関係を査定することは、その後の大企業へのアプローチの目安として大変重要なテーマとなることから、各段階におけるベンチャー企業の立場も併記してある。

1. 要素技術、製品コンセプトの取込み

大手企業は、製品・サービスに競争力をつけるため、自社開発に加えて、ベンチャー企業との連携によって、要素技術開発さらに製品コンセプト作りに努める。対象先の技術評価を行い、製品コンセプトの市場可能性を探り、さらに自社内の既存技術・事業との親和性をチェックする。検討対象が有望に見えるほどこの親和性の確認が重要になる。

ベンチャー企業にとっては、試作品開発中のシード・スタートアップ段階にある技術、そして製品コンセプトがここに対応する。VC資金をまだ得られない、または頼れないベンチャー企業にとっては、知的財産の流出リスクを負いつつ技術のライセンシング収入を目指すことになる。二〇〇一年のバブル崩壊直後に大きな痛手を受けたVC業界が機能不全に陥った頃は、そうしたベンチャー企業が多かった。

2．製品の共同開発

大手企業が以上の段階からさらに踏み込んで、自社製品に組み込むキーモジュール（部品）を獲得するために、本格的な共同開発に入る場合である。もちろん、こうした共同開発は投資と明確に区別されるのが通常だが、有力VCが投資・先導しているような人気ベンチャー企業が相手の場合は、それなりの額の資金提供が不可欠となる。

ベンチャー企業にとっては、サンプル出荷の形で、大手企業の知見も得ながら、現存する試作品を完成品へと仕上げていく過程である。一般的には、アーリー・ステージ後期からエクスパンション初期に相当する。市場ニーズを把握し、そして何よりも最初の有力顧客となりうる大手企業と共同開発することで、この段階の進展は加速し、その後の製品も市場に受け入れられやすくなる。会社設立段階から特定の大手企業群をターゲットとし、自社が開発すべき技術領域の特定化を図ることによって製品開発を進めていく場合もある。

3．部品調達、その他取引関係の強化

大手企業はさらに、アプリケーション開発や供給の安定化を目指して、モジュール（部品）を継続的に調達するための提携強化を図る。通常、単なる資本投資の他に、独占を含む継続的な技術・製品開発ライセンス契約、あるいは特定地域における販売契約を伴う。また米国では、大手企業が有する先進技術のライセンシング先をベンチャー企業が担う場合がある。大手企業からの投資の見返りとして、遊休技術資産の収益化にも貢献することをベンチャー企業に要求するケースである。

ベンチャー企業側としては、このような大手企業に対して、まずOEM供給関係に立つ。逆に、自社で工場施設を持とうとしない製品企画（デザイン）系のファブレス・ベンチャー企業は、工場施設を持つ海外の大手企業に生産委託することで、モジュール段階とはいえ、自社ブランド展開を目指す。大手企業にしてみれば、これも、遊休資産になりかねない工場の有効利用になる。

4．企業の取込み・買収

大手企業ではここ数年、企業買収が活発化している。これには、まず、既存の自社製品との本格競合を避けるために相手方ベンチャー企業を市場から排除する目的で行われる買収がある。買収先のブランドを取り上げ、ウェブサイトもなくし、自社の一事業部とする。一方、これとは対照的に、例えばGoogleなどは企業を現存するままの状態（As Is）で買い取る。経営陣も、開発部隊も、そしてブランド、ウェブサイトも維持する。この場合は、帳簿上のオーナーが変わるのみである。こうした買収では、買収側企業のR&D、または新規事業開拓活動の中核として、企業買収（あるいはそれに至るまでに、ベンチャー企業の事業ポジションを自社の事業との関連でマッピングすること自体）が位置づけられている。[10]

ベンチャー企業にとって買収されるということは、何よりもそのオーナーにとって、そしてVCを始めとする投資家らにとっての出口（資金化）手段になる。これに加えて、開発志向のベンチャー企業が、事業拡張（その主体は営業）は大手企業に委ねつつ、自分たちは本来の開発工程を継続的に深めていくという選択も典型的なモデルである。

(1)―4　経営理念、開発取り組み姿勢

ところで、当のベンチャー企業はどんな経営理念や開発への取り組み姿勢を持って事業展開しているのだろうか。ここでは、先進的な産業クラスターにおけるベンチャー企業の典型的な実態を主要項目ごとに整理する。

経営理念と手法

1．一点集中主義が徹底している。対象項目が複数に及ぶ場合はその優先順位をつける。企業が発展しても、もともとのコア技術や事業発想の発展系として成長するのが典型的である。もちろん、経営資源がまた乏しいからでもあるが、結果的にもこのことは、お互いの強みを認め合って展開される企業

間のパートナーシップや前向きなM&Aの背景となっている。

2. ハイリスク・ハイリターン志向が基本である。この一点集中主義とはつまり、特定の技術や製品、事業コンセプトが、市場に受け入れられるか否かに賭けることである。そうした意味であえてハイリスクを取り、大きな成功（ハイリターン）を志向している。ここには、VCなどの投資家の事業目的も大いに反映されている。

3. 売上げではなく収益性重視である。収益性の低い分野や自社にとって比較優位性のない分野には手を出さない。ないし、明確に優先順位を下げる。そもそもベンチャー企業にとっては、企業設立から数年（五―六年）間が成否を決する分かれ目であり、かつその成否は、収益性を維持した形での成長過程に持っていけるか否かにかかっている。

4. 事業の成長性第一主義である。これは、投資家であるVCの事業目的を反映した、VC主導の急成長志向モデルでもある。なかでも早い発展段階にある新興ベンチャー企業の場合は、この成長性を維持・強化できなければ、投資家からの資金が途絶え、事業の存続自体に即関わってくる。

5. CEO、CTO、CFO等の分業型で経営に臨み、権限と役割が分割されたフラット組織を重んじる。基本的に、そこに上下関係の発想はなく（あるいは相当に弱く）、あくまで各々のキャリア、得意領域に応じて機能を分担しようという発想である。新興のベンチャー企業では、組織立った人事、管理部門はほとんど存在しないに等しい。

事業戦略

1．事業全体の戦略や具体的プランニング作りを重視する。まず仮説・ビジョンを持って、そのうえで分析・企画・戦略立案してから行動に移る。特にマーケティングにおいてそうである。起業してから成長軌道に乗せるまでに通常五―六年、長くても七―八年の中期プロジェクト的な感覚で臨む。

2．ブランディング、つまり自社がそれなりの存在であることを示すアピール活動を最優先課題に位置づける。そのために例えばシリコンバレーに本社を置くケースも多い。そうしたベンチャー企業の主要活動テーマは、事業・製品企画、資金調達、そしてまだ若い自社に対する精一杯のブランディングである。その他の開発、生産、販売については海外を含むパートナー先への委託を図る。

3．パートナーシップを基本戦略に据えている。ベンチャー企業も、会社設立二―三年の立ち上げ段階を経て、販売用のプロダクツが固まってきた段階から自社の立場を鮮明にし始め、外部に対する「パートナーシップ」戦略の打ち出しを開始する。前述のフォーカス主義を受けて、コア事業（得意分野）とそうでない分野を外部に明示し、後者分野を外部委託するか、またはこれを補完してくれる相手と対等な立場で組む。

4．世界展開志向である。米国の先進的ベンチャー企業は、完成品やシステム・ソリューション開発、サービス提供まで結び付けてくれるような大手企業と組んでこそ意味をなすポジションにある。この場合の大手企業には海外企業もはじめから含まれており、視点がよりグローバルである。

人材戦略

1．即戦力主義である。すべてにおいて即戦力となる経験十分な人材の採用を基本としている。基本的にすべて「中途」入社だから日本で見られるような「中途採用」という偏見はない。

2．人材は流動性が高い。発達した産業クラスターが巨大なベンチャー企業のインキュベーションの場となっており、クラスター内での有機的な人材ネットワークの形成が進みやすい。もっとも、米国では突然解雇に遭う可能性が高いので、日ごろからネットワークを作ってそのリスク・ヘッジを図っているのも事実である。

3．世界から人材が集まっている。グローバルに募集をかけるというわけではない。まず大学や大手企業が当初の受け皿となり、その後、卒業生またはスピンアウト人材が定着して自然つか長い時間をかけてベンチャー人材になっていく。こうした人材が、さらに母国の人材を引きつける。

4．成果スライド型の報酬体系である。その他にも、さまざまなインセンティブ・パッケージを駆使することで、固定給与部分の圧縮対策としている。こうした成功報酬モデルによって、結果的に、極端な給与格差も肯定する。

技術開発、製品開発の取り組み

1．汎用かつパッケージ指向である。特にソフトウェアの場合、開発仕様を統一したオフショア開発（インド、中国等海外への開発委託）により馴染む。一方、顧客対応人材を極力抱えないため、顧客

図表3.3　米国ベンチャー企業の経営理念、開発取り組み姿勢

a．経営理念と手法	①一点集中主義。企業が発展しても、もともとのコア技術、事業発想の発展系としての成長。自社のビジネス・モデル優先。
	②ハイリスク・ハイリターン指向。自分たちの技術や製品、事業コンセプトが、市場に受け入れられるか否かに賭ける。
	③収益性重視。収益性低い分野、自社に比較優位性がない分野には手を出さない。収益性を維持した形での成長を目指す。
	④成長性第一主義（ブレイクスルー志向）。ＶＣ主導の急成長モデル。事業存続のための資金調達がその成長性にかかっている。
	⑤権限と役割を分割したフラット組織。上下関係の発想はなく、各々のキャリアに応じた機能分担。人事、管理部門はほとんどない。
b．事業戦略	①プランニング・戦略作り重視。演繹的アプローチ。成長軌道乗せは５－６年の集中決戦型。起業自体が中期プロジェクト感覚。
	②大手企業と渡り合うためにも、ブランディングは最優先課題。そのためにシリコンバレーに本社置くケースは多い。
	③パートナーシップ指向。フォーカス主義の結果、コア事業とそれ以外が明確で、後者を補完する海外との開発ネットワーキングも。
	④世界展開指向。完成品やシステム・ソリューション開発、サービス提供まで結びつけてくれる大手企業（海外を含む）と組むポジション。
c．人材戦略	①即戦力主義。すべてにおいて即戦力となる人材の採用が基本であり、「中途採用」への偏見的発想はない。
	②人材の流動性が高い。その結果、「巨大なベンチャー・インキュベーション」内での有機的な人材ネットワークが生まれ、発展する。

	③世界から人材集積。海外にルーツを有する人材が、さらに母国人材を引きつける拡大循環サイクル。
	④成果スライド型の報酬体系。これによる極端な給与格差も肯定する。その他さまざまなモチベーション戦略。
d．技術・製品開発	①基本ソフト、業務アプリケーションの汎用パッケージ志向。オフショア開発、国際的な販売、オンラインプロモーションに馴染む。
	②モジェール（部品）提供主体の半製品モデル。顧客側が汎用製品に合わせることの有効性を強調、説得していく。カスタマイズに弱点も。
	③単一製品・プロダクツ分野指向。開発面でも他社とのパートナーシップで、自社の強みを提供しながら、技術・製品の完成度を高めていく。
	④技術・製品開発を加速させ、かつ企業価値を高めるため、他の成長中のベンチャー企業との合併も増えてきた。

のニーズに合わせた作り込み、カスタマイズ開発には不向きである。

2．モジュール（部品）提供主体の半製品モデルである。先端技術性、汎用性に強みを持ち、自社技術、製品コンセプトに顧客側が合わせることのメリットを強調する。その分、やはりアプリケーション開発やカスタマイズ過程は得意としない。

3．単一の製品・プロダクツ分野指向である。大手企業、中堅成長とのパートナーシップで、自社の強みを提供しながら、技術・製品開発の完成度を高めていく。もっとも、ベンチャー企業の技術が相手側の開発ニーズを充たすレベルにあることが前提になる。

4．他の成長期のベンチャー企業との合併

に積極的である。しかもそれは、あくまで技術・製品開発を加速させ、かつ企業価値を高める方法のひとつという認識である。製品開発面の補完に加えて、サービス提供体制の充実も含んだ事業のステップアップを狙う。

ここで、米国ベンチャー企業の経営理念と開発に取り組む姿勢として、次の点に注目したい。それは、「事業活動は、強みに一点集中してさらなる強化を図ればいいのであって、弱みは他社とパートナーシップを組むことで補完できる」という基本概念である。米国のベンチャー企業は、一般的に、自社にある程度の完成品ができあがって、事業ポジションとアイデンティティー（企業としての独自性）が確立されてきた段階で、ウェブサイトに「Partners」というボタンを設けて外部企業との提携モデルを打ち出す。つまり、その会社が求めているパートナー企業像と、具体的な提携パッケージを明示するのである。それにより大手企業を含むまわりの企業は、そのベンチャー企業との間でのビジネス・モデルが描きやすくなり、パートナーシップが加速される。最終的には、買収する側・される側の双方が発展モデルを描けるような前向きなM&Aにもつながる。この点はさらに後述する。

(2) 米国ベンチャー企業の活動―東海岸の場合―

米国におけるベンチャー企業というと日本では、西海岸、特にシリコンバレーを中心とするIT・ソフトウェアまたはバイオ関係といった先端技術ベースのベンチャー企業群が思い浮かべられる。しかしながら、過去、米国の産業を支えてきた東海岸地域、特にボストンを中心としたハード系大企業とベンチャー企業の関係を抜きに、米国の製造業の発展とイノベーションのプロセスを語ることはできないだろう。

実際に、ボストン・エリアにおけるベンチャー企業群は、シリコンバレーを主体とするそれとは生い立ちや考え方が異なっている。ここでは、そうした東海岸をベースとするベンチャー企業の成立経緯と役割分担、ビジネス・モデルについて概念的、事例的な検討を行いながら整理を試みる。

(2)―1　製造業の衰退と復活のなかで育まれたベンチャー企業

東海岸のベンチャー企業に関する流れを理解するには、シリコンバレーにおけるスタンフォード大学の役割がそうであるように、ボストンにおけるマサチューセッツ工科大学（ＭＩＴ）を中心とした産業展開の歴史に目を向ける必要がある。もともと、この地域は長い間、米国製造業の強さを支えてきたルート１２８号線沿線に位置するハイテク地域であり、いまでも機器開発等のハードを伴った産業の中心地であることはすでに知られている通りである。そこではＭＩＴの技術シーズを中心にした技術移転が活発に行われてきており、企業からの人材のスピンアウトと融合して新産業発展へのさまざまな展開がなされてきた[11]。

これらの背景には、米国における製造業の発展の歴史がある。特に欧州との歴史的つながりが深い東海岸では、欧州の伝統的技術に基づいた軍需系研究開発に対する産業界と大学側の協力による輝かしい発達があったが、個々の企業が巨大化したことで、組織的・官僚的なビジネス体系が構築されていった。こうして構築された巨大組織は、第二次世界大戦後に情報通信系を中心として台頭した革新的ハイテク時代の到来にあって、「足かせ」になっていく。結果、西海岸、特にシリコンバレーにおける自由闊達でスピーディーな開発、事業化とは対照的に、時代の変化に遅れを取る形となった。

このように古い歴史を持つ東海岸であるが、第二次世界大戦前後の一九三〇—五〇年代に創られた企業群では、それぞれが成熟していくなか、一九八〇年代後半から大企業の研究開発部門を中心に「人材の流出」が始まる。もはや世界の新しい展開についていけなくなった「官僚機構化した大企業」からの技術者の脱出である。かくして東海岸地域にベンチャー企業が出現し始めた。しかるに、東海岸地域のベンチャー企業の源泉は、大企業の開発部門からのスピンアウト組がその主流を占めているといっても過言ではない。

一方、東海岸地域には歴史があることから、大型でしかも体系的な足腰の強い技術の融合（フュージョン）と統合（インテグレーション）が蓄積されてきたともいえる。日本の戦前戦後における産業構造の歴史と東海岸地区の歴史の類似性を考慮すると、イノベーションのエコシステムを考えるうえで、この地区のベンチャー企業から学ぶべきことは多い[12]。

東海岸でのベンチャー企業の成立経緯

一九七〇年以降の米国東海岸におけるベンチャー企業の設立過程についてもう少し説明したい。まずは第二次世界大戦前後から一九七五年頃に起きたオイルショック前後までの、米国における大規模製造業の黄金時代についてである。それは、古きよき時代の典型的な大量生産型製造業における「研究開発部門と製造部門の内部連携」が主流の時代であった。この時代は、いわゆる中央研究所の全盛時代でもあり、どの大企業も競って研究部門の充実に取り組んでいた。

しかし、一九七〇年代後半、プロセス型イノベーションを発展させた日本の激しい追い上げと、それに伴った事業再構築、間断のない技術革新の波に対応しきれず、米国では、いわゆる「中央研究所苦難の時代」が一〇年余りも続いた。その結果、大企業内部の研究開発部門は、新規事業をなかなか生み出せないという理由からその存在価値を著しく低下させてしまった[13]。

つまり、この時代の米国企業は、技術変化のスピードに対応ができなくなったために、研究開発費の枯渇のみならず組織内の過剰なリスク管理にも遭い、その結果、実力のある研究・開発者の流出を促すこととなった。大きな企業ほど研究開発の自由度が保障された時代は過ぎ去った。

このとき大企業から脱出した多くの研究開発人材は、次々とベンチャーを起業し、あるいはそうしたベンチャーに転職していった。そうした事象は一九八〇―九〇年代に頻発し、これが開発を主体とする大企業スピンアウト系ベンチャー企業の成立起源となる。具体的な事例は後で述べるが、この時期におけるベンチャー起業の事例のほとんどは、こうした大企業からのスピンアウト組による経緯を経ている。**図表3・4**はその流れを時系列的にイメージした図である[14]。東海岸では、企業からスピンアウトした開発者らによって、独自のイノベーション・システムが作られてきたのである。

図表3.4　米国の東海岸の開発型ベンチャー企業例
（大企業からのスピンアウトした例）

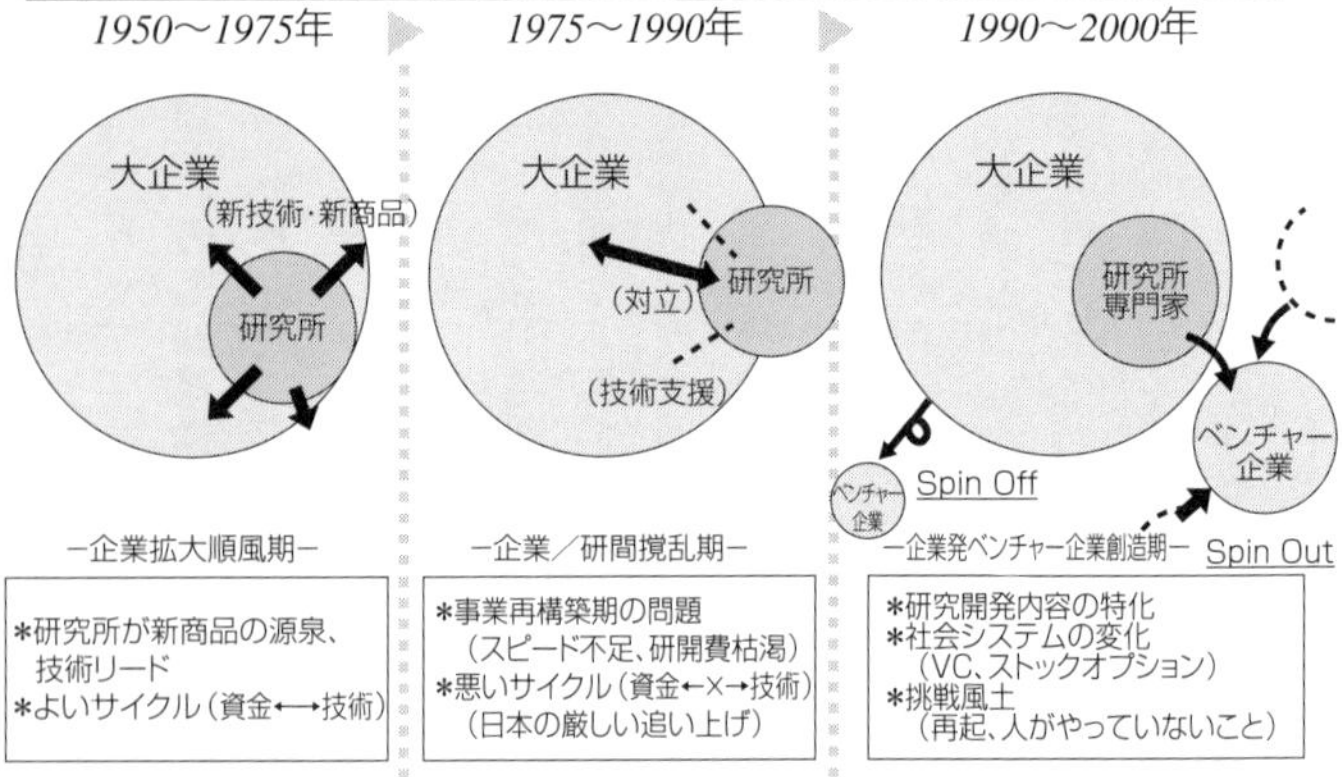

大企業発のベンチャーの成り立ち

上記で述べた大企業からのスピンアウト組によって構成されたベンチャー企業群の基本的スタンスは、開発ステージ部分への特化・集中である。具体的なビジネスとしては出身母体を含む大企業からの「受託開発事業」となっている。

このビジネス・モデルに当てはまるベンチャー企業を、ここでは「開発連携型ベンチャー企業」と呼ぶことにする。すなわち、事業展開におけるひとつの経過ステージとして開発ステージに着手するのではなくて、この「開発ステージ」のみを切り出して大手企業に提案し、受託するスタイルをとるビジネス・モデルのことである。

そのビジネス・モデルの前提条件は、大手企業側からの受注が可能となることである。大手企業側のメリットは、自社内部の開発部門と比較して、費用、納期ともに半減できることである。さらに途中経過目標すなわちマイルストンが達成できないときは「切り捨て」も可能という、経営マネジメント上のメリットもある。そうしたことからも、このモデルは発注側のリスクを最小に抑えるというパートナーとしての役割分担も行き届いており、いわゆる開発連携においては大企業にとって理想的な形態といえる。

一方、これにはベンチャー企業側から見たメリットも当然のことながら存在する。なかでも開発ステージの不確定性さに起因する過剰な管理（情報交換のための会議、報告事項、オーバーヘッドなど）から逃れられるメリットは大きい。つまりベンチャー企業にとってこのモデルは、開発に専念できる体制の実現や、企業経営における最適なパートナーの選択、ベンチャー企業メンバーへのインセンティブ付与（給料、成功報酬、ストックオプションなど）といった双方向のメリットがある。

起業パターンとしてのスピンアウトとスピンオフ

研究開発者が企業という組織を出て、新たにベンチャー企業を起こすというパターンについて少し触れる。これについては、スピンアウト型か、それともスピンオフ型かといった議論がよく持ち出されるので、この両者の違いについて述べる。

スピンアウト型ベンチャー企業というのは、端的にいえば、会社の研究・開発部門の技術者が組織から飛び出し、出身企業の組織や方針とは直接的な関係を持たずに、人、技術、金を集めて完全独立型のベンチャー企業を起業することである。一方、スピンオフ型ベンチャー企業というのは、主要メンバーの出身企業から技術などの知的財産やノウハウの持ち出しを許可され、また一部の出資を得るなどの関係を持続する場合に使われる。

東海岸における多くのベンチャー企業はスピンアウト型を自称しているケースが圧倒的に多い。そうしたベンチャー企業におけるビジネス上のコア技術は、先に述べたように出身企業からそのまま持ち出すわけにはいかない。一方、まったく違う領域での技術展開やスタートアップの難しさはスピンオフの比ではない。そのため、多くの場合、既存大企業のなかで一〇―二〇年と開発経験を積んできた人たちによる起業が主流であり、したがって企業内部の仕組みや限界を知り尽くしているという点も重要なポイントとなる。こうしたことから、企業との連携を行う際には、相手の状況を正しく理解できることが開発連携双方の Win－Win につながる。

(2)―2　開発連携型ベンチャー企業のビジネス・モデル

ベンチャー企業と大企業による開発連携の実行について、その道筋を検討する。大きな組織で不確定性の高い開発を実行するには、各種リスクをクリアするうえでそれなりの意思決定を待たねばならず、その結果、いかにスピードの問題を克服できるかがカギとなる。ここにイノベーション実行のための解をもたらすのがベンチャー企業である。いい換えれば、彼らは小さな組織だからこそ成り立つビジネス・モデルを構築しているのである。

開発連携の出発点

ベンチャー企業がコアとする技術は実証して見せるわけだが、実際に企業から開発を受託する場合には、もちろん新技術を核として用いるが、それ以外の部分は既存技術が主体の組み合わせで、原則として冒険を避けるベンチャー企業が多い。

開発を受託する顧客の第一号として可能性が高いのは、ベンチャー企業のメンバーの出身会社である。何といってもかつて在籍していた会社であるだけに、その仕組みや課題、要求レベルに通じているため余分なマーケティングが不要となる。

発注側の大手企業から見ても、その能力や過去の実績、働きぶりを知り抜いた開発者たちがいる会社というのは、それ故に安全・安心であり、やはり双方にとってリスクが少ないといえる。そうしたことから、最初のアクションは、受注の可能性がもっとも高い出身企業への提案となる。もちろん、これと同じ理由から、その企業のライバル会社も選択肢に含まれる。

開発受託のパートナー契約の骨子事例

開発型ベンチャー企業と大企業の関係は、一般的には下請け契約ではなく「パートナー契約」となる。これは、日本の大企業における従来型の縦割り（下請け、売買契約）とはかなり異なるものなので、以下にその考え方の骨子と意味を箇条書きにて述べる。

・委託者と受託者（実行者としてのベンチャー企業）はパートナーであるとの認識（成功したときの関

係は両社が満足するという、いわゆるWin－Winの関係構築）
・双方の所掌について、お互いに何をするか、何ができるかの分担を明確化（ミッションの明確化）
・マイルストン管理と成果に応じた支払い（支払い条件のステップ化と迅速実行）
・ビジネスのコアとなる技術を支える技術者への十分な活動の保証（受託者サイドの権利の事前保護）
・競合の禁止条項、開発と製造・販売（委託者サイドの権利の事前保護）
・契約外の派生事項はオプション契約（プロジェクト・ターゲットの複数化と技術拡散を防ぐ）
・成果の移転に関する契約条項の明確化（装置や技術権利を渡すタイミングなど）
・委託者側の人材の受託側ベンチャー企業での積極的な受け入れ（技術移転のスムースな実施とトレーニング）
・打ち切りに関する条件の明示（うまくいかなかった場合の処理方法の明確化）

ライセンスの契約時期

次に共同開発（実証のフェーズ）プロジェクトにおけるライセンス契約について述べる。開発連携型ベンチャー企業の持つ特許のライセンシングはあくまで、プロトタイプ機が完成し、その技術の実用性が実証された後に行われる。

通常はこれにより、当該する技術の特許を含んだ全知的所有権のライセンスが譲り渡される。ライセンスを受ける側にとってこの方法は、内容を実際に確認することができるため安全であり、またベンチャー企業側にとっても技術の実証により価値が上がるので、結果、双方にメリットがあるといえる。一般に特許のライセンスがそのまま実用化に到るケースは、すでに権利侵害である同じプロセスが使われている場合がほとんどである。まったく新しい発明の場合には、あくまでもプロトタイプの製品・装置による実証を経てからその価値を確定するのが通常である。

一方、その実現性の確認に係る費用は委託側が全額負担している。これが開発のパートナーシップにおける根幹的な考え方である。開発プロジェクトというのは、その実証について、お金がある側と技術がある側の双方が共同して実証するというリスク共有型のプロジェクトであり、うまくいけば双方にメリットがあるという意味では典型例なアライアンス関係でもある。

開発連携型ベンチャーの出口戦略と具体例

何ごとも始まりがあれば終わりもある。大企業からスピンアウトして創業したベンチャー企業も、いつかは開発連携型としてのベンチャー企業の役割を終える時がくる。

ベンチャー企業のライフサイクルのなかでは、いくつかの開発連携契約をこなした成長期のあと、持てるコア技術における応用分野の枯渇、あるいは次なるコア技術の小粒化に直面したとき、開発連携型ベンチャーは脱皮期を迎える。このとき次の展開における出口をどうするか問われるわけだが、経営的には以下の五つの扉が存在するといわれる。

1. 株式公開（ＩＰＯを目指す、この場合は生産まで踏み込んだ規模の拡大を要す）

2．継続的な開発（関連分野での新たな展開継続）
3．合併またはジョイント・ベンチャー（JV）[15]（開発ベンチャー同士の合併、企業間でのJVによる再出発）
4．会社の売却（大企業に売却し、その一部門になるか子会社化する）
5．廃業（社長をはじめとする経営者は、引退する、新しいベンチャー企業を起業する、エンジェルになる等の道を選択する）

1の選択肢を取る場合には、開発連携型ベンチャーというコンセプトを途中で変更し、ビジネス・モデルを売上増大型、利益重視型へとシフトする必要がある。当初からIPOを目指すベンチャーであればその出口戦略は明解であるが、開発連携型ベンチャーの場合には、単独による純粋な「会社規模の拡大」は開発マネジメントという内容と矛盾するためそもそも難しいという面がある。

(2)―3　事例紹介―半導体製造装置開発ベンチャー企業P社―

米国東海岸にある大企業スピンアウト型の開発ベンチャーP社について概要を示す。ここは東海岸のボストン郊外にある会社で、一九九一年に設立された。一九八〇年代に実用化され急速に普及した半導体製造工程のプロセス、「イオン注入技術」をベースとした装置を開発する会社である。CTOのW博士は、この業界では著名な天才的技術者で、彼が開発したイオンソースはその名を冠して今も使われている。

Ｐ社のセールス・ポイントは「量産用のデモンストレーション装置（以下デモ装置またはベータマシンと呼ぶ）の受託開発」であり、米国の大手装置製造（量産）企業が顧客となっている。加えて、ＣＥＯとＣＦＯを兼ねているＭ社長のマーケティング・センスと合理的な金銭感覚も見逃せない。彼はもともと機械設計系のエンジニアであったが、後にマーケティングのスペシャリストとしてＣＦＯも兼ねる経営者となった。

このベンチャー企業は、Ｍ社長とＷ博士のふたりが中心となり、イオン注入というコア技術を持つ技術者六名程度（すべて大企業の開発部門からのスピンアウト組）によって設立され、年間一－二件の案件を大企業から受託してその開発にあたっている。会社の売上は五～一〇億円／年、人員規模は一五～二〇人で、五年目を乗り越えた段階で筆者は開発委託を行った。

まずＰ社スタートアップ時の状況を述べるが、最初に、この会社はスピンアウト型であって、スピンオフ型ではない点に注目したい。Ｐ社がその難しさをどのように克服してきたかを、技術、資金、人材という側面から具体的に見ていく。

Ｐ社におけるベンチャーのスタートと出身会社との関係

大企業から正式に開発案件を受注できた時点が、開発連携型ベンチャー企業としての実際のスタートとなる。このとき、いかに優れた人材を集めていても、限られた人員ですべてをこなすことはできない。

したがって、できるだけ相手（発注元）の資産を活用することになる。

まず一番目に活用される発注元の資産はソフトなどの制御システムで、全面的に流用することになる。これは委託元にとってもメンテや共通性の面で都合がよい。もちろん著作権に抵触しない範囲での流用である。二番目は調達データベースである。数万点にものぼる部品などはできるだけ安く効果的に調達しなければならないが、そのための作業は膨大なものとなる。このデータベースは基本的にメンバーの出身企業時代のものを使う。ただし、これを改良して、開発／試作データベースに直していく必要はある。三番目として、分析・測定といった付加価値に直接結びつかない仕事や機器は、すべて借用（委託元会社、大学などから）で済ますことになる。購入などの部品データベースはそのまま活用し、緊急調達は「顔パス」を利かせるなど、昔のネットワークを最大に活用するのである。

こうした「融通」の源は、互いに信頼し、そして認め合う人間関係であるが、特に米国の場合、会社がずっと面倒を見てくれるわけではないという周知が行き渡っているので、日本に比べると、かなり融通の利くフレキシブルな対応が技術者間でなされている。

NISTの補助金と技術コアの確立

P社の基本技術はNISTのベンチャー育成補助金（ATPプログラム）[16]によって実証された。ベンチャー企業にとって「売れるもの／売るもの」は技術である。会社のスタートは、社長のS氏と技術者のW博士のふたりの意気投合から始まっているが、実質的なスタートは、会社設立と前後して技術が補助金の対象として採択され、本格的な実証マシンの開発が始まったことによる。このように、コア技術に関しては、もともと持っている業務ベースの延長上において開発していくという発想が必要になっていく。

W博士による新しいパラレルイオンビーム技術のアイデアは、業界ではとりわけ革新的なものだったため、P社の開発は、この発想をベースとする画期的な技術の実証モデル装置を作ることから始まった。当然のことながらその開発資金の一〇〇％を自己資金や補助金に頼れるはずもなく、開発は、W博士の自宅ガレージでの節約を是とするスタートとなった。なかんずく開発連携型ベンチャー企業というものは、IPOを目指すベンチャーとは違って、ベンチャー・キャピタルからの資金調達に至る例は稀である。このケースでも、当初の必要資金トータル二億円のうち、NISTからの補助金は七五％の一・五億円で、残りの五千万円は自己資金でスタートしている。もちろん、その時点での技術的リスクはあったわけで、NISTの補助金があるとはいえ、五千万円ほどの自己資金は失われる可能性もあった。

実証機（このときの実証機は「αマシン」と呼ばれた）はたいへん重要なもので、モデル機によって「技術が実証」されないと、企業は開発を依頼してこない。このケースでは、後のW博士の言葉「うまくいくとは思っていたが、自分の仮説どおりに（あまりにも）うまくビームが制御できることに目をみはった」に表れている成果を、補助金を活用して得ることとなった。まさに「企業側が本気でP社に委託開発を頼もうという気になるとき、それこそが会社の真のスタート」だったことになる。

創業時のコア・メンバー

創業時におけるコア・メンバーの選定は、ＣＥＯ、ＣＴＯとなる創業者らが中心となって、職場で一緒に仕事をしてきた仲間にその候補者を求めるのが安全であるが、Ｐ社も基本的にはこの方法を実行している。

Ｐ社における、創業者を含めたコア・メンバーのバックグラウンドと分担分野について事例を以下に紹介する。

・Ｍ氏（社長、ＣＥＯ、ＣＦＯ）：大手半導体装置メーカーの機械設計技術者として活躍していたが後にマーケティングの専門家となり、資金調達などにも手腕を発揮する。Ｄ社を興すための中核者であった。

・Ｗ博士（副社長、ＣＴＯ）：物理出身、英国オックスフォード大学出身であるが、一時は中学の音楽教師をしていたという。イオン注入技術の中心人物として大手、中手の専門メーカーを渡り歩いてきたので、専門分野における技術的知名度は抜群である。

・Ｊ氏（システム・製造担当）：システム全体を統括している。ここでいうシステムとは単にソフトウェアのことでなく、ハード的な装置全体の組み立てと動作確認までを含む。このため、数台の規模であるが、製造部門の責任者でもある。

・Ｔ氏（ソフトウェア開発担当）：ソフトウェアの開発は装置システムを構築するうえでもっとも重要であるため、その特別グループを率いている。スキー指導員の資格を持つ快活なソフトウェア・スペシャリストで、冬は一カ月以上もの間、山小屋で「スキーと仕事の日々」を過ごすという。

・A氏（機械設計担当）：西海岸の大手半導体装置メーカーから地元の東海岸に戻ってきた。西海岸の気候は気に入っていたが、東海岸の風土と人間が自分には合っているという理由からD社に職を求めたという。

・S氏（物理・試作担当）：日系人。日本の会社で米国から技術導入したイオン注入技術・装置を担当していたが、会社が事業から撤退したため導入元の米国企業へと移籍し、そのまま米国でマネージャーとなる。社長のM氏と同じ会社の出身で、立場上はW博士の下になるが、実際には試作や実験など何でも行う。

経営と資金調達はすべて社長のM氏が担当しているので、いわゆる管理・間接系の事務職は経理担当職員が一人いるのみで、あとの電話や通信といったことはすべて、雑用も含めて秘書が行っている。

サブコアのメンバー―テクニシャンたち―

右記に述べたコア・エンジニアだけではベンチャー企業は成り立たない。これを支えるのが多くの「テクニシャン」であり、サブコアのメンバーといえる。これらのメンバーに加えて、パートタイムで働く人材が仕事の多寡に応じて配置される。パート人材のコストは非常に安く、年間三万ドル程度のものであり、その人数は忙しいときで一〇数人にのぼる。以下にサブコアのメンバーであるテクニシャンの事例を紹介する。

・組み立て専門のテクニシャン：半導体専用の装置といっても、昨今の一二インチ（三〇〇㎜）ウエハ対応の装置になると相当な大きさになる。また、ファシリテイとの接続をはじめとするさまざまな場面で力と技が必要となる。

・調整専門のテクニシャン：イオン注入装置は組み上がった後の微調整を効率よく完了させないと、検収が難しい装置である。そのため、組み上げ途中からスペシャリストがビームを調整しつつ全体を完成させていく必要がある。

・調達のスペシャリスト：装置組み立てメーカーで試作機を作る際には、その部品の調達が非常に重要になってくる。また、納期管理はマイルストン達成の第一条件でもあるため、コストの比較や、緊急時の対応など、アップデイトされた調達品リストを常に作っておくことが大切な仕事となる。

成功の反動：新たな契約の獲得の難しさとは

一方では、難しい局面も多々出現する。例えば、よい契約のあとに同じような条件の契約を獲得するのはなかなか難しい。これは、契約条件のレベルが一度向上すると経営者のマインドが初心に戻れないことを表わしている。そのためベンチャー経営では、常に頭の切り替え、とりわけ初心に戻ることが重要となる。いずれにせよ、次の契約が正式に発効されるまで、ベンチャーの社長はメンバーを抱えて不安・苦悩・あせりの日々を過ごすことになる。

・蜜月のあと：出身母体の会社と契約状態にあるうちは協力関係が保たれるが、そのあとは要注意である。特に、次の契約を競合関係先から受託したりすると対応がとたんに冷たくなり、敵対関係となる場合もある。経営者は、こうしたことを予測してあらかじめキーパーソンと密接なネットワークを作り、その維持に努めるのも重要な仕事のひとつである。

・守りに弱いベンチャー企業：守りに入ったベンチャー企業のメンバーは基本的に分が悪い。現状維持を図ろうとするベンチャー企業は「守り」に入り、そうした動きは同時に企業の成長を止めることになる。したがって、契約が取れないときは、企業の買収攻勢、メンバーの引き抜き攻勢などに対処することも経営者の仕事となる。

ここに紹介したD社の場合は、起業後一五年ほどでコア技術を活用した応用製品開発がネタ切れとなり、第一号の開発連携先となった大手企業にM＆A（企業買収）されてその役目を終了した。

(3) 日本の製造業とベンチャー企業

本節においては、日本における製造業全般の研究開発を振り返りながら、ベンチャー企業のおかれている環境とベンチャー企業における歴史を述べる。またイノベーション実行の事例を本章(2)で示した米国東海岸のそれと対比して述べていく。

(3)—1　日本における製造業の歴史

日本での産業発展の過程は、米国産業の歴史と比較することにより、その特徴がより鮮明に見えてくる。かつては欧州に対抗し、プロセス・イノベーション型の産業新興国としてこれを追い上げた米国も、二〇—三〇年ほどの時差をおいて台頭したプロセス・イノベーション型の産業新興国・日本に追い上げられることになった。さらに時は過ぎ、二〇〇〇年代の日本もやはりアジア諸国から追い上げられ、米国にベンチャー企業が出現したかつての状況と重なってきている。

日本における製造業の歴史

明治維新を経て始まった日本の近代化は、西洋技術の導入というよりも、むしろ製品・商品の導入によって促されたといえよう。つまり、すでに欧米で産業化が果たされた商品群を輸入することから始まった。こうしたことから日本の製造業は、「手本を見ながらものを作る」ところからスタートしたといえる。その後、日本が古くから培ってきた職人技術や広範な教育・技術基盤とも相まって、日本の製造業の守備範囲は急速に広がっていった。このモデルは当初、産業化された製品そのものの導入から始まったわけだが、年を経てその商品開発技術、製品開発技術、川上の源流技術へと急速に近づき、そして近年に見られる科学段階を含む技術シーズ研究へと展開してきたことになる。

高度成長期における日本の製造系企業は、余裕のあった大企業を中心に、「自前主義」と呼ばれる研究・開発から事業化・産業化へと到る全ステージでの展開を行ってきた。そうした展開は、優秀な新卒学生が多量に大企業に供給された時期（一九七〇年代後半からバブル前頃まで）にも重なった。したがって、当時の研究・開発部門は、いわゆる団塊世代の「数の力」によっても拡大をみたと捉えることができる。

しかし、その後のバブル崩壊後の製造業では、国際競争の激化、技術進歩の早さ、マーケットニーズの変化などへの対応で手一杯の企業も多く、開発や新事業展開にまでなかなか手が回らないのが実情であった。歴史のある大企業にはもともと工場分社的な体質を持つところも多く、製造・販売・アフターサービスへと集中的に回帰し始めるケースも多く見られた。そのため大企業では、研究や開発について外部からアライアンスという形で導入することが必要となった。実はこの状況が、開発をターゲットに絞ったベンチャー企業側にとってのビジネスチャンスへとつながっていったのである。

(3)―2 日本の事例紹介―先端装置開発ベンチャー企業Q社―

開発型の中小企業は日本に数多く存在するが、ここに紹介するA社は、二〇〇八年時点ですでに創業二〇年以上を数えるにもかかわらず、いまだベンチャー企業としての機能を発揮したビジネス展開を継続している。

Q社の概要と企業グループの構成

Q社は、経営の可視化と個人のやりがいを重視し、メンバーを直接マネージできるフラットな組織づくりを基本としている。その形態を維持するために組織規模は最大二〇人程度としており、これを超える状況になった場合は分社化する。そうしたグループ全体の人員は、創業した一九八八年の十数人から二〇〇〇年には一〇〇人となり、さらに二〇〇八年には二〇〇人を越え、現在も直線的に伸び続けている。

グループ会社の構成を俯瞰してみるとその役割分担が明確となる。A社本体の機能は新規のプロセス装置の開発／試作であるが、その周囲に技術調査会社、中量の装置やデバイスの製造会社、微細加工の試作ミニラインを持つ会社というように、イノベーションに必要な三つの要素「専門家、中小規模製造、試作プロセスライン」を揃えている。

大企業の開発部門に対応させて表わすと、さしずめQ社が「研究開発部門」であり、グループ会社は「試作量産部門」、加えて「専門技術調査部門」となり、大企業が有する各部門をすべて備えていることになる。指向する分野は微細加工技術をベースとした「半導体」「液晶」「バイオ」などの急成長・先端分野であり、人材はその道の大企業で研鑽をつんだ技術者ＯＢが主体となっている。

会社の設立と運営方針

新しいベンチャー企業の起業については、社長を決めてから会社を作るのが原則で「その逆はない」とQ社のH社長はいい切る。これは創業や企業運営の経験に基づいた信念であり、「技術者と社長（経営）はまったく違う資質が要求される」というのが基本的考えである。さながら「よい技術者が必ずしもよい経営者になるわけではない」といったところであろうか。これには、技術者は経営の感覚を取り込む必要があるといった意味合いが含まれているのだろう。こうしたあたりは、米国では改めて言及するまでもない部分であるが、米国ほど技術者が自立・自律した環境にない日本においては、特に重要なポイントとなる。

一般的には、組織が大きくなったり、資金が豊富になったりすると、突出した素晴らしい技術があったから事業が始まったのだという「勘違い」が往々にして起きる。どのような場合でも、事業は「組織」「技術」から始まるのではなく「人」と「市場」から始まる。

社長を決めてから会社を作るといっても、会社をどうしても作る必要が生じてきたらどうするか。Q社の場合、答えは簡単で「当面、自分が社長になって」会社を作るのである。このとき、管理のための管理が不要となるよう、企業規模を二〇～五〇人以下にする。しかし、最小限必要な補助的業務はどうするのか。これには、大企業でいう、秘書、総務、管理を行う人員がひとり存在すればいいというのが基本的な考えである。このあたりは、米国の開発連携型ベンチャー企業の平均人数が一〇―二〇人程度であることと符号している。もちろん経営者のマネジメント能力にもよるが、洋の東西を問わず、直接マネジメントできる人数はこの程度が適当ということだろう。

日本で管理職というと、大企業に限らず中堅企業でも、ある年齢以上になると、ほぼ年功序列的に昇格していく。しかし、よくいわれることではあるが、「マネジメント」と「管理」は大きく異なるため、単に管理するだけの「管理職」では、ベンチャーの経営はできない、とH社長はいう。

マネジメントは経営につながるが、管理（職）は必ずしも経営につながらない。経営というのは、会社（と社員）を数字や規則で絞り上げることでなく、手持ちの人材をうまく育てて操縦し、結果として利益をきちんと出すことである。今日における日本の「大企業管理職」の多くは、「マネジメント」を行うというよりも、単なる管理者と化してしまう傾向にある。

技術のマネジメントの考え方と方法

Q社におけるグループ会社の技術や開発をマネジメントする方法に注目すると、ここにも米国ベンチャー企業との類似のポイントが見えてくる。そのポイントとは、「新たに開発したプロセスを装置として仕上げるためにはハードもソフトも両方必要であり、このとき双方をうまく融合させることで独自の付加価値が生じる」という技術マネジメントにある。

確かに、開発ベンチャーにおける小型の研究開発用プロトタイプマシンというのは、ハードだけ、あるいはソフトだけのリードだと、容易に真似されてしまう。このことを前提に対抗措置を考えておくのはごく当然のことといえる。

ポイントは、汎用技術および装置を採用し、要所に独自装置および独創を加えることである。試作、開発といえども、独自の部品や新しい技術を濫用しないことが大切となる。開発の目標は「いかに新技術を用いるか」ではなく、「いかに早く目的を達成する装置を完成させるか」ということにある。

技術者というのは、往々にしていたるところに新しい技術を取り入れたがるものである。しかし、それではなかなか完成しないし、完成してもバグが多くて安定せず、とても顧客のところに持っていけるような代物ではなくなってしまう。こうなるともはや資金回収の目処も立たなくなり、ベンチャー企業としては倒産の危機を迎えることになる。

既存ローテクと異分野の知識を活用

開発という行為は、本来、確立された方法論がない世界で行われるものであるが、しかし一方では、限られた予算枠のなかで最大の成果を上げることが要求されるのも事実である。このときリスク管理を徹底しすぎると、開発そのものが、難しいことを避け、できる範囲のもので済まそうとする方向に進む。ひとつ間違えば、ベンチャー企業というより「低賃金・長時間労働」の単なる「零細下請け企業」になってしまう。Q社の社長によれば「一見難しい技術を伴う開発であっても、そこに付加価値が含まれている」ことがマネジメントにおける重要なポイントとなる。

それでも財務的にゆとりがあるうちはまだいい。しかし、資金や期限に追われるようになってくると、目的を達するための創意工夫が薄れ、難しいことを避ける傾向が出てくる。そして既存の技術の組み合わせで間に合うソリューションで済ませるという安易な対応になってしまう。これでは、付加価値は生じない。

付加価値を追究するうえで最大のポイントとなるのは、そのままでは成功率が低い新技術のみに頼るのではなく、まずは既存する異分野技術を活用して成功率を上げることである。こうした本来リスクを負う必要のない技術の活用についてQ社では「異分野に既存する（確立されている）技術との融合で成功率を上げる」という表現で、リスク回避方針を示している。これにより開発のリスクを最小に抑えながら、かつハイリターンを狙うという方針である。

このQ社の事例における技術開発とお金のマネジメントスタイルは、表現方法こそ異なるものの、米国ベンチャー企業におけるコア技術確保の発想と同様のものである。いい換えれば、新しい技術を取り入れながら既存の技術をうまく活用して難しいことに挑戦するのが開発連携型ベンチャー成功への早道であることを示している。

(4) ベンチャー企業の再考

第1章で示したベンチャー企業の概念、第2章で論じたブリッジング機能、これまで第3章で概観してきたベンチャー企業の実態を踏まえて、ベンチャー企業について再考を試みる。

(4)—1 ベンチャー企業のマネジメント

ベンチャー企業においては、「ちゃんとやること」が大切である。「ちゃんとやる」とは、プロジェクトの「進めかた（How To）」ではなくて「進み方（What, Why）」を「ちゃんと」見ていくことである。このときマネージャーは、進捗にマイルストンを設けてプロジェクトをマネジメントしていくことが重要となる。

ベンチャー企業のマネジメントの実践ポイント

もう少し、マネジメントの実際についていくつかの具体例を示す。ベンチャーでは通常、複数の開発プロジェクトが並行して走っている。そのなかでも最大のプロジェクトはベンチャー企業の経営そのものであるともいえる。

《顧客対応》

やはり、顧客の生の声を自分の耳で聞き、市場から直接に情報を得ることが肝要である。そして、何に価値があるかをライバルよりも先に洞察してマネジメントに役立てる。市場の動向を知り、そこから知恵を得ることは、競争を優位に運ぶうえでの決定・実行に最大の自信と力をもたらす。経営者やプロジェクトマネージャーが顧客とまともな話ができなければ智恵も出ないし、開発・事業化プロジェクトの戦略策定も、マネジメントの実行もできなくなる。

《社員の評価》

社員が仕事をするうえでのベース・質を決定する評価基準として、プロジェクトや会社としてのビジネスに対する考え方、人的資源に関する考え方を明確にする。またプロジェクトメンバーにはどのような行動様式、基準が望まれるのか、許されるのか、そして工場管理との違いは何かなどを明確にする。

《リソースの配分》

限られた原資（技術は無限、人もフレキシブル）の配分とフォーカスをどうするか、その優先順位を合理的に判断し、実行する。特に前向きの実行（投資、消費）と後ろ向きの実行（節約、切り捨て）のバランスが求められるが、これを会社やプロジェクトのメンバーにも理解させ、共有化を図ることがモチベーションを維持するうえでは必須となる。

ベンチャー企業の官僚化を防ぐ

ベンチャー企業の出口を考えることになるきっかけが、組織の硬直化、官僚化である。経営が安定してきたり、組織が大きくなってきた場合、ベンチャー企業としては組織体の「大企業病」に注意する必要がある。もともとベンチャー企業というのは、既存企業の組織的弊害を打破するための「小さな組織」という位置づけにあるが、この本来のポジショニングが経営の安定や組織の肥大に伴っていつの間にか(つまり大企業病に罹患して)壊れてくることも多い。

そうした一例として、組織や業務内容が大きくなって、経営も安定してくると、不思議なことに、技術者だけの開発現場でも悲観論が幅を利かせてくることがある。これは経営のみならず内部のメンバーにも安定志向が生まれ、随所で過剰なリスク管理が行われることによる。やはり安定期に入ってくると、それまで前向きに捉えていたリスクを、成功の見通しが立たない理由として悲観論的に挙げるようになる。こうした変化は、ベンチャー企業としての危機の兆しといえる。

(4)—2　起業家人材とは

ここでは、イノベーションのシステムを支えるひとつの要素として、いわゆる「イノベーティブなひと」について検討していく。技術者の独立心や自立・自律意識の不足と企業による囲い込み、あるいは退職金制度などの課題について、ベンチャー企業の人材を中心に具体的な事例と日本の現状を紹介する。

ベンチャー企業を支える起業家人材とは

ベンチャー企業においては、人材がすべての成功の正否を左右するといっても過言ではない。しかしながら、日本の現状では、大企業がポテンシャルの高い優秀な人材を数多く抱え込んでいるのも事実である。

ベンチャー企業の「人材集め」は、実際の開発プロジェクトで必要とされることとして明確な役割分担）を前提に補充していくのが基本である。つまり全員が「必要な」人材なわけで、「ぶらさがったり」、「遊んだり」している人材はいないのが普通の状態となる。人材の調達については、すべてスカウトによる（特に必要度の高い専門的機能から補充する）のが理想である。

米国企業が人材面で恵まれる理由は「人材活用のフレキシビリティ」にあるといわれており、すなわち「人材の流動性」こそが、経営者サイド、技術者サイド双方にとって最大のメリットとして語られている。一方、これには、米国の大企業では「大学卒はエンジニア、高校卒はテクニシャン」と厳格に区別されているという背景もある。いかに優秀な高卒でも学歴が高校卒という理由からテクニッシャンにしかなれず、将来に渡って会社のポジションや給料が頭打ちになるのである。ベンチャー企業はこの隙間を狙うことになる。ちなみに米国で生涯教育が盛んである理由のひとつに、夜学に通って大学卒の資格を取らない限り、企業内での給料アップと出世が望めないという現実もある。

給料レベルの米国での事例

米国のベンチャー企業での給料管理は年収契約（＋ストックオプション）という形態で行われるのが普通であるが、その年収は二〇万ドルから三万ドルと幅広い。米国の製造系大企業の部長クラスでも一〇万ドル程度といわれるなかで、コア・メンバーの二〇万ドルは魅力的である。サブコア・メンバーは一〇万ドルレベルだが、それでも大企業では六―七万ドルレベルのテクニシャンからしてみると大きい差である。一方、誰でもできる仕事についてはは三万ドル程度が相場であるが、相場は相場として、必要度合いや実績に応じて毎年個別に設定できる点は強みである。

給料の決定については、どこでもそうだが、非常にデリケートである。米国の場合、その明細をきちんと説明し、納得させることが必要となる。そうした部下への評定業務は、大企業のマネージャークラスともなると全労力の三分の一を費やすことになるという。そうしたとき、腕に覚えのある技術者のほとんどは、給料の上昇が止まると「俺はこの会社で必要とされていない」と感じるようで、次の職場を探し始めるといわれる。ベンチャーはこのタイミングを狙って優秀な技術者の獲得に乗り出す。

転職と引き抜き、日本との比較

米国には日本のような退職金はすでになくなっており、一般的には同じ会社に長く勤めるメリットは少ない。また大企業名神話もかつてはあったようであるが、最近は昔のようなブランド力をほとんど発揮できず、これも、優秀な技術者にとっては、ベンチャー企業への移転も含めた選択肢の幅を拡げる要因となっている。もっとも、企業側としては油断していると、優秀な技術者を引き抜かれてしまうのも事実である。

この「引き抜き」であるが、技術者にとっては実力の証ともいえるもので、契約更改時に給料を上げさせる絶好の材料となる。実際、引き抜きをダシにしてかなりの昇給交渉ができるが、その一方で最悪の事態を回避する別の就職先候補も確保しておくことが必要であるし、また、毎年この手が使えるというわけでもない。

結局のところ、経営者としては、引き抜きに対抗するために、仕事を継続的に確保しながら順調に利益を上げ、同時にコア・メンバーへのサラリーも上げることで他の会社との差別化を図る努力が必要となる。

プロフェッショナル人材の自立化

ベンチャー企業で成功しているコア人材は、その道のプロフェッショナルとしての局面も備え持つ。いい方を変えれば、ベンチャー企業というのは、一人で生きていけるひとたちが、たまたまベンチャー企業設立の理念・ビジョンに共感して集まり、目的を共有している集団であるといえる。したがって、ベンチャー企業が成長期を過ぎて停滞期に入るあたりから、コア人材の間に考え方の違いが出てくるのはある意味、当然のことである。

考え方の違いに関しては、特に、経営全般を見渡す立場（ＣＥＯ）と技術主体で見渡す立場（ＣＴＯ）の間には、常に葛藤が生じているといえる。しかし企業の成長期にあっては、彼らはじっと我慢している場合が多い。ところがこの成長期を過ぎると、とたんに意見の対立が生じ始める。ケース・スタディーとして取り上げた米国の開発ベンチャーＰ社の場合にも、成長がほぼ完了して停滞期に入ったところで、ＣＴＯのＷ博士はＣＥＯと意見が合わずに退社し、その後、技術コンサルタントとして独立することとなった。

また、パワーのある技術者ほど自分の技術に自信があり、他の技術者の能力を物足りなく思うためか、ベンチャー企業の中では№２や№３が育たないということが起こる。このためＣＴＯの退社は、ベンチャー企業の存亡に関わる大問題ともなる。しかし世のなかはよくできているもので、ＣＴＯと合わなくて退社したかつての№２が自分の椅子ができたとみて、戻ってくることもある。このあたりのマネジメントがきっちり行えることも、ＣＥＯに求められる大切な能力のひとつである。

以上の事柄から、「イノベーティブなひと」というのは、決して特殊な人たちを指しているのではなく、自然淘汰のメカニズムが働くベンチャー企業の組織システムのなかに自分の役割を見出したひとたちのことを指す言葉であるといえそうだ。

事例から学ぶベンチャー企業の哲学

これまでに紹介してきた米国のＰ社や日本のＱ社の事例をもとに、開発型ベンチャー企業における事業展開へのエッセンスを抽出する。

・開発品を生み出すベンチャー企業が成功する秘訣のひとつは「大企業がやることをやってはいけない」ということであろう。大企業は、開発も、事業化も、時間と資金さえあれば両方が可能であり、また往々にしてやりたがるものである。

・開発連携型ベンチャー企業が開発を受託する際には、「決して委託元の大企業と競合する量産装置には手を出さない」ことが要求され、この要求が充たされるという前提を持って大企業は安心してベンチャー企業に開発部分を外注することができる。

要約すると「開発委託元の企業（顧客）が儲けることを第一に考える」ということになる。開発製品というのは、あくまで開発のための試作品であって、いわゆるアルファマシン、またはベータマシンでしかない。委託元企業にとっての最大の関心事である「商品」は、いずれの場合も、さらにワンステップ先の量産を経たうえでその顧客すなわちエンドユーザーを満足させる必要がなる。こうしたあたりにも、ベンチャー企業として周囲のビジネス環境を含めて「エコシステム」として捉え、企業としての自らの役割を認識することの重要性が、哲学や理念として示されている。

■注

(1) 株式公開（Initial Public Offering:）。株式会社が、その事業・財務情報を開示して、市場の投資家から広く資金調達する手法。ベンチャー企業へ早い段階から投資していたVCにとっては、通常、その投資先企業の株式公開で大きなキャピタルゲインを得られるが、この形に至る確率は最近の米国市場の場合、VC投資先の一五%程度である。

(2) 米国カリフォルニア大学バークレー校の例は「第4章(3)―1大学のポジション・役割」参照。

(3) Corporate VC（企業内ベンチャー・キャピタル）：企業がその事業展開の絡みで、他の企業に株式投資するための企業内ファンド。先進技術取り込みのためのベンチャー企業投資が代表的だが、取引関係強化のための事業政策的投資もある。

(4) 本書「第2章(3)―2コーポレート・ベンチャーと独立ベンチャーと独立ベンチャー起業論」参照。

(5) スタンフォード大学の視点から見た「シリコンバレーの発展に関しては原山優子（二〇〇一）「シリコンバレーの産業発展とスタンフォード大学のカリキュラム変遷」青木昌彦他『大学改革　課題と争点』東洋経済新報社参照。

(7) 図表3・2に示した以降では、一九八五年にアクセル・パートナーズがテレコムファンドを創設、さらに図表3・2中のシスコやインテルのCVC活動が続く。

(8) ここでは「はじめに」でも言及したように「生態系」という概念をイノベーションに転写し、クラスターの構成プレーヤーたちが織りなす相互連関メカニズムを指す。詳しくは後述する（第4章）。

(9) 基礎技術研究とは、例えば、ある新素材の物性そのものや、それが世の中にどんな形で広く役立ちうるかを考えていくプロセス。一方、要素技術開発とは、特定製品の具体的要素となる技術の開発工程を指し、可能性を絞り込んでいくプロセス、とここでは定義する。

(10) 技術的、事業展開の両面で、例えば自社にとって既存、新規関係にある企業群を普段から探索、収集していくこと。

(11) この詳しい経緯はサクセニアン（一九九五）、大前研一訳『現代の二都物語』講談社参照。

(12) 米国の大企業からのスピンアウト型ベンチャー企業との連携については、出川通（二〇〇六）『新事業創出のすすめ：日米ベンチャーに学ぶビジネス・イノベーションとマネジメント』オプトロニクス社参照。
（13）米国の大企業における中央研究所の終焉についてはR・ローゼンブルーム（一九九八）、西村吉雄訳『中央研究所の時代の終焉』日経BP社参照
（14）大企業の中の研究開発部門が、スピンアウトするイメージ図は、出川通（二〇〇五）『最新MOT（技術経営）がよーくわかる本』秀和システム参照。
（15）ジョイント・ベンチャー（Joint Venture）は企業間で技術の交流やコスト削減を目的として立ち上げた共同体企業のことをいう。
（16）NISTの補助金制度：NIST（National Institute of Standards and Technology）とは米国工業標準局。ATPプログラムとはAdvanced Technology Programのことで先端技術の実用化を対象とした補助金プログラム。

4　イノベーション・エコシステム―シリコンバレー・モデル―

本章の前半では、イノベーションを実現する産業クラスターのメカニズムを解明する手がかりとして、まず予見を持たず帰納法的に、シリコンバレー、さらに他の米国各地で実際起こっているイノベーションの現象を分析する[1]。後半では、イノベーション・プレーヤー全体を見渡して、特に資金還流面から見た産業クラスター発展メカニズムを明らかにする。最後に、最近ますます鮮明になってきた、もうひとつのクラスター発展のエンジンとして「海外とのリソース還流」を取り上げる。

(1)　ベンチャー企業活動の実際―事例分析―

企業の発展段階や事例主体に応じて、以下の順で事例を紹介する。①MOTの視点からみたベンチャー企業の具体的な企業立ち上げと全体のプロセス事例、②事業拡張を図る手法・プロセスとしてのベンチャー企業自身のパートナーシップに絞った事例、そして③ひとつのイノベーション手法として認識されつつある大手企業主体による合併・買収（以下M&A）事例である。各事例を、大手中堅企業内での、新規事業プロジェクトと見なして読むこともできる。

⑴—1　ベンチャー企業の事業発展モデル

ここでは、ベンチャー企業による技術の事業化でも、拡張期にあって、それに伴うビジネス系人材や追加資金の調達を最大のテーマとしている段階について分析する。この段階では、具体的なプロダクツ（完成品）が揃い、営業販売が開始され、事業展開も本格化しつつある。加えて、コア技術やプロダクツをベースとするアプリケーション（応用製品）、サービス提供内容も充実し、ベンチャー・キャピタル（以下ＶＣ）や企業内ＶＣ（以下ＣＶＣ）からの追加的投資も行われる。いわゆるエクスパンション、レイター・ステージである。

画像圧縮テクノロジーベンチャー（カリフォルニア州シリコンバレー）

Ａ社は、会社設立から四年が経過したいわゆるエクスパンション段階にある事業拡張中のベンチャー企業である。二人の中核創業者のうち一人は、画像技術の世界で一八年以上の経験を持ち、ある研究開発会社で八年間、画像圧縮グループを指揮してきた。その後はスタンフォード大学で九年間教鞭をとっており、その間、画期的な画像圧縮テクノロジーを開発して二〇の特許を所有するに至っている。もう一人も同研究開発会社およびゼロックスにおいて計一七年間従事し、同分野における二二の特許を所有する。つまり、二人とも完全な学者出身であり、そして互いが元同僚である。

Ａ社は現在、それまでの技術開発当事者が経営、技術プロモーションにも携わる体制から、ビジネス寄りの人材を外部から確保してマーケティングや経営全体を任せる体制に移行する時期にある。最近では実際に、リードVCのアレンジにより、この業界で一五年以上の経験を持ち、マサチューセッツ工科大学（MIT）で技術経営（MOT）を専攻したMBA取得者を採用している。当初は非常勤で関与し、その後、A社が大手企業との商談、資本関係構築に成功したことを受けて、つい最近常勤CEOになった。これは、VCからの資金調達前のシリコンバレーの企業では日常的なケースである。

A社の現在の事業テーマは、これまで一応の完成品にまで仕上げた画像圧縮ソフトウェア・システムを大手ソリューション・ベンダーへ売り込むことである。そして、このテーマをより組織的なマーケティング活動として展開するために「パートナーシップ・プログラム」を設けた。対象先は、アプリケーション共同開発用の開発系企業、大手企業向けプロモーションを共同で行うコンサルティング系企業、それに自社が持つパッケージソフトウェア部分の再販業者である。これら全体フォーメーションを推進するのが最近入ったCEOの中心課題である。加えて、これらの展開に向けた追加的な外部資金調達がある。もっとも、この資金調達は、これまでのVCやCVC（企業内VC）からの投資資金に限らず、事業会社との共同開発、ライセンスに伴う受け入れ資金も平行して積み上げることになる。

そしてA社は実際に、日本の大手電器メーカーとのライセンス契約に漕ぎ着ける。その後はしばらく、こうしたライセンシング料とサンプル出荷売上げに頼ることでしのいだ。VCからの資金としては、二〇〇七年前半になって、販売用製品ができた直後にシードマネー的金額を調達できた。つまり、製品開発段階はVC資金に頼らないでやってきたことになる。もっとも、A社の場合には、その開発時期が二〇〇一―〇三年のバブル崩壊直後にあたり、外部VC資金がなかなか容易に調達できなかったという事情もあろう。

ここから先は、一般的な事業開発・推進が続いていく。まず、ターゲットをデジタル・パーソナル・ビデオ、レコーダー市場に絞った。A社では、独自の技術力を生かして、この分野でのシェアを拡大する一方、次の目標として、カメラ付き携帯電話という高容量の携帯電話市場に照準を合わせた。この分野はアジア、なかでも日本が大市場ということもあり、A社はますます強く海外市場への進出を指向することになる。ことに日本への進出については、先述の日本の大手メーカーとの契約に自信を得たことは確かである。A社の場合、携帯電話に関する自前の完成品開発力はなく、また営業要員を持たないため、そうした体制を持つ海外を含めた大手企業にしっかりと食い込んでいく。この点は、シリコンバレーのハイテク・ベンチャー企業の典型的なケースである。

ナノテク材料ベンチャー（カリフォルニア州サンフランシスコ）

B社は、設立から六年を経ており、製品もアプリケーションを含めてかなり充実し、かつ量産・量販段階に到達しているレイター・ステージの企業である。事業内容は、幅広い超薄膜先端材料の開発と製造である。技術的背景として、B社の現技術スタッフが過去さまざまな経緯を経て通算二〇年以上も開発してきた高分子技術がある。B社ではこれを駆使し、最近、光学ナノ材料として大量生産プロセスの実現に成功した。もちろん業界初である。

これは、特に電気光学的アプリケーションや各種半導体デバイスへの応用を目的とした最新の薄膜技術で、ディスプレイ・システムや電子・光学システム（いわゆる太陽電池パネル向け材料）といった先端材料に幅広く用いられる。ガラスやプラスチックといった安価な基板の上に結晶膜を形成するまったく新しい手法で、使い方も容易かつ汎用性のあるテクノロジーとして評価されつつある。太陽電池向け以外にも、メガネ類、フラット・パネル・ディスプレイ向け等に利用される。これらにおいてB社では、新材料そのものの開発・改良、アプリケーション開発、商業生産、顧客向けサポートまでカバーしている。以下に、このB社の経営陣、資金調達、その他の企業運営向けの布陣と業務推進プロセスを見ていく。

まず経営陣について。B社の技術開発者であるCTOは、B社を設立する以前、モスクワにあるナノテク会社を経営していた。それ以前には、ロシア科学アカデミーに二〇年間勤務していたという完全な学者出身である。一方、CEOは、いまから二年前、つまり会社設立から四年が経過した時点で、経営の専門家として外部からスカウトされた人物である。B社に加わる以前は、某社のCFO（財務担当役員）としてNASDAQへのIPOを主導した経験を持ち、経理から人事・採用、製品管理、企業ガバナンス等、技術開発以外の企業運営全般をカバーしていた。

資金調達でB社は、大手投資銀行系のVCをリードVCにして、他のVCや企業ファンド、合計一〇数社からこれまで四回に渡って開発・成長資金を調達している。自信ある技術とプロダクツ、それなりの販売実績をベースに、有力VCをまず仕立てて、まわりのVCや企業からも広く資金を調達してきた。

また、その度に人材も充実させてきた。

技術開発面でのB社の特徴は、上記のVC等からの調達資金をベースに、自社技術を補完する他の技術系企業に積極的に投資してきたことにある。実際、企業投資担当として二名、リードVCから専門家を入れている。先端技術領域をしっかりと押さえ、かつ投資家の注目度が高いという強みを生かすことで、ますます技術開発を加速できた好循環パターンである。

事業開発・営業に関しては、最近、戦略的営業担当として、日系の有力大手エレクトロニクスメーカーからディスプレイ営業分野の専門家をスカウトした。彼は三〇年近く米国内における次世代ディスプレイ製品の研究開発に従事しており、現在世界中で使用されている航空管制などのコンピューター適用型ハイビジョン・カラー・ディスプレイも開発した人物である。彼を中心に、現在、海外市場も含めて営業を積極展開中である。A社が企業としての独立色を維持していたのに対して、B社は、この日系大手メーカーとの関係を強くしている。

このように、B社は、まず投資家に対して自信ある基礎技術を的確に伝え、ベースとなるまとまった事業資金を調達した後に、一層の事業拡大に向けた役割分担を明確にしつつ、人脈を駆使することで、各機能にマッチする人材を一人また一人と取り込んでいった。

一般的に、ベンチャー企業にとっては、特定大手企業との関係を強くするのは痛し痒しの面がある。特にVC主導の場合、それは顕著となる。つまり、本来、そのベンチャー企業が順調に成長すれば自立的成長路線の象徴として株式公開もありうるのに対して、B社のように大手企業と組む過程では、相手方企業の戦略、そしてVC側の出口戦略との絡みで、結局、大手企業に買われてしまうというケースが実に多い。もっとも最近では、この企業売却も、ベンチャー企業側のひとつの成功モデルとして認識され始めているのも事実である。

比較分析

以上の両社は、時間軸では、B社がA社より二年ほど先輩である。資金調達ペースはB社の方が早い。かつ成長段階も確かにB社が先行している。しかるにA社とB社を連続させてひとつの典型的発展モデルと位置づけることも不可能ではない。エクスパンションからレイター・ステージにかけての発展事例として、両社を取り上げた理由もそこにある。

図表4・1は、A社、B社を含む、設立年次の違う四社について、各段階における現状の事業展開を比較一覧にしたものである。ベンチャー企業の経営テーマごとに整理してある。

技術や事業領域の違い、そして何より個別の企業差はあるものの、こうして並べてみると、ほんの数年の発展フェーズの推移に従って、微妙に、そして大胆に事業の展開手法を変えてゆく米国ベンチャー企業の技術経営（MOT）活動の一端を読み取ることができる。

図表4.1　ベンチャー企業の事業展開の比較分析一覧

対象企業 / 経営テーマ	C社 MEMS (設立から2年半) アーリー・ステージ	A社 画像圧縮 (同4年) エクスパンション	B社 ナノテク材料 (同6年) レイター・ステージ	D社 RFID/Wi-Fi (同8年) メザニン
技術・事業内容と発展段階	MEMS技術応用デバイスの開発。完成品開発過程。	高レベル、新手法の動画像圧縮技術・システム開発が一段落し、販売開始段階。	超薄膜先端材料の開発および製造。その量産・量販段階。	移動型資産の管理用ワイヤレス・位置ソリューション提供。今後海外展開も。
創業者・経営者 CEO	大手企業のMEMS関連技術者たちがスピンアウト創業。	技術持つ大学元教授が創業。あとからMBA人材をCEOに。	ナノテク技術者が創業し、後から経営専門家チーム入れる。	数社でCTO、技術系の経営者経験持つベテランが創業。
技術・製品開発CTO	開発中デバイスの一部が公開可能になってきた。	コア技術を基に、応用技術ラインアップを増やしつつある。	積極的な他の技術ベンチャー企業への投資をてこに開発促進。	サプライチェーン関連資産およびその位置管理ツールを開発。
資金調達等 CFO	政府機関のNSF、NASA中心に調達。一部企業も。VCからの調達が課題。	基本的に共同開発とライセンシング。最近やっとVCから調達。	合計10数社から、これまで4回に渡って、開発・成長資金を調達。	大手VCから調達。Awardもたびたび。いまは製品販売による収益が資金源泉。
マーケティング	技術ライセンシング、いまある試作品のサンプル出荷段階。	最近、経営経験豊富な人材をCEOに。パートナーシップ・プログラム設定。	日系大手メーカーとの関係を強化しながら海外市場展開も。	自動車、物流・運送、ヘルスケア等向けで、大手に浸透。今後海外展開も。
その他経営上の注目点	完成品の仕上げが先決。共同開発先も探りながら、VC資金もうかがう。	最近、大手企業へライセンスできた。企業としての独自色を保っている。	当該日系大手メーカーとの関係強化中。VC側の意図も。被買収もありうる。	昨年買収された。一層のアプリケーション・システム、サービス提供がテーマ。

(1)―2　パートナーシップ展開

「パートナーシップ」とは、企業同士が互いの強みとその補完関係を認め合い、限りなく対等な立場で、つまり、その均衡を崩すような大きな資金移動は伴わない範囲で協働戦線を張ることを指している。**図表4・1**のエクスパンション以降の段階にある企業（A社、B社そしてD社）は、そうした意味でのパートナーシップ・プログラム、つまりその企業が欲している事業提携パッケージを持っている。一般に、自社製品が確立し、事業ポジション・モデルが対外的に固まって、本格的に事業プロモーション（営業活動）を始めるという段階になると、このプログラムを設定していく。実際、その会社のウェブ・サイトのトップページに「Partners」ボタンが出現したのもこの頃である。

第2章で、シリコンバレーでは一九八〇年代、ますます力をつけてきた当時のベンチャー企業と既存大手企業、特に東海岸系のそれ（IBM、ゼロックスなど）との間で、イノベーション面における補完・連携関係が強まり、この頃から当地が現在に見られるような発展モードに入ったことを説明した。また、広く米国企業に見られる業務提携や合併買収戦略が、米国企業の事業戦略の基本でもある「フォーカス主義」に大きく関わっていることも述べた。特に経営資源の乏しいベンチャー企業にあっては、当然のことながらこの基本に忠実であることをVCや他の投資家らも期待する。結果的に、それ自体は半製品であっても、汎用性のある突出した「モジュール」としてのポジションをまず確立することが、新興ベンチャー企業段階の大きな目標となり、ベンチャー企業の一般的モデルにもなっている。

このような背景から本節では、このパートナーシップを、ベンチャー企業活動のひとつの柱と位置づけ、全米に渡って見られるいくつかの例を示した。会社設立時期が少しずつ異なる五社について、細かな技術や事業がより最近の内容の違いはさて置いて、主に各々のパートナーシップ・モデルについて洗出していく。

企業設立、したがって若い企業の順位に並べた。時期が接近しており、企業差もあって一概にはいえないが、急成長を志向するこうした若いベンチャー企業にとって一年の違いは大きく、設立からの時間経過につれて、より体制が整って行く様をパートナーシップ戦略をカギに読み取っていく。

セキュリティー管理ベンチャー（カリフォルニア州シリコンバレー）

J社は、IT運用ガバナンス、リスク管理、そして企業コンプライアンスという、相互依存関係にある3つのテーマを一括して管理できる統合プラットフォームを、会社設立から約2年かけて完成させた。設立は二〇〇五年で、かなりの従業員がインドにいる。二〇〇八年現在、すでにエクスパンション段階初期にあり、製品開発ペースは順調である。今後、販売営業の本格化を図る。

創業者はインドにおける工学大学のトップ「IIT」出身の優秀な人物で、セキュリティ・ソフト業界で急成長した先発中堅ベンチャーで技術開発を担っていた。その間、独立に向けて充分な準備を整え、満を持して自力で会社を興した。その結果、設立からの経過時間に比して、製品開発、そして資金調達のペースが早めである。前職時代からかなりの製品開発をこなしてきたこともあり、VCはJに対して自信を持って投資している。本格的な営業展開に向けて、J社は以下のようなプログラムを設けている。

・パートナーシップ戦略

J社は、以下のような企業とのパートナーシップを求めている。

①コンサルティング会社：これは、大手グローバル企業を対象にITリスク・ソリューションを指導するコンサルティング会社や専門サービス会社と組む戦略である。すでにクライアントを持つコンサルティング会社と組むことでJ社の成長につなげることもできる。

②製品実装パートナー：J社製品単体では、まだエンドユーザー向けに実装するのは難しく、そのため他社のセキュリティー製品とのコネクターや統合モジュールを開発中である。したがって、セキュリティー、コンプライアンス系製品を持つ他のベンダーとの製品開発面における直接的な関係作りが重要となっている。J社は現在もなお完成品並びにその品揃え開発を継続中である。

データ管理ソフトウェア企業（カリフォルニア州シリコンバレー）

二〇〇二年に創設されたI社は、データ集約（データ・アグリゲーション）ソフトウェアの代表的企業である。個人向けの金融資産管理アドバイザー業務において、同一顧客の違った金融資産に関する資産運用データを集約して、顧客にとってトータルかつタイムリーな資産選択・運用のための意思決定を促すツールを提供している。二〇〇八年現在、設立六年目でレイター・ステージに差しかかってきた。

このI社にとって目下の最大テーマは、以下のようなパートナーシップ体制を駆使して、自社ツールの普及を促すことである。つまり拡販、量産フェーズである。金融資産管理におけるポートフォリオ的手法が進んでいて、かつ銀行・証券・保険業務における垣根が低く、これらを同一金融機関グループがカバーしている米国では、このようなデータ集約ソフトウェアは普及しやすい。

・パートナーシップ戦略

I社は以下のような企業群とパートナーシップを組むことを欲している。

①再販売、OEM提携企業：相手は、I社製品を販売し、金融機関向けにツール実装や関連サービスを提供してくれる企業である。この提携モデルは、通常のパッケージソフトウェア企業の典型である。相手のソリューション提供企業から見れば、当該金融機関向けの「資産管理支援トータル・ソリューション」をより充実したものにするためにI社製品を採用していることになる。

②コンサルティング会社：相手は、I社の技術、そして金融資産管理サービスに関する専門知識を用いて、金融機関向けのカスタマイズをサポートしてくれる企業である。相手方コンサルティング会社は通常、システム構築機能を持ち、金融機関顧客への実装において専門的な経験や知識面のみならず、システム開発面でも協業する。もっとも、コンサルティング会社と組む最大の狙いは、顧客を紹介してもらうことにある。

③アプリケーション提携企業：相手は、I社ソリューションを、当該アプリケーション開発におけるエンジンツールとして活用してくれる企業である。提携することでその資産管理ツールの特性を生かし、特定金融機関向け、さらには他の業種業態向けのアプリケーション開発を請け負う。

ホームネットワーキング機器向け半導体ベンチャー（カリフォルニア州サンディエゴ）

G社は二〇〇一年に設立されたファブレスの半導体デバイス開発会社で、ホームエンタテイメント機器、その他のデジタル家電向けのチップセットと関連ソフトを提供している。同社の固有技術により、家庭の既存同軸ケーブルを通じてデジタル・エンタテイメントコンテンツ（TV番組のビデオ、音楽、ゲームなど）が楽しめるようなネットワーク環境を実現する。家庭向けの小規模システムだけでなく、サービス・プロバイダーを介して、ケーブルTV会社、通信会社、衛星放送会社等向けの大型ネットワークシステムでも採用されている。このG社の実際に事業パートナー企業は以下の二社である。

・パートナー企業

①完成品開発パートナー：ハードウェア・ソフトウェア、そしてワイヤレス通信インフラの企画やテストサービスを含む製品開発サービス全般の提供会社H社。G社がホームネットワークインフラ向けチップ、同ソフトウェアハードウェア技術、製品企画を提供し、H社がそのハードウェア完成品の開発を受け持つ。

②製造パートナー：一九八八年に設立された台湾のネットワーク機器メーカー。デジタルビデオ・オーディオの記号化・復号化、インターネット回線を利用した音声・映像通信（V2IP）、ケーブル、xDSL、ワイヤレス（802.11x & Zigbee）などを含むブロードバンドの高度なホームテクノロジー、CPEソリューションを提供している。G社のアジアでの製造パートナーで中国進出はこの会社と連携している。

医者・看護師向けの医療情報提供企業（マサチューセッツ州マルボロー）

携帯機器を介した医療情報の提供を行うF社は二〇〇〇年に設立された。上記E社が「情報・データ提供のインフラを構築する」会社なのに対して、F社は「情報・データそのものを提供する」会社である。価値の高い確かな情報源とツールを使用して、医療関連の最新情報を、医師、看護師等の医療従事者の携帯機器に向けてタイムリーに提供する。従業員は九〇人で、売上げ一〇〇〇万ドル程度。

・パートナーシップ体制

F社は、医療系の情報・データを扱っている通信社、出版社系を中心とした広範囲な提携、連携を行っている。つまり、そうした各業界のリーディング企業からヘルスケアや医療に関連する情報を入手し、より的確な医療データとして各顧客に提供している。医療情報のサプライチェーン構築である。基礎となるインフラ技術自体はインターネットやWiFiワイヤレス通信など成熟を果たした領域であるため、今後、技術上の差別化を図るのは難しい。したがって、事業モデル（それも医療という業界専門情報の取り引きというサービスモデル）とインフラ構築で勝負するという典型的なケースに含まれる。かつ、この場合は、情報を提供する会社側が、医療現場で必要な情報・データの内容と質を熟知していることが要となる。アドバイザーとしての役目が果たせる専門家に近いスタッフが必要になる。スキームはシンプルで、他企業から見てもこの会社のポジションは明快であるため、大手情報ソース系を中心とするパートナリングもスムーズに進んでいる。

サーチエンジンソフト（マサチューセッツ州ケンブリッジ）

一九九九年に設立されたE社は、企業向けにサーチエンジンソフトウェアを提供するベンダーである。このソフトウェアは、検索結果を検索目的に応じて分類・再構成するためのもので、ＥコマースやＢＩ（ビジネス・インテリジェンス）機能に用いられるツールのひとつである。ユーザは検索結果として得られたカタログや情報ポータル等を適宜絞り込み、これに情報を付加して再編集できる。ターゲットの顧客は、メディアや出版、金融サービス、製造・流通業、政府関連、小売業と広い。ただし、このソフトウェア自体は単なるモジュールでしかないため、強力な、つまり各業種分野に精通し、システムとして作り込み、インプメンテーションができる、しかもマーケットに顧客基盤を持つようなパートナー企業と組むことが不可欠になっている。国際展開も意識しながら、事業の横展開が加速している。

実際、二〇〇四年にはＩＢＭとパートナーとなり、その企業向けサーチソリューションとして提供されていく（ＯＥＭ供給）。また、二〇〇六年にはサプライチェーンのi2テクノロジー社が付加価値リセラー（VAR：Value-Add Reseller）になっている。売上げは順調に伸び、業界内でもまだ小さい（売上げが一四八〇万ドル、社員一四〇人）ながら、サーチソフトのなかで一定の地位を確立しつつある。同社のパートナーシップ体制としては、大手企業とは製品共同開発とそのままＯＥＭ供給、他にはリセラー（ＶＡＲ）を多く組織化し定着させている。

事例から読み取れること

以上のような、大きな資金移動を伴わない業務提携としてのパートナーシップの事例は、そのほとんどが共通の最終顧客に対する販売ないし実装過程での協働である。例えば、先進的なソフトウェアそのものを開発する会社であれば、顧客ベースを持ち、しかもそのソフトウェアを大きなシステムに作り込み大手顧客に販売してくれるベンダーと組む。また、ソフトウェア・モジュールのみでも売れる場合は、若干の付加価値をつけて販売してくれるリセラーと組む。こうしたパートナー企業同士の関係は、役割分担がはっきりしており、知的財産を含んだ権利関係上の軋轢も少ない。したがって、一方から他方への大きな資金投入（端的には買収）や体制変更（合併）を必要としない。互いの知財や客層を犯さないことが大前提になり、その範囲での付き合いとなる。このようなパートナーシップは、事業展開全体を見渡した場合、後工程とも呼ぶべき販売・営業推進面で互いのリソースを補い合うという意味で、狭義での「技術革新的」に対するより「事業革新的」なイノベーションといえる。

なお、エレクトロニクスやバイオ、ナノテクノロジーといった技術領域においては、より技術開発寄りのパートナーがまず求められる。したがってイノベーションも本来の技術革新の色合いを増し、大学や各種公的研究機関といった相手がパートナーとして登場してくる。ここでの事例群は、ＩＴソフトウェア系中心であったことを再度確認しておく。

(1)―3　M&Aによる事業革新

一方、相互の知財や客層にまで深くコミットする企業間の関わり合いには、合併買収に代表されるような体制の大きな組み換えが伴うため、資金移動はもちろん、共通のシナジー意識が不可欠となってくる。実際にここ数年、米国でも、事業革新的活動全般（革新的な技術・製品開発と、その後の事業展開）に渡って、企業合併・買収（以下、M&A）がその中核的手法になってきた感がある。M&Aによるイノベーションである。そこで、現実にどんなことが起こっているのか、やはりIT・ソフトウェア系企業について特にそのM&Aの目的に着目して検証する。

大手・中堅企業による最近の事例を整理してみると、表2のようなマトリクスが見えてくる。まず横軸をソフトウェア・ソリューション事業の横展開になぞらえて、アプリケーション・サービスモデル（以下、アプリケーション）の既存・新規軸とする。ここには、汎用性のある業務アプリケーションと、業種

図表4.2　M&Aマトリクス
（ソフトウェア、ITサービス業界の場合）

基本ソフト ＼ アプリケーション・サービス	既存	新規
新規	2．新規の基本ソフト、既存アプリ・サービス	4．新規の基本ソフト、新規アプリ・サービス
既存	1．現状の足元固め（既存の基本ソフト、アプリ領域強化）	3．既存の基本ソフト、新規アプリ・サービス

レベルで顧客企業の特殊性に対応する業種アプリケーションが含まれる。そして縦軸を、アプリケーションではない基本ソフトウェア領域面[2]での既存・新規軸とする。

現状の足固め買収

企業データ保護および暗号化ソフトウェア企業であるK社（シリコンバレー）では、少し新しいコンセプトの暗号化ソフトを他のソフトウェア開発社と共同開発し、その製品の販売を自社で行っていた。売れ行きが好調だったため、より利益率を高めるために相手の開発会社を買収し、製品マージンを上げた。大手企業と開発型ベンチャー企業との間ではありがちなパターンである。これは買収側から見れば、現状の製品提供における足固め買収である。

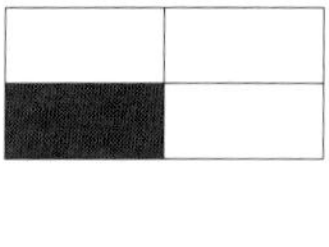

買収側のK社は、「今回の買収で、新規の当暗号ソフトを完全に当社ポートフォリオへ組み込み、世界でもっとも安全かつ最速の個人データ保護製品を当社顧客に提供できるようになった。加えて、当社の製品マージンも買収によって向上し、当社の堅調な財務状態をさらに強化できる」といっている。

また、L社（ニュージャージー州バスキング・リッジ）は、安全で信頼性の高いIP電話システムと、関連の通信ソフトウェア、アプリケーション、サービスにおいて急成長中の新興企業（ニューヨーク取引所上場）であるが、最近、遠隔通信領域に強いSIPベースの通信ソフトウェアベンチャー企業を一五〇億円程度で買収した。この相手企業はまた、次世代のソフトウェア開発プラットフォームを持っていた。L社が新興勢力を封じ込めたようにも感じられるが、一応、L社の製品ラインナップに遠距離通信というサービス内容と必要プラットフォームを手に入れたことで、顧客や他のソフトウェア開発者への利便性確保、開発促進体制を整えた形となった。被買収企業も、これまで通り事業を継続し、この合併によるトータルな製品ラインナップ充実を前向きに捉え、かつＩＰ通信市場で先行したＬ社の顧客ベースに、自社の遠隔通信関連プロダクツを投入するチャンスを拡大させた。

新規基本ソフトウェアの獲得

ネットワーク機器・ソリューション大手のシスコ・システムズ（シリコンバレー）は、二〇〇七年一月、カリフォルニア州内の非公開企業を買収した。この相手企業は、二〇〇〇年に設立された、企業スパムウェアからの防御を目的としたセキュリティーソフトウェアの新興企業である。Ｅメールその他のインターネットコンテンツに関するセキュリティーは、一般企業にとって大きな課題であるため、メッセージングとＷｅｂセキュリティー・ソリューションにおける業界リーダーであったこの会社の買収は、シスコのセキュリティー技術・製品ラインにとって必要不可欠な新規領域として位置づけられた。シスコ側は、「Ｅメールとメッセージ保護ソリューションを強化して、わが社の自己防衛型ネットワーク・フレームワークに統合することは非常に大きな可能性を秘めている」「買収相手方の技術を活用するうえで、フレキシブルなプラットフォームとして当社ネットワークインフラを使うことは、顧客要求の発展に対応できる新たなセキュリティー・ソリユーションの構築につながる」といっている。

新規のアプリケーション、サービス提供能力の獲得

海外から米国市場に乗り込んできた事例をひとつ紹介する。インドにある金融サービス業向けの大手ＩＴソリューション・プロバイダーＭ社は、米国バージニア州のやはりコンプライアンス系企業を買収した。この被買収企業は、金融取引におけるマネーロンダリング防止、その他一般企業取引でのコンプライアンス、リスク検知および法的要求対応ソリューションを持っている。これを統合したことでＭ社は、自社がもともと持っていた金融機関のソリューションをさらに充実させ、かつ、一般事業会社向けのソリューションを統合した単一プラットフォームを確立した。さらにこのケースでは、インド企業の米国本土本格進出という地理的な横展開が加わってくる。

また、最近、米国のＩＴサービス（システムの保守運用管理等）、データセンター業界で盛んに行われている相手企業のシステム部門買収も、この「新規のアプリケーション、サービス提供能力の獲得」に相当する。例えば、これまで金融機関向けのＩＴサービスを主体としてきた会社が、新たに製薬会社向けにサービスを提供しようとしたとき、製薬プロセス特有の開発フロー、さらに当該企業特有のシステム事情に精通している人間がサービス・プロバイダー側にいなければその実現は難しくなる。そのため、顧客のコンピュータやデータ施設をビルも含めてまるごと買い取り、コンピューター担当者もそのまま雇う。結果として製薬産業に向けた業種アプリケーションの提供力がもたらされ、そのＩＴサービス・プロバイダーは、製薬業界に対してさらに広くプロモーションできるようになる。

新規の基本ソフトウェアと業務アプリケーション双方の獲得

プリンター大手のゼロックス（コネチカット州ノーウォーク）は、二〇〇六年秋、CRMソフトウェア会社を買収した。これにより同社は、自社のプリンター関連技術との統合で、印刷用コンテンツのパーソナルなコミュニケーション（個々人ごとの通信）機能の強化を狙った。つまり、本人確認や偽造防止などの機能を備えたデジタル印刷、Eメールおよび自分用ウェブサイトなど、PC分野におけるクロスメディアマーケティング、つまりマスマーケティングとOne To Oneマーケティングとを融合したプロモーション志向の高まりに対応するための動きである。

もとよりハードウェア会社であるゼロックスにしてみれば、CRMソフトウェアという新規基本ソフトウェアと、マーケティングツールという業務アプリケーション機能の両方を得たことになる。その後、この買収された会社は、ゼロックス内の独立ソフトウェアユニットとして機能していく。この買収はゼロックスにとって、顧客サポート力、提案力強化を狙ったものである。

企業向けインフラソフトウェアの大手オラクル（シリコンバレー）は、最近、データ分析ソフトウェア開発会社の知的財産を買収した。オラクルはBI（ビジネス・インテリジェンス）ソリューションの大手企業でもあるが、データウェア・ハウジング的つまり静的な側面が強い現状の製品内容に、より動的な「リアル・タイム」でのデータ予測解析技術を加味する意味で、当該の知的財産を有する企業を買収した。新規基本ソフトウェアの取り込みである。加えて、この相手企業が持っていた、リアル・タイムの提案内容管理やフィールドサービスの最適化といった業務アプリケーション領域、例えば、金融取引における時価チェックや電話料金データの出先での入力といった新規業務アプリケーションも取り込んだ。つまりは、オラクルは自社でリアル・タイム・ソリューションを開発する代わりに、資金で開発時間と人材を買ったことになる。

Google（シリコンバレー）も二〇〇七年にオンライン・コラボレーション・ツール開発企業を買収した。ツールを自社で開発する代わりに、それを持っているベンチャー企業からこの会社を選んで買い取った。この被買収企業は以下のように述べている。「Googleに参加することで、ウェブ上で最高のコラボレーション・プラットフォームをユーザに提供するという我々チームのビジョンが加速される。Googleは我々と同じビジョンを持っており、世界で最高の供給環境を提供してくれた」。ちなみにこの企業は二〇〇四年設立で、会社売却までの期間は三年程度である。コラボレーション・ツールも完成してまだ間もない段階だったため、その買収金額も割安なものだったろうと想像される。

ところで、Googleにおける最近の企業買収の特徴は、被買収企業のブランド、ウェブサイト、従業員、経営体制をそのまま維持する点にある。資金の移動を見るとM＆Aだが、事業運営のコンセプトは限りなくパートナーシップ型に近いものとなっている。これは、シリコンバレーを含む他の米国の老舗大手企業とは大きく異なる点で、先ほどの売却側ベンチャー企業に見られるような前向きな発言にもつながっている。現在はYahooやマイクロソフトなどでも一部そうした形でのM＆Aが行われており、今後の大きなモデルとなろう。

このように、先進企業にとっては、自社の技術・製品開発、その後の事業展開に対して補完的ポジションにある他社（特に新興ベンチャー企業）を常にマッピングしていくことが、合併買収ないしそれ以前のパートナーシップに至るためのもっとも重要かつ不可欠なプロセスになってきた。また最近では、こうした戦略的マッピングがイノベーション推進の中核的活動そのものになってきている。

(2) オープン・イノベーション

これまで見てきたパートナーシップ、さらに合併買収について、技術革新のみならず、広く事業革新としてのイノベーションという観点でその意味を整理する。なお、シリコンバレーの現場では、「MOT」と同じく、「オープン・イノベーション」という言葉はほとんど聞かれない。ふだんの当然のやり取りそのものであって、事あらたまって語られないというのが正しいだろう。個別の事業展開面における各論のみがある。しかもそこでは確かに、オープンな姿勢で、実践のなかでお互いのイノベーションを高め合っている。

(2)—1 戦略的パートナーシップ・合併買収のメリット

イノベーションを社内のみで積み上げていても、製品需要の激しい変化に取り残される。米国では、新規技術および事業領域を取り込むため、ベンチャー企業との連携、そして買収が盛んに行われている。特に、これまではリスクが大き過ぎるという理由で慎重視されてきた「新規技術・製品による新規市場への進出」を目的とする企業買収も目立つ。

ベンチャー企業は、そうした大手企業との事業連携を行うことで、技術ライセンシングや共同開発に伴う事業資金の調達、さらに対外的な信頼感の増大も期待することができる。また、事業拡大に不慣れな開発型ベンチャーのチームにとっては、買収されることで開発に専念できるし、次の起業への準備資金も獲得することができる。

加えて最近では、中堅成長ベンチャー企業と他の新興企業間での合併、そしてより踏み込んだ買収も目立つ。これは、単独で行動するよりも、製品開発、サービス提供体制面の強化につながるし、さらに大手企業との取り引き、ブランディング面、世界展開でも、より大きな可能性を引き出すことができる。現在、こうした合併・買収は、単なる技術・製品の補完を超えて、企業価値を高めながら成長していくための戦術のひとつになっている。

一方、大手企業側にしても、そうした若い企業と組むことで、当初から自前でR&Dを行う場合よりも迅速かつ低コストな新製品開発が可能となり、新市場参入の機会をより効率的に探ることができる。

総じて、ベンチャー企業との戦略的事業連携から得られるメリットについては、VCとの関係も加味すると以下の項目が挙げられる。

・R&D活動、新しい製品創造の加速化。ベンチャー企業側の専門性はR&Dを促す。
・最新ビジネス・モデルへの迅速展開。同様に相手企業の事業経験・モデルを導入できる。
・R&D活動のコスト削減。ただし、組み方によってはハイコストにもなることもある。

・新技術・市場の有望性査定。相手企業の知見・情報、事業の現状から知ることができる。
・リスク・資源の共有。特に相手企業の人的資源から得るものは大きい。
・資金ソースの確保。有力ＶＣの投資先企業と組むことは、そのＶＣと組むことでもある。

(2)―2　イノベーション戦略マッピング

他方、前節で述べた通り、最近の米国のＩＴ・ソフトウェア業界における企業の合併・買収事例を見ると、技術・製品、市場共に新しい領域を狙ったケースが目立つ。また、企業買収でも協調的な買収、つまり、買収企業側の組織や経営手法を相手方に強要しないケースも増えてきた。

個々の企業が現時点でどこまで意識しているかはさて置き、ここに、これら数々の事例を通して、「イノベーション戦略マッピング」とも呼ぶべき、買収企業側から見た全体像が見えてくる。つまりそれは、企業買収以外のパートナーシップ一般を含めて、「イノベーション実現のための連携候補を、現状の事業展開との見合いで日頃から戦略的にポジション分け（マッピング）していく」という方法・考え方である。以下、先に紹介した合併・買収事例を目的ごとに分類し、再度簡潔に整理する。

・現状の足固め買収：他社と共同開発した暗号化ソフトウェアの販売が好調だったため、パテント管理面、特に自社の収益性を考えて、その開発パートナー先を買収した。買収側にとっては、現状の製品・サービスラインナップにおける収益性と顧客に対する提案力が向上した。
・新規基本ソフト調達：ネットワーク機器・ソリューションの大手企業が、セキュリティーソフトウェア企業を買収した。ハードウェアに事業の中核を持つ業界の雄が、特徴あるソフトを自社開発する代わりにベンチャー企業を買収し、製品ラインナップの充実化を図った。

・新規アプリケーション・サービス調達：金融サービス業向けの大手ＩＴソリューション・プロバイダーが、コンプライアンス系企業を買収した。被買収企業は、一般企業取引でのコンプライアンス・ソリューションも持っていたため、この合併により、金融機関を含んだ幅広い一般企業向けの単一プラットフォームが確立された。

・新規基本ソフト、アプリケーション・サービス双方の調達：ＢＩ（ビジネス・インテリジェンス）ソリューションの代表企業が、「リアル・タイム」でのデータ予測解析のベンチャー企業を買収した。加えて、そのリアル・タイムの提案内容管理やさまざまな業界でのフィールドサービス向け業務アプリケーションも取り込んだ。

一般的に、こうしたＩＴ・ソフトウェア業界における技術・製品、ソリューション開発は、最近ますます成熟化してきた印象を受ける。例えば、米国のＶＣ投資内訳でもハードウェア比率の高いネットワーク領域は大きく後退し、その一方、ＩＴサービス提供分野は比率を高めている[3]。ＩＢＭほかの提唱による「サービス・サイエンス」も、さらに最近の SaaS（Software as a Service）も、その考え方の中核は「サービスとしてのＩＴ」である。つまり、ＩＴテクノロジーを駆使して何らかの具体的サービスを提供する。それは、市場ニーズが成熟化して、単なるＩＴインフラ提供だけでは消費者が満足しなくなり、さらにサービス・プロバイダー間の競争でも差別化できなくなったことの証である。このサービス提供段階における付加価値は高く、ビジネスチャンスも大きいことはいうまでもない。ITというインフラの上で何をやるのか、という根本的なテーマへの回帰である。

そうした流れのなかで、米国のソリューション・ベンダーも、会社の規模が大きくなるにつれて、より顧客ニーズに沿ったトータルな提案志向になり、ハードウェアに留まらない各種ITサービスの提供までカバーしていく。そして、この提案ソリューションの構成モジュールの多くはベンチャー企業に求める。その過程で、必要に応じて相手先に投資したり、買収したりすることになる。

図表4・2「M&Aマトリックス」（本章(1)―3）は、ある企業が、日頃から潜在パートナー企業を探索するための戦略マップでもある。つまり、自社にとって「現状どんなIT・ソフトウェアベンチャー企業がどのような位置関係でマーケットに存在するか」を、日常からマッピングしていくことで、その後、実際にパートナー関係を結ぶ際にチャートとして優先順位や組み合わせの検討に役立たせることができる。

(3) シリコンバレーにおけるイノベーション・エコシステム

本節では、以上の事業会社活動を含んだクラスター・プレーヤー全体の有機的な関わり合いについて話を進める。最新の事例を重視する意味からシリコンバレーを中心に解析を試みてきたが、その結果、産業クラスターとしてすべてが自然体で「生態系（エコシステム）」のように流れている実態を再認識した。以下、プレーヤーごとに説明していく。

(3)―1　大学のポジション・役割

まず、大学のポジションを整理する。シリコンバレーの歴史で、まず登場するのがスタンフォード大学のターマン教授である[4]。大学の研究成果を地元経済に還元するために、現在でいう「産学連携」活動を積極的に行った。加えて、ヒューレット・パッカードに代表される大学発ベンチャー企業支援活動の原型モデルも彼の功績である。現在も、その精神と方法論は受け継がれている。

ところで、スタンフォード大学と並んで、当地のみならず全米レベルで技術研究を牽引してきたのがカリフォルニア大学（University of California：UC）バークレー校である。研究大学として多くの研究サブ組織を構成し、多彩な基礎研究に取り組んでいる。ここに事例として紹介する同校のCiTRiS[5]という研究組織は、カリフォルニア大学内の複数校が参加して共同テーマに取り組んでいる。そのテーマは、社会変革をもたらすための最先端ＩＴ技術研究、その応用領域の開拓である。社会が現在直面している懸案事項に対する解決策を、ＩＴ・エレクトロニクス技術・手法の観点から研究することで見出そうとしている。この活動は現在、基礎研究とその社会還元、教育と研究の両立、大学運営モデルなどの面から注目を集めている。しかも、その研究姿勢は、連邦政府のR&D戦略にも大きな影響を及ぼしている。

この研究組織の現在の具体的テーマは、環境・エネルギー、次世代の社会インフラ・アプリケーション、Ｅ―ヘルスケア、サービス・サイエンス、発展途上地域向け技術支援、そして人間性と技術の関わり合いなどである。それは、この基礎研究の牙城的大学にとっては、応用領域への大きな踏み出しであり、また、産業界との連携を強めるうえでも明確な社会的ミッションを掲げることの意味は大きい。

財源的には、州政府基金、産業界からの寄付、またカリフォルニア大学基金といった複数のソースの組み合わせである。つまり、ライセンシング収入に多くを期待せず、ほとんどをドネーション（寄付）でまかなっている。産業界のパートナー企業やOB主体の個人からの、研究目的を問わない現金および現物による多額の寄付である。そして大学が行うのは、社会的ミッションを掲げつつも、あくまで汎用的な基礎技術研究までで、企業の特定事業、製品開発向けの研究は行わない。

スタンフォード大学もそうだが、UCバークレーでは、大学における研究成果の取り扱いに関しては基本的にオープン・ポリシーを取っている⑹。企業側も、そのような大学の基本姿勢、ポジションを理解したうえで寄付をする。ただ、そうはいっても、当該企業の利益を大きく削ぐような動きが目立てば、その企業からの大学への継続的な金銭的サポートは期待できない。その点は紳士協定であり、暗黙にして厳然たる経済メカニズムが働く。したがって、資金を提供するある企業と競合するような他の研究提携は実態的に組みにくい。大学側の自由な研究を妨げるような契約文言は大学自身敢えて交わさないが、大学と企業双方の立場を尊重しあうことが何より大切な、まるで「信号機のない交差点」のような関係である。

他方、大学における技術研究の成果として、特定の技術開発や製品開発、つまり事業化の可能性が見えてきた場合は、その事業化における立場を明らかにし、特定企業から特定の目的を持った資金を集めるためにも、大学とは一線を画する「大学発ベンチャー企業」が立ち上げられることになる。もちろん、そうした米国の大学発ベンチャー企業の位置づけは大学によって若干の違いはある。より大学に引き付けておいて、大学への間接的な集金ルートにしているケースもあれば、大学から完全に出て、通常のベンチャー企業に転身するケースもある。シリコンバレーでは後者のケースを多く見受ける。

いずれにしても、以上のようなさまざまな産学連携を通じて大学は、一般企業に対するもうひとつの有力なイノベーション・エンジンになっている。それはつまり、技術の基礎研究をベースにした、事業化以前の技術・事業シーズの提供ポジションである。ここで確認したいことは、大学のポジションはあくまでシーズ段階であって、具体的な製品や事業モデルへと完成度を高めていくには、その先さらに時間を要するという点である。シーズ段階ということは、すなわち「最先端で汎用性に富んでいる」ということと同時に、具体的なアプリケーションやサービスモデルまで求められる実際のビジネス段階にはすぐには馴染まない場合が多い。大学が持つ社会的使命やポジションを踏まえれば、事業会社が期待する具体的なプロダクツと大学が目指すものとの間には隔たりがあって当然で、だからこそ互いの立ち位置をわきまえた接し方が求められる。

ちなみに、米国の大学は一般的に、日本の事業会社から見て接しやすいという声がよく聞かれる。これは、もともと企業を経験してきた人材が大学側に多かったり、また大学自体に企業との連携の経験も長いことから、事業会社側の意識をより理解しているというのがひとつの理由と思われる。また、米国の有力大学では、研究段階で欠かせない知的財産、つまり形になっていない権利関係の処理経験とインフラが整備されており、協議に入る前に契約ベースでそれらをクリアにする体制が整っている点も見逃せない。

いずれにしても、ひとつの技術を事業化して、その分野で突出した存在となることを目指すベンチャー企業にとって、また自社内の研究開発ではカバーしきれない先端領域にも絶えず技術シーズを求める大手企業にとっても、大学は、イノベーション活動の最上流に位置することは論を待たない。

最後に、UCバークレーに話を戻し、その教育第一主義に簡単に触れる。同校のある教授は「よい教育が学生をさらに育て、その学生たちが将来は頼もしい産業人となって、自然な流れで産学連携も生まれて、最終的に大学を資金面でバックアップしてくれる。それがさらなる研究者、研究施設の充実につながる」と語っていた。ここに語られている「教育」と「研究」、そしてその「社会（企業）還元」は、相互に矛盾もなく完全に一体になっている。この三つのテーマの整合は米国でも大きなテーマとなっており、同校の、その恵まれた条件を背景とした明確なる教育第一主義の標榜は、まさに注目に値する。

(3)—2　大手企業の事業戦略

シリコンバレーのベンチャー企業にとって、対する大手企業はいくつかに整理できる。歴史的に見れば、①当地の草創期からすでに大手企業であった米国内、主に東海岸の既存企業（IBM、ゼロックス等）、②当地の発展に応じて参入してきた日本、欧州などの海外大手企業、そして、③当地の成長と共に発展し、周囲の新興ベンチャー企業を牽引してきた地元の先輩大手企業（HP、インテル、アップル、シスコ等）である。このうち、①と②は自社のイノベーションを促すために、外から当地の新興ベンチャー企業に関わってきた点で共通するのに対して、③は、自分たち自身がもともと同じ立場であった共感も加わって、よりオープンに後輩企業たちに接してきた。

本項では、これら大手企業に共通する「イノベーション促進のためのベンチャー企業との関わり」に触れる。まず、大手企業がベンチャー企業と連携する目的として以下の事柄[7]が挙げられる。

・技術開発の最新状況把握：技術革新、製品サイクルの目まぐるしい変化に直面し、ベンチャー・キャピタル（ＶＣ）など社外の第三者らと協力して、先進的起業家チームが取り組んでいる新規技術の開発状況を常時把握しようとする。

・基礎研究と技術開発促進：次代の革新的技術・製品開発を促すために、外部の研究開発成果を社内に取り込むよう努める。競合他社を牽制して外部ベンチャー企業と組むのは、現実的かつ効果的な方策である。

・リスクの分担：新しい製品やサービスの開発には高いコストと時間を要するため、そのリスクを分担する、つまり自社単独におけるリスク軽減のためにベンチャー企業と組む。これは、大型の先行投資を必要とするエレクトロニクス業界、製薬業界、石油化学産業等で特に多く見られる。

・製品開発と買収：自社の既存製品ラインを補完するために、ベンチャー企業の当該製品部門または企業そのものを買収する。通常、大手企業は、ベンチャー企業との関係を委託研究から始め、やがて生産委託、再販売、代理店販売へと発展させる。

・既存資産の活性化：硬直しがちな会社組織の外において、または社内外の横断的なコンカレント形式によって、遊休パテントの再利用などを目指す。これには、何よりも社内技術者の潜在的能力を引き出すことで研究開発の活性化を狙う意図が大きい。

・起業家精神の育成：ベンチャー企業との事業展開から「起業家的アプローチ」を体感し、そこからイノベーション活動に資する教訓を得ようとする。結果的にそうなる場合は多い。

ところで大手企業の場合、大きく事業展開しているだけに、既存の技術・製品ポジションが、社内に生まれうる、より新しい優れたシーズと競合してしまうのは常である。大きな潜在力を持ちながら、社内のみのイノベーションが進みにくい現実は広く知られている[8]。その点、しがらみが少なく機動力にまさるベンチャー企業と「戦略的」に組むのは、確かに意味がある。

ベンチャー企業との連携事例分析[9]

総じて、大手企業がベンチャー企業と組む目的には、①先進技術の取り込みと、②ビジネス拡大という両面がある。イノベーションとしては、前者には狭義の技術革新的イノベーションを指向する、後者には広義の事業革新的イノベーションを狙う意図が含まれる。つまり、実際にベンチャー企業との連携を検討する際には、単に相手が技術的に優れているという点だけでなく、自社事業展開への寄与も考慮される。通常、「イノベーションを担う」という意味では、このうち、まず「先進技術の取り込み」を想定するが、以下では、この①②全体を見渡した各社の全体戦略を見る。それは、全体事業における

「狭義の技術革新的イノベーション」の位置づけを確認する作業ともなる。

ここでは、大手企業の事業戦略が端的に現われる企業投資面に焦点をあてる。なお、以下の説明では、ベンチャー企業の企業発展ステージとして、第2章と同様に、「スタートアップ」を試作品開発、「アーリー・ステージ」を完成品開発、「エクスパンション」を完成品の販売開始、そして「レイター・ステージ」を量販・量産段階として位置づけている。

1. インテル　半導体大手

①投資目的と戦略：一九九八年に、自社の製品開発・供給能力を拡大するために、企業内VC（CVC）としてインテル・キャピタルを発足させた。そして、インテルの製品構成、性能の隙間を埋めるような技術製品を提供するベンチャー企業への投資を開始した。投資対象は以下の通りである。これらは、R&D、製品開発向けのみならず、自社による全社的な事業推進のためのパートナー形成も視野に入れた内容である。必ずしも新興のベンチャー企業だけが相手とは限らない。

・自社製品の新規市場開拓、拡大に技術面、事業展開面で資する企業。

・その市場分野に強い影響力を持ちうるパイオニア的企業。

・企業の立ち上げ段階から、製品本格販売段階まで、各ステージに投資する。

②具体的な投資方針：これには次の三つを挙げている。(a)新しい技術トレンドへの対応（技術の取り込み）、(b)自社製品への部品供給先発掘（製品開発）、そして(c)新規事業の推進（新製品・コンセプ

トによる事業展開）である。また、投資先発掘のためにメンバープログラムを提供し、企業の参加を募っている。これは、参加企業にとって、当プログラムのネットワークを生かせるメリットがあるだけでなく、インテル自身にとっても、これら参加企業から新規投資先に関する情報が得られるメリットがある。

③投資対象の企業ステージ：試作品開発の比較的早い段階から販売開始段階まで広く投資する。つまり、製品開発の初期段階から投資していく。インテル・キャピタルは、インテルの事業戦略に配慮するCVCの側面と、純粋に成長企業投資を狙う通常のベンチャー・キャピタル（VC）の両方の側面を持つ。

2．ＩＢＭ　コンピューター大手（ニューヨーク州アーモンク）

シリコンバレーの企業ではないが、比較分析の意味を込め、また当地との歴史的関係を鑑み、ＩＢＭを取り上げる。同社はインテルと同様に、比較的早い段階のベンチャー企業にも投資する。

①投資目的と戦略：同社の場合も、技術の取り込みと事業拡大の両面で考えている。外部ベンチャー企業に投資する目的は、一口でいえば戦略提携であり、具体的には以下の通りである。(a)同社各事業部門にとって最善と判断されるスタートアップ企業の取り込み、(b)業界に今後影響を及ぼすビジネス・モデル、技術企業の取り込み、(c)新たな顧客企業、パートナー企業開拓。まず(a)は、試作品や完成品の開発段階にある、より若い革新的企業の探索である。また(b)は、ある程度の製品化へと

至った完成品（つまりビジネス・モデル）を持つ企業とのパートナーシップ、(c)は、販売、マーケティング段階での事業推進目的である。

投資目的を整理すると、以下のようになる。

・技術プロモーション：OEM提携先との関係づくりとその強化。この場合、IBMの技術を自社製品に採用しようとする企業との関係強化を目指している。

・技術・製品開発の促進：新技術の開発と製品化にスピードが要求される場合、ベンチャー企業をパートナーに選ぶことによって、社内に変化と革新を起こす。

・新規顧客の獲得：将来性のある企業が製品・サービスを購入しようとしたとき、IBM製品が選択されることを狙う。つまり投資を通じて潜在的クライアントを獲得する。

②具体的な投資活動：同社も単独で投資することはなく、有力VCを介して行っている。これに関する同社の投資家向けメッセージは次の通りである。「ベンチャー企業投資は長期的に行わなければならない。ゴールは財務的収益ではなく、新しい技術を開発し、それにより企業の利益を増加させることにある。さらに、CVCは、R&Dをビジネスに結び付ける役割を果たす。投資収益率にこだわらず、自社技術をマーケットに深く浸透させるためにも、当社を補完するベンチャー企業とのパートナーシップを強化することを主の目的とする」。

③投資企業ステージ：試作品開発の早い段階から販売開始段階。製品開発の初期段階から投資する。

3．ヒューレッド・パッカード　ＯＡ機器・パソコン大手

①投資目的と戦略：まず自社における事業戦略的な目的があり、次に技術提携関係を強化する目的がある。投資条件は以下の通りである。(a)優れた技術を持った製品・サービスを有し、(b)事業経験豊かなマネージメント・チームで構成され、(c)その分野でのマーケット・リーダーであること。つまり、全体的に見て、部品調達のための関係強化や市場シェアの拡大といった、事業展開面での「戦略的関係の構築」を企業投資目的の優先事項として掲げている。そういう点では、今回取り上げた代表的企業三社のなかでも、特にビジネス優先型の戦略投資スタンスを強める企業として映る。

②具体的な投資活動：いくつかの老舗ＶＣと提携しており、彼らから投資先情報を受け取る。実際に投資するのは、コンタクトした企業のうち一〇％程度という。手堅い事業計画や経営陣を有すること、そして同社以外から最低でも二五万ドルの資金を得ていることを条件としており、リードインベスターにはならない。買収も積極的で、その分、企業発展ステージはますます後ろにずれこむ。

③投資対象の企業ステージ：投資は、アーリー段階末期からエクスパンション段階にある企業に対して行う。つまり、完成品開発が一段落しつつある段階から製品の販売段階企業が中心で、あまり早い段階の企業には投資しない。より初期段階から投資している有力リードＶＣから紹介を受け、そのＶＣと共同で投資を行うのが通常のやり方である。

ベンチャー企業への投資目的

以上の事例を、技術そして製品開発の促進という視点に立って、大手有力企業のベンチャー企業投資目的を整理する。整理のポイントは大きくふたつある。ひとつは、①次世代製品開発に向けた最新要素技術、つまりはそこに必要な知財・人材の取り込み、もうひとつが、②自社製品に組み込む先進的でしかも即戦力となる部品の取り込みである。

上記の三社は、いずれも企業全体としては①、②を並行して同時に行っているが、その際、例えばHPは②、つまり、ハードウェア・メーカーの代表的ポジショニングともいえるような、自社の完成品に向けた部品調達指向が強い。HPはすでにコンパックと合併して、創業以来のコンピューター周辺OA機器というニッチプロダクツモデルから脱皮し、総合ソリューション・ITサービス・プロバイダーの道に大きく踏み出した。米国内大手や日系大手電機メーカーの動きも意識しながら、製品・サービス構成、つまりは企業自体がますます成熟（マチュア）型になっていったともいえよう。

これに対しインテルは、①の領域を狙った投資も依然として行っている。よりハイブリッドなプロセッサー技術領域を狙い、また、モバイル・ユビキタス通信系の技術やデバイス系企業への投資にも力を注いでおり、技術と製品のトレンドを強く意識している。創業一九三九年のHPはいち早くCEOとしてビジネス畑から迎えた経営者を冠し、上記のように「ビジネス展開」を敢行しているのに対して、遅れて創業（一九六八年）したもうひとつの騎手であるインテルは、創業から四〇年を経た二〇〇七年になって初めてマーケティング系のCEOを迎えている。もちろん、プロセッサー技術に代表される半導体といった創業以来の先端技術志向、そして本来の事業ポジションは現在でも貫かれている。技術を志向し、そして単一の事業を志向するのか、それとも総合的なビジネス展開を志向するのか。そこには、大いなるふたつの事業コンセプトをめぐる、両社の思惑をうかがうことができる。

これらシリコンバレーの先輩大手企業雄たちの事業ポジションは、創業からの経過時間も絡めた「企業の成熟度」という観点で見るとなかなかに興味深く、他のシリコンバレー企業を理解するうえでも大いに参考になる。さらに、それは同時に日本の大手総合エレクトロニクスメーカーを理解することにも通じる。つまり、そうした日本の代表的企業は一般的なシリコンバレーの現・大手企業（HPを除いた）よりも創業が古く、より成熟した段階にあることの再認識である。米国内でいうと、西海岸ではHP、東海岸ではIBMやゼロックスに代表される老舗企業に通じる。

もっとも、そのIBMが行う企業投資は、確認できた範囲では、シリコンバレーの企業のなかでは「インテル的」であり、依然として先端技術指向も保たれた内容となっている。そこには、成熟を果たした世界のリーディング企業の、たゆまぬ技術革新的イノベーション志向が伺える。もちろんマーケット展開に向けた企業投資も積極的で、別途展開している「ITサービス」キャンペーンという事業コンセプトとも相まって、やはり、日本の大手老舗企業にとって示唆に事欠かない存在といえる。

(3)―3　ベンチャー・キャピタルの真価

ベンチャーキャピタル（以下VC）は、新興の成長企業へ株式投資し、投資先企業の株式公開や企業売却によるキャピタルゲインを主な収益源とする投資組織である。それ自身の成り立ち、資金の性格、構成キャピタリストの資質・志向などに応じて、投資事業としての収益性・事業性重視の側面と、投資先新興企業の育成という社会的使命の側面を持つ。米国の代表的な民間系VCは基本的に前者の立場で、最近は投資先企業売却を主流に、ますますその事業モデル・方法論を精緻化してきている。以下では、そのような民間系VCの活動内容のエッセンスを述べる。同時に、このVCと、その投資先である新興ベンチャー企業群、そしてVCにとっては投資先企業の売却先になりうる大手企業との関わり合いについてもその実態を明らかにする。これらの点は、米国市場一般に当てはまる内容である。

企業投資の基本スタイル

VCの投資スタイルは、各VCにおける共通部分は多いが、基本的には各々の投資方針を大切にしており、かつ構成するキャピタリストの専門性や経験に左右される。以下では、あるVCへの実際のインタビューをベースに、デュー・デリジェンス、つまり投資先企業に対する事業内容等の確認作業を中心に整理した。一例ではあるが、一般的な傾向をよく反映した典型的なモデルである。

1．投資方針

①事業性を重視する。技術内容はもちろん大切だが、その技術が事業として発展しうるかという点を見極めていく。そのため、市場のニーズがどこにあるかを知るため、先端技術を積極的に活用している企業の動向把握にも努める。

②リーディング技術に投資する。投資分野は狭い技術範囲に限定せず、基本は各分野のトップ技術に投資する。むしろ広い分野をカバーし、各分野で、現時点でもっとも進んでいると思われる技術やソリューション企業、人材を選択する。

③事業経験をみる。これまでにVCと組んで、ベンチャー企業を立ち上げた経験実績を見る。それが成功したものであれば、いっそう評価される。

2．投資対象の選別基準

具体的な選定の基準を書き出すと以下の通りである。

・技術や製品が、社会や人々の生活を変えうるような画期的なものであるか。
・その内容が真の付加価値を持っているか、つまり「本物」であるか。
・市場性はあるか。より大きな市場を創出していくことができるか。
・競合商品やサービスがあまりに多く、法外な巨額投資を要するようなことはないか。
・経験豊富で能力の高い経営チームがおり、環境の変動に左右されることなく経営していけるか。特に悪い状況を迎えたときにVCチームと協力して経営活動ができるか。

3．企業の発掘

キャピタリストは、起業家やVC仲間のネットワークから直接、間接に投資案件を得る。そうした起業家は、上記の通り、これまでも多くの企業を立ち上げたり、新しい技術をサポート・育成してきた実績を持つ人々である。もちろん、これらのネットワーク以外からの企業を発掘するケースもあるが、対象起業家の経験や実績が不明の場合は、なかなか見極めが難しい。企業発掘のルートは以下の通りである。

・当該技術・事業関係者：かつての同僚・顧客等、大学、起業家ネットワーク、大手企業技術者など。
・ファンド運営パートナー：エンジェル投資家、弁護士・会計士、投資銀行、コンサルティング会社。
・その他個人的ルート：同じＶＣの同僚、他の有名な大手ＶＣなど。

産業クラスターのなかでのＶＣの位置づけ

では、シリコンバレーのなかでＶＣは、実質的、結果的にどんな役割を演じ、そしてどんなポジションにあるのだろうか。今後の見通しと合わせて、以下にいくつかまとめた。

1．豊富なＶＣ資金が、ベンチャー企業における基本技術や事業コンセプトの事業化をますます押し進め、そのことが大手企業の技術製品開発、新規事業開発ニーズを一層充たしていく。新興ベンチャー企業投資が従来より後工程（レイター・ステージ）に広がった現在でも、この本質は変わらない。

2．ＶＣ資金が潤沢にあることが、当地では大手企業系によるベンチャー企業創業を促している面が大きい。つまり、大手企業に現在所属するアントレプレナー人材が、不安なく単独、または仲間と一緒に起業できるのは、ＶＣ資金に代表される経済的裏打ちがあってのことである。

3．ＶＣ資金は、ベンチャー企業に大手出身者がＣＥＯ、ＣＴＯ、ＣＦＯ、営業担当などの立場で移る契機になっている。つまり、ベンチャー企業に、そういう人材を受け入れる経済的受け皿を提供する

図表4.3　投資審査、実行のプロセス

ディール・プロセス	具体的アクション
基本事項チェック（書類審査）	①事業領域や技術内容、その他基本的投資基準を充たし、②企業評価額も高すぎないかをまずチェック。そのうえで、事業概要書やビジネス・プランを検討し、ビジネス全体を理解する。
追加情報チェック（初期ミーティング）	相手方との初期的ミーティング設定、または追加書類の要請を行う。事業の具体的内容、従業員数、生産・販売拠点、既存の投資家、今後の事業展望等を確認する。
企業訪問	事業概要書やビジネス・プランの内容の実現可能性、オフィスの有り様、製品デモなどをまず確認。そのうえで、経営陣の経歴、業界知識・ノウハウの有無、関連スタートアップ企業での経営経験などをヒアリングする。
第三者意見聴取	その事業領域の有識者、例えば他のキャピタリスト、投資銀行、企業人脈、大学教授などから意見聴取する。市場調査のデータを入手し、競争相手に対する優位性、知的財産権の状況も確認する。先進技術の場合は、その実現可能性を市場評価する。
取引実績チェック	大手企業との開発や取り引きの現状、実績を確認する。これら取引実績は、投資後の事業フォロー、追加投資における資金調達、他の投資家、大手企業への説得、ＰＲ材料など、すべてに関わってくる。
シンジケート（共同）投資の可能性確認	上記の検討結果をクリアすれば、他の共同投資可能なＶＣを探る。まずは、トップ・ティア（一流）のＶＣ数社を選び、一社でも参加しそうであれば話を前に進め、相手先がなければその段階で投資自体を断念する。
本格デュー・デリジェンス	シンジケート投資が可能なら、投資を前向きに検討するための本格的デュー・デリジェンスを始める。既存人脈からの経営陣経歴チェック（レファランス・チェック）、さらに契約条件書（Term Sheet）による条件交渉を始める。最後に、カスタマー・レファレンス・チェック（当社製品への需要の有無確認）を行う。
投資後のフォロー	投資した企業の社外取締役になって経営に参加し、投資した後も企業の成長を継続的に助けていく。

のはＶＣ資金である。前項と相まって、ＶＣ資金は結果的に、大手企業とベンチャー企業間のかなり有機的な人的ネットワーク形成の大きな原動力になっている。

4．キャピタリストは、ベンチャー企業と大手企業の間に立って双方のビジネス利害を調整（触媒機能）していく過程で、大手企業によるベンチャー企業への追加投資（協調投資）や最終的な企業買収を促し、ＶＣ自身のビジネス・モデル（出口戦略＝資金回収）を達成させ自らも発展してきた。

5．最近、ＶＣが投資先企業を大手企業に売却するモデルが支配的になってきた結果、他方でイノベーションを探る他の大手・中堅企業による従来型のＣＶＣ的な一部出資モデルは、よりダイナミックな対応を求められている。また、事業会社による、社内リソースの補完や新規事業領域進出を目的とした企業買収は、社内における従来型の地道なＲ＆Ｄ活動や社内ベンチャー事業にも影響を与えている。

5に関して説明を加える。一般的に、ＶＣが投資資金を回収するには、①投資先企業の株式公開時での持ち株売却か、②投資先企業の他社への売却、のいずれかであるが、最近数年の全米のデータによると、後者の企業売却によるものが八〇％前後を占めている[10]。その結果、従来ならばＣＶＣ的に、一部出資によってベンチャー企業と意味ある関係を築き、その後も関係を継続し得たのが、最近ではこうした手法が少し崩れてきた。

例えば、ある企業（Ｍ社とする）が当初ＣＶＣとしてベンチャー企業に一部投資していて、その後、他社がそのベンチャー企業を買収する場合を想定しよう。確かに、当初の企業投資での契約条件によって、将来の状況変化に際しても権利関係を維持することは可能であり、また最近は、被買収企業側の自律性をかなり認める形での買収も増えてきた。ただ、敵対的買収やM社の競合企業による買収に対しては、以前の投資で得た権利関係の確保は難しくなる。これに対する事前の対抗策は、よりメジャーな比率での投資、または完全子会社化（買収）しかない。そうなると、大手企業側のベンチャー企業を見るポイントは、将来的に考えて、事前対抗策的な巨額投資に値する相手か否かの見極めになってくる。

もっとも、上記の出口データを裏返して見れば、ＶＣの資金回収成功先の二〇％前後は株式公開（ＩＰＯ）に至った真に有力なベンチャー企業だったことになる。ましてや有力ＶＣから資金を得て成長していくベンチャー企業は、件数から見ればごく一部である。また、ＶＣ投資以前、ないしＶＣ投資を望まない独立独歩型ベンチャー企業の存在を忘れてはならない。技術、製品のよさから、ＶＣ資金に頼らなくても事業会社との取引関係が先行し、未公開企業として着実な成長を続けている優良ベンチャー企業は多い。したがって、ＶＣからの投資、並びにその流れで将来の買収される可能性を前提とするベンチャー企業が一般的なものであると捉えるのはもちろん適切ではないし、現実にもそぐわない。

ところでシリコンバレーでは、ＶＣという存在自体が、ベンチャー企業としての代表的事業モデルという印象が強い。つまり、ＶＣは自らの属性を、あくまでも「ハイリスク・ハイリターン投資事業主」として位置づけ、その事業モデルを徹底的に追求し、精緻化を図ってきた。そこでは、通常の事業主体であるベンチャー企業との間で、互いのビジネス・モデルをすり合わせ、双方の利害が一致した際にＶＣからベンチャー企業へと資金が移動する。したがって、ＶＣの新規立ち上げに際しても、社会的大義名分やコンセンサス作りを行う必要はない。米国において新規のＶＣ設立が多く、結果的にＶＣ資金供給インフラが厚くなっていることの大きな背景はここにもある。

もっとも、産業政策の視点に立つような、公的資金をベースとする投資ファンドは別である。その使命はあくまで「次代を担う優良ベンチャー企業の育成」である。米国でも、例えば連邦政府が掲げる戦略的先端技術分野を指向するベンチャー企業（まだ企業の態をなしていない段階も含めて）に対しては、公的助成資金が手厚くあてがわれている。これは、あくまでファンドの背景にある資金の性格の問題である。

(3)―4　エンジェル投資家

先述した通り、最近の米国におけるＶＣ投資は、金額面において、新興企業でもますます遅いステージ中心になってきた[11]。現状の資金配分は、おおよそ図表4・4の通りである。これを見ると、すでに製品が完成している販売開始以後に向けた投資が全体の八〇%を占め、しかも、企業体制もかなり整い、量販段階にきている企業向け投資が五〇%となっている[12]。このレイター・ステージは、米国のＶＣ業界が位置づける標準的な企業発展タイムテーブルでいえば、会社設立から五―六年目以降である。企業設立後かなり早い段階から投資しているリードＶＣからすれば十分に出口（資金回収）を考え始めていい時期である。それならばシリコンバレーでは、より早い段階にある新興企業はＶＣ以外のどこから資金供給を受けているのだろうか。実はそこに、ある意味でよりシリコンバレーらしいエンジェル投資家の存在がある。以下、そのビジネス・モデルを説明する。

エンジェル投資家のビジネス・モデル

エンジェル投資家は、富裕な個人投資家として、一般的には起業段階からベンチャー企業を資金面でサポートする。投資への動きは早く、VCや一般企業が本格的な資金提供に乗り出してくる前の発展段階に対して行われ、その分安い一株当たり株価（バリュー）で投資する。成功に対しては大きなリターンが望めるが、一方のリスクも大きいという関係から、起業者側との個人的な信頼関係に基づいた、閉じた範囲でのやり取りとなるのが通例である。このようなエンジェル投資家は、単に裕福なだけでなく、対象企業の事業分野への思い入れ、専門的知識・経験を有する人物が多い。かつては自身も起業家として成功し、それがために財をなしており、その後は継続して起業することなくサポート側にまわっているというようなケースが典型的である。

こうした個人は、純粋に高成長が見込める有望企業、あるいは自身が成功してきた業界において十分戦えると見込める企業、そして自らも事業を展開している場合はそれとのビジネス相乗効果が期待できる企業に対して投資する。これには、大がかりで組織的なVCファンドとは対照的な、そして時にはハイリスクも覚悟して得意分野に投資する、ごく小規模のハンズオン型個人キャピタリストも含まれる。

ただ、投資対象となる企業発展段階は意外に広く、売上げがまだない創業段階から製品開発中の若い企業、そして確固たる製品・サービスの提供（マーケティング展開中で追加資金を必要とする）段階に

図表4.4　VCの投資資金配分

スタートアップ／アーリー	エクスパンション	レイター・ステージ
技術・製品開発	販売初期	量販、量産段階
20%	30%	50%

ある企業にまで及ぶ。小規模、あるいは規模拡大の途中にあるとはいえ、投資家として最終的な株式公開や大企業による買収といった形での「出口」を求める点では、通常のVCと同様である。

さらに、エンジェル投資家の多くは、月決め報酬という形でコンサルティング料を課している。VCファンドでいえば、この報酬は預かった投資資金に課する管理手数料に相当し、「エンジェル投資ビジネス」にとっての安定収入確保手段でもある。こうしたことからも、彼らは、企業の早い段階を専門にサポートしてくれる「天使」的もしくは「好々爺」的存在というよりもむしろ、確かなビジネス・モデルを追求する、「個人ベンチャー・キャピタル／キャピタリスト」的存在と捉えた方がより実態に近い。

エンジェル・グループ

エンジェル投資家のグループもある。あるグループを例にとると、それを構成する投資家は投資分野も、性別も、文化、ビジネス経験もさまざまであり、多種多様なポートフォリオ分散投資を好み、結果としてグループ全体の投資リスクの軽減を図っている。このグループの目的は、エンジェル投資家が投資でさらに成功（金儲け）できるよう、投資前／投資後のサポートおよび教育サービスを通して支援することにある。

例えば、取り引きの流れをスムーズにする、リスク要素をより公正な形で投資価格に反映させる、投資対象分野の拡大／多様化を図る、投資の成功確率を高めるべくサポートするなどである。また、このグループでは、エンジェル投資家並びに彼らが支援する企業家の双方を対象とした教育研修サービスも提供している。取り上げられるテーマは、財務処理や法的義務（最近であればＳＯＸ関連コンプライアンス等も含まれる）、最新技術の吸収、業界トレンド、経営管理、事業推進・マーケティングなど広範に渡る。

投資金額については、個人エンジェル投資家であれば、通常一社あたり二・五万ドルから二〇万ドル程度の投資であるが、エンジェル・グループになると合計で五〇万ドルから一〇〇万ドル程度になる。どのスタートアップ企業に投資すべきか、またどのくらい投資すべきかを、エンジェル投資家の場合は自分一人で決断・実行することが多いが、エンジェル・グループの場合は、会員たちが出し合った共同資金から投資することになる。資金の流れとしては、会員にグループへの投資（会費）として例えば八万ドルを要求し、その投資金／会費をもって同グループがスタートアップ企業に投資（普通、五〇万ドルから一〇〇万ドル）を行う。

この場合、投資に関する決定を下すのはメンバー自身だが、スタートアップ企業との交渉は、メンバーを代表する組織としてグループが行う。つまり、エンジェル投資家（会員）がスタートアップ企業への投資を決定したあと、「単一目的のパートナーシップ」（a single-purpose partnership）が形成されることになる。このパートナーシップのおかげで、相手企業はひとつの窓口で交渉を進めることができる。

加えて、ビジネスプランの提供、ビジネスプランの事前チェックもグループ側が行う。要するに、各プランは集約された後、会員達の検討材料として供される前に、団体の投資事務局スタッフによってふるいにかけられる。また、会員たちは団体のデータベースをサーチして、他の会員が企画または先導している有望なスタートアップ企業に投資の機会を見つけることもできる。こうしたエンジェル・グループのスタイルは、日本でも参考にできそうだ。「草の根ベンチャー・キャピタル」とも呼べるモデルである。

(3)―5　ベンチャー企業ポジション―ある大学発ベンチャー企業の場合―

ベンチャー企業自身のポジションについて考える。特に、大手企業とベンチャー企業とが対等な立場でパートナーシップを組むという点にスポットを当てる。シリコンバレーにおいては、企業の合併買収面においてもこの関係が象徴的に現れている。

シリコンバレーにあるS社は、自社が特許を保有するテクノロジーを利用して、いわゆる「光MEMS（Micro Electro Mecanical Systems：メムス）」と呼ばれる領域のベンチャー企業である。通常のシリコンウェハー上に半導体微細加工技術を駆使して光MEMSを作り込む。S社は、これに関連した技術（スタンフォード大学のある教授が開発）の商品化を目的に、一九九四年に設立された大学発ベンチャー企業である。また、S社は別途、光通信市場をターゲットとする開発も行っていた。このときS社は、工場を持たないファブレス・メーカーであることから製造パートナーを必要とし、シリコンバレーの半導体製造工程を担うT社（半導体会社）と提携関係にあった。そして二年間の提携関係の後、二〇〇〇年八月に、T社の完全子会社となった。

そこで最近の動きとして注目したいのは、M&A後も、その被買収会社の中身がまったく変わらないケースが増えてきたという点である。買収企業側から特に人も派遣されてこない場合が多い。技術志向のアントレプレナーの視点で見ると、会社経営、つまりは対外折衝も多いCEOの業務は、できれば他の誰かにやってもらいたいわけで、ましてや、技術・製品開発担当者チームにとっては、会社オーナーが代わっても、相手が同じシリコンバレーの企業であればなおさらのこと、活動に支障はないということになる。

S社の場合がまさにそうだった。他社の子会社になることは、S社の技術者から見れば「雑事の多い」企業運営業務から解放されることであった。S社は買収されたあともブランドが維持され、一層好調に製品開発を進めていく。もともとS社は、技術開発中心の会社で、マーケティング・販売部門や製造部門を持っていないので、OEM先企業とのライセンス契約を求めてきた。ライセンス料によってキャッシュフローやバランスシートが一時よくなったりもしたが、長期的に成長できる会社となるためには、それだけでは不十分だった。結局、不得意な営業の強化、自力での量販・量産体制への移行は断念して、マーケティング部門や製造部門を持つA社と合体する道を選んだ。

一般的に、ベンチャー企業というのは本来、「そこそこの成功」に甘んじて企業売却に踏み切ることはなく、それはあくまでIPOに対する次善の策であった。それが、上記のような形で相互にメリットがあるWin－Winの合併買収モデルが定着してくると、もはやそれ自体が完全な成功モデルとなってくる。まさに、ビジネス面におけるフラット志向が強いシリコンバレーならではの象徴的な動きであり、買われたベンチャー企業側にしてみれば「名を捨て実を取った」形となる。しかも、起業家側が次の起業構想を持っている場合は、企業売却は、それに向けた最大の当初資金調達になっていく。

シリコンバレーも含めた従来型大手企業は、依然として、買収後に被買収側のブランドやウェブサイトを取り上げるのに対して、最近富に注目されるGoogleの企業買収モデルはこの「As Is」（アズ イズ／現状をそのまま維持した形）買収型である。急速に拡大したとはいえ、創業から約一〇年が経過してもなおベンチャー企業気質を十分持っているGoogleらしい、相手企業のベンチャー精神を巧みに汲み取った形での買収モデルといえる。今後は、こうした買収モデルの普及が注目される。

(3)―6　クラスター・プレーヤーの相互作用―「補完関係」がもたらす「資金還流」―

シリコンバレーの場合、主に一九八〇年代後半以降、大手企業とベンチャー企業との有機的な補完関係が定着し、パートナーシップによるベンチャー企業活動が進む過程で、クラスター全体としても新しい成長展開を遂げていった[13]。そこでは、ベンチャー企業側における技術・製品開発とその事業化推進は、大手企業とのやり取りを通じて加速され、結果的に、大手企業側のニーズをさらに満たすこととなった。本章で行った産業クラスターのプレーヤーごとの分析にもある通り、本質的に、この関係はますます強まってきている。ＶＣの資金回収の七―八割が投資先企業の売却によるという最近の流れは、買い手である大手中堅企業のいまどきのイノベーション実践の有り様を抽象的に物語っている。以下では、この点をさらに浮き彫りにするために、「大手企業とベンチャー企業」という構図をクローズアップして、その「補完関係」を掘り下げる。

そもそも、企業の技術・製品開発は、市場のニーズが迫っている、または競合企業との差別化が急務という場合、もちろんゼロから研究開発を始めていたのでは時間的、コスト的、そして人材的に間に合わない。そうした意味から、現在、米国の大手企業はパートナーシップという形で、先端技術・製品開発という部分をベンチャー企業に大きく依存している。そして大手企業はその過程において、自社開発ニーズに適った対象ベンチャー企業の選定、そしてそのインテグレーション（複数企業の収集）を行い、より完成度の高い製品・システム、そしてサービス提供モデルへと仕上げていく。

その相手方となるベンチャー企業の最大集積地が、全米ベンチャー・キャピタル（以下ＶＣ）投資金額（二〇〇七年で約三〇〇億ドル）の四割近くを占めるシリコンバレーである。そこは、確かに、先進技術や独創的な製品コンセプトに根差した汎用性の高いコア技術・部品、いわゆる「モジュール製品」のメッカである。モジュール製品であるが故に、より大きな製品・システムとして完成させるためには、これをトータルに開発できる大手企業と組む必要が生じてくる。ここでいうトータルな開発には、ベンチャー企業単独では完結し得ない完成度の高い製品開発工程が含まれる。ベンチャー企業が、会社設立から数年しか経ていない若い企業であるにもかかわらず、大々的なブランディングを行い、世界戦略をかかげる理由がここにもある。彼らが目指すパートナー先は、知名度が高い内外の一流大手企業である。

ともあれ、ベンチャー企業はますますの先端性と汎用性を追求した開発部分に特化する。

こうした一連の流れのなかで、やはりVCの存在は大きい。彼らは常に、より革新的な対象、つまり、より進んだ要素技術、汎用技術、事業モデル、そして十分な事業推進力を秘めた相手を求めている。ベンチャー企業側も資金調達を優先して、投資家側の趣旨に沿った開発に邁進する。企業としての成長以前の、存続がそこにかかっているからである。結果として、ベンチャー企業は大手企業の開発ニーズを一層満たすことになる。

この大手企業とベンチャー企業の関係こそが、VCやエンジェルなどを介してシリコンバレーのベンチャー企業に資金が還流する仕組みの底流を成すものである。例えばひとつの製品で最低一億ドル（日本企業であれば一〇〇億円）売上げることを常なる目処とするような大手企業では、事業展開の主軸を、より川下の「完成品や量産品の開発・生産段階」に近いところに置かねばならない。一方、より川上の「製品開発、事業化段階（試作品開発から販売開始に至る段階）」はリスクも大きく、製品化までの時間も読みにくい。この段階は、できればよりスピーディーに、ベンチャー企業等の外部チームと組んで効率よく達成したいプロセスである。このように、大手企業とベンチャー企業とでは、製品開発、その事業化に絡む事業ポジションが完全にずれており、比較優位という意味で相互に補完関係にある。

要するに、大手企業が、自社開発とは別に外部リソースを取り込みながら技術・製品開発を図ろうとする際、ベンチャー企業は、初期的製品開発、そしてその事業化過程における格好のパートナー先となる。しかも、それに要する資金は、ベンチャー企業側がその自助努力として、政府系資金や、エンジェルそしてＶＣ等から工面してくれる。これにより大手企業は、例えば最初は大きな投資を伴わない共同開発モデルで始めて、その後必要に応じて投資し、最終的に買収も視野に入れるといった形で取り組むこともできる。このような大手企業とのやり取り自体が、ＶＣ等にとっての最大の投資誘引になることはいうまでもない。

さらに大手企業としては、ＶＣからの紹介で後追い投資も十分可能である。第2章の**図表2・6**でいえば、大手企業がベンチャー企業に投資する中心的ステージは、「試作品」開発、そして、製品開発が進んだ「完成品・アプリケーション」開発段階である。これはベンチャー企業側から見れば、例えば、特定大手企業向けの製品開発に成功して、そこにＯＥＭ供給を開始するか、あるいは汎用品路線を選択して自社ブランドで打って出る段階となる。いずれにしても、この段階での順調な売上げが「事業化」の成否を握っている。このとき、うまくサンプル出荷から本格出荷・販売にシフトできないと、彼らは途端に資金ショートしてしまう（「死の谷」）。だからこそリードＶＣは、そんなベンチャー企業に対して、当初の投資資金を防衛し育てる意味から大企業に代わってますます資金的な肩入れを強める。もし大手企業側が自社とのシナジーを描けるのであれば、そのベンチャー企業こそ、格好のパートナー先となるだろう。

大手企業にとっては、先述の通り、巨大な個人消費市場、法人市場を前にして、顧客ニーズを充たす製品をスピーディーに市場に供給することが至上命題である。これを達成するために、彼らはもともと高い研究開発力の上に、そのスピードを競い合っている。その構造的な必要性を充たしくれるのがベンチャー企業であり、シリコンバレーが「巨大なインキュベーションの場」たる所以である。そこでは、この関係に立脚して投資活動を行うＶＣから、さらに企業内ファンドや企業買収といった形で大手企業から直接に、試作品・完成品開発とその事業化ステージにあるベンチャー企業に対して続々と資金が流れていく、そうしたひとつの「資金還流メカニズム」を見ることができる。それは、内外大手企業とシリコンバレーのベンチャー企業との、いわば技術・製品開発ステージにおける「温度差」によって生じる自然発生的かつ継続的な「対流」現象と捉えることができる。確かにそれは、ひとつのエコシステムといえよう。

(4)　国際的なリソース還流

シリコンバレーは、いま、急速かつ新たな国際展開局面にある。この国際化は、個々の域内企業に留まらない、地域クラスター全体としての、必然的なうねりになっている。本節では、その背景にあるものを、前節で観察した技術・製品開発面から見た資金面での還流に対して、開発によってできあがったプロダクツの事業化、そして事業の拡大という視点に立って、事業リソースのトータルな国際的還流の実態を検証する。

(4)―1　シリコンバレーの国際展開

シリコンバレーにおける海外とのやり取りを歴史的に見ると、一九八〇年代の半導体並びにパソコンの発展に伴った、日本を含む海外企業による当地への進出と、当地半導体企業による欧州、アジアへの進出に始まった。そして二〇〇〇年前後以降の国際展開は、急速に拡大しているアジア地域への業務アウトソーシングに端的に現れている。現在、この動きは完全に当地の経済にビルトインされ、もはや、こうした対外取引なしには成り立たない状況となっている（図表4・5）。

当地の対外取引、国際展開としては、大きく分けてふたつの代表的モデルに整理できる。①海外の大手企業が、先進テクノロジー、モジュールを求めて当地ベンチャー企業との連携を模索する場合と、②当地の企業が、労働集約的な作業工程や、中核でない業務をアジア等へアウトソーシングする場合である。以下、各々に関して述べる。

図表4.5　シリコンバレーの対外取引、国際展開

時期	対外取引、国際展開
1968年	Intel、National Semiconductor やＡＭＤなど半導体企業が設立された。
1970年代	当地半導体企業がヨーロッパや日本に支社を開設した。
1980年代	ＰＣの急速な発達により、国外の供給企業が当地に流入した。他方で、ヨーロッパ、日本やアジアに支社を開設する米国の半導体企業が増加した。半導体、コンピューターやソフトウェアについて日米間の協調が強化された。
1990年代	母国とのつながりを持った先端ベンチャー企業が急増し、それらの多くは当地に事務所を開設した。ドットコムの急速な発達により、連邦議会は外国人エンジニアやプログラマー用にH-1就労ビザ プログラムを拡張した。
2000年前後以降	中国（台湾含む）やインドの急速な発展により、事業（半導体その他ハードウェア製造、ソフトウェア開発）のアウトソーシング関係が深まる。その他、派遣団の訪問、学生や研究者の交換研修、交互投資が増加。

(4)―2　海外の大手企業との取引

大手企業の行動原理に関しては、第3章の「(1)―3大手企業の視点からみたベンチャー事業展開」ほかでその考え方を詳述した。このときの大手企業を、シリコンバレーベンチャー企業を相手とする海外大手企業と想定すれば、そのまま当てはまる。いうまでもなく、日系大手企業が当地ベンチャー企業にパートナー機会を探る過程はこのケースに相当する。

簡単に確認すると、技術・製品開発、事業化、産業化の全プロセスで、シリコンバレーのベンチャー企業はより「技術・製品開発、事業化初期」の段階に強く、その後の最終顧客向けのカスタマイズ・改良、システム化については強いパートナー企業を国内外に探している。したがって、例えば、加工・改良、量産工程に強みを持つ日系大手企業とは、構造的にかなり安定的な補完関係にあり、パートナー相手としても相性がいい。これは、米国でもボストンやオースチンほかのハイテク・クラスターにあるベンチャー企業についても同様のことがいえる。

逆に、米国東海岸でも、例えばニューヨークとその周辺にある、地元中心の特定顧客、業種（金融や医療等）向けに作り込まれたカスタマイズ機器、システムを開発する業者にとっては、米国市場向けの諸事業規制・慣行を前提にしたビジネスが基本である。日本をはじめとする海外市場はそもそもターゲットとしていない自己完結型のビジネスモデルである。もっとも、同じニューヨーク地域でも、例えば金融や医療に関連する分野での、より汎用系技術・ソリューションを持ったベンチャー企業群は別である。

(4)—3　国際的なアウトソーシング取引

ＩＴ業界、なかでもソフトウェア開発に絞って考える。シリコンバレー企業に限らず、米国のＩＴ・ソフトウェア業界では、開発仕様がオンライン上で標準化された結果、開発面における国際分業が進み、労働集約的で付加価値が高くない工程はインドや中国に海外委託（オフショア・アウトソーシング）する形でコスト削減を図っている。特にインドとの関係は、ここ数年で大きく発展し、両者の相互依存度は非常に高くなっている。以下、この点について述べる。

スマイルカーブ分析

図表４・６は、ソフトウェア開発、ＩＴサービス分野での「スマイルカーブ」である。縦軸を利益率、横軸を製品開発・事業フェーズとしてある。ここでは、利益率の高いソフトウェア製品デザイン（企画）段階を一番左に据えて、通常より左上位のカーブを想定した。以下、まずこの図表をもとに、シリコンバレーとインドの企業のパートナーシップを整理する。

Ａフェーズ：ソフトウェア技術・製品の企画開発段階である。事業化までの難しさの面でハイリスクであるが、一方、付加価値の高い作業領域であるため将来的に汎用性が大きく、ヒットすれば大きな収益が見込め、ハイリターン領域でもある。シリコンバレーのハイテク・ベンチャー企業の典型的領域であり、企業発展段階においてはもっとも上流に位置する。

Ｂフェーズ：実際に試作品・完成品の開発を行う段階である。ソフトウェア開発では労働集約的部分が増えており、その多くがインドに流れている。インドによる業務受託の中核はここにある。実態は、シリコンバレー在のインド系ベンチャー企業は、当地で開発仕様書を作成してインドの開発母体で作業するというケースが一般的である。

Ｃフェーズ：これはパッケージソフトウェア、手組みのソフトウェア・システムと各種ハードウェアを「インテグレート」する実装過程である。米国でも米国東海岸の大都市圏システム開発（ＳＩ）業者の中核業務はここになる。顧客との相対開発工程であり、開発仕様内容が不安定でアウトソーシングにも基本的に馴染みにくい。

Ｄフェーズ：実装後の保守運用ほか各種ＩＴサービスと、各種業務代行サービス領域である。ここは市場も大きく、アウトソーシングもうまく活用して付加価値をつければ、高収益も狙える

図表4.6　スマイルカーブ

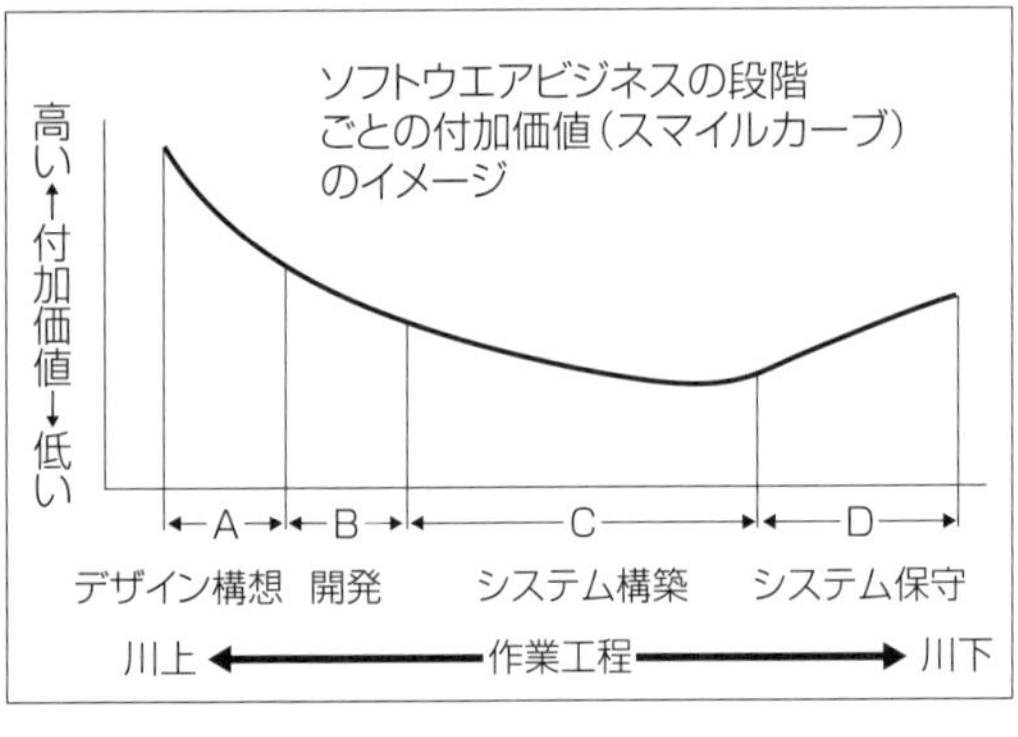

フェーズである。インド企業による業務受託のもうひとつの柱領域である。

これらの各フェーズ区分を踏まえて、改めてインドとシリコンバレーの有機的な相互パートナーシップ関係を整理すると以下のようになる。つまり、IT業界、特にソフトウェア開発分野では、インドへのアウトソーシングは構造的なものになっている。その要因・背景としては、Aフェーズ、つまりシリコンバレーにあるソフトウェアのコンセプト・企画デザイン段階にいる企業が、Bフェーズ、つまりパッケージ完成品ないしアプリケーションの開発過程で、ますます人手を要する段階に入り、インドに出していくという関係である。

他方、VCは、投資先の企業が労働集約的フェーズを大がかりに抱えるモデルは期待していない。このこともVC資金獲得を目指す企業が海外へ開発工程を出す誘引となっている。

これら国際分業としてのアウトソーシング委託・受託関係は、最近開発が進んできたITのインフラによって加速されている面もある。つまり、ユーザー（顧客）向けの遠隔業務シェアリングツールを開発することで、提供業者自身もオンラインによる海外部隊との自由な業務シェアが可能になっている。

シリコンバレーには、もともと母国側に開発本体があって、米国のマーケットリサーチ、製品企画、プロモーション（ブランディング）、そしてVCからの資金調達を行うために当地に本社を据えているような会社が多く見受けられる。そして、もともとの民族的ルーツが例えばインドにある場合は、ごく自然な流れとして、コストの安い母国側に人材・労働集約的な開発拠点を置くことになる。事業成功のために、自分が持っている強みを生かしている。当地には、アントレプレナーをサポートする民族的支援インフラも整っており、内外価格差、コスト格差を生かすためのさまざまな工夫がなされる。

(4)―4 グローバル・クラスター

このように、海外とのリソース循環構造には、「優秀な人材の国際的還流」と同時に、もっとも重要かつ本質的な面として「内外コスト格差の活用戦略」を見ることができる。シリコンバレーが大学を核とする技術シーズのみに立脚したクラスターであったならば、このような優秀な労働力の国際的調達の発想は生まれず、また、現在のような国際的なリソースの循環構造も生まれなかったろう。当地の本質が、潤沢なリスク・マネーを背景にした「各種技術・ビジネスシーズの事業化フェーズ」にあったからこそ、利益確保という事業戦略の一環として、自然にこのようなコスト格差戦略が生まれ、その後、当地のもうひとつの強みとなっていった。これらは、地域の産業振興政策当局（州内の雇用、産業振興を使命とするカリフォルニア州など）の想定を越えた展開である。

それは、資金、人材、そしてますます発達するITインフラを介した実質的な労働力など、経営資源の国際的な還流エコシステムの形成である。そうした意味で、単なる地域クラスターからグローバルなクラスターへと完全に変貌できていることが、クラスターとしてのシリコンバレーの特異性であり最大の強みになっている。これは、産業クラスターを考えるうえで企業活動の視線に立ってこそ見えてくる部分であり、今後のクラスター政策においても、このような地域を超えた国際的イノベーションの発想が要になってくるであろう。

■注

(1) オープン・イノベーション：自社内リソースのみならず、積極的に外部リソースとのパートナーシップを通じてイノベーションを加速させようとする事業戦略。Henry Chesbrough (2003), *Open Innovation: The New Imperative for Creating and Profiting from Technology*, Harvard Business School Press 参照。

(2) 以下の八分野・分類を想定。ストレージ・サーバ、コンピューター／ネットワーク管理、インターネットウェブ／ワイヤレス・モバイル、ユビキタス通信／データベース管理・セキュリティー・データ復旧／デジタル・コンテンツ、業務コンテンツ通信管理／業務プロセス、資産管理／開発ツール、プラットフォーム／E—コマース、顧客管理・サポート。

(3) 「第2章(2)—1企業投資のトレンド」の「図表2・5米国VC投資のセクター推移」参照。

(4) 本書の「第3章(1)—2　シリコンバレーにおける新展開」参照。

(5) CiTRiS に関しては、http://www.citris-uc.org/ 参照。

(6) 西尾好司・原山優子（二〇〇八）「米国における産学間の Open Collaboration と日本へのインプリケーション」『研究技術計画誌』22（3・4）参照。

(7) 全米ベンチャー・キャピタル投資年鑑の情報をもとにまとめた。

(8) クリステンセンの「破壊的イノベーション」もこの概念。

(9) 全米企業投資年鑑の情報をもとに分析。

(10) 「第2章(1)—2企業発展ステージと資金調達」の「図表2・9VC投資企業の出口件数累計」参照。

(11) その背景は、バブル崩壊以降のベンチャー企業投資面での確実性志向の高まりという面のみならず、有力VCにおいて大きな投資資金の効率的配分処理という便宜的側面も大きい。

(12) 最近数年の全米VC協会データから割り出した大づかみの数字。

(13) 「第3章(1)—2　シリコンバレーの新展開」参照。

5 日本型イノベーション・エコシステムの模索

本章では日本における製造業を主体としたイノベーションへの模索状況について述べていく。すでにいくつかの事例で示したように、日本では、一九九〇年代の終わり頃からイノベーションのための各種要素（大企業、中小企業・ベンチャー企業、産学連携センター、大学発ベンチャー企業、知的財産、技術移転、VC、補助金）の充実化と具体化が始められ、そして一〇年程度が経過した。しかし、システムとしての最適化が相互に図られるエコシステムの視点に関しては、第4章で述べた米国の事例と比べると、まだ最初の一歩を踏み出したばかりといえる。

(1) イノベーションにおける企業の課題

ここでは、まず製造業における中小企業の経営環境を大企業やベンチャー企業のそれと比較し、次に、中小企業体にこそ求められるMOT（技術経営／イノベーションのマネジメント）手法とのつながりを述べ、その現実的な対処方法を述べる。

(1)―1　中小企業の機能―ベンチャー企業、大企業との比較から―

既存の中小企業の事業環境は、①大幅なコストカット、②短期の新製品・新モデル展開、③短納期での納入実施、④多品種の製品展開と利益率の低下などにさらされているのが現実である。こうした事態に陥った背景として、一般的な中小企業はこれまで、大手企業の工場分社的な下請け体質を是とし、技術開発に向けた努力を必要としてこなかったことが挙げられる。このような体質から脱却するためにも、⑤自社固有製品を展開させるMOT手法やエコシステム的つながりの検討が多くの中小企業にとって急務である。

新規事業成功のための事業構造とマーケット

会社の規模は一般的に、大企業、中堅企業、中小企業、小規模（零細）企業といった分類される。以下では中堅・中小企業・小規模企業を「中小企業」と称して、その特徴を探っていく。

イノベーションの現象を現実的に捉えていくと、その企業における新規事業の「成功」と「失敗」の判断基準が規模により異なってくる（図表5・1）。往々にして、その基準や考え方が明確化されないまま事業が漫然と展開され、結果的に失敗として取り扱われる例も少なくない。ビジネスとしてどこまでもっていけばその新規事業は成功なのか、これをはっきりとさせておくことは、イノベーション実現の判断基準としてたいへん重要なことである。

この図では、企業を規模別に分け、さらに中堅・中小企業については経営のスタイルとして「下請け型」と「開発型」のふたつに分類している。ベンチャー企業についても、IPOを目指す「IPO型ベンチャー企業」と、研究・開発ステージを大企業と分担・連携する「開発連携型ベンチャー企業」に分類している。これを見ると、それぞれ経営側の切断基準が大きく異なる。

大企業では本業の事業規模が大きいため、新規事業については少々の利益や売り上げでは本業の足元にも及ばず、そのため「不確定で未熟な事業」として扱われる場合がほとんどである。また、当初から巨額の売り上げと利益が要求されることで担当者のモチベーションが著しく低下してしまうことも多い。しかしながら中小企業では、事業として求められる規模と目標はそれほど大きくない。このあたりも、中小企業やベンチャー企業が新規事業を実施するうえで、ターゲットとして最適化されるべき新規ビジネスに好ましく作用する。

図表5.1　新規事業の成功と失敗（金額はイメージ例）

企業形態（規模）		成功とは	ケースバイケース	失敗とは
大企業		売り上げ大＞100億 利益あり （生産ラインが駆動）	売り上げ＞50億 利益あり	売り上げ小＞50億 利益なし
中堅・中小企業	零細型	利益大	（利益±0）	利益なし（赤字）
	中堅型	売り上げ大＞10億 利益あり	売り上げ中、 利益小	売り上げ小 利益なし
ベンチャー企業	IPO型	IPO（株式の市場公開）	M&A（価格による）、合併	解散（資金ショート）
	開発受託	継続的利益確保	M&A	〃

中小企業の強みと課題

社長の意識が「開発型」の中小企業における強みと課題を図表5・2にまとめてみた。これは、ベンチャー企業との類似点、相違点を明確にし、日本におけるイノベーション・エコシステム実現の可能性を検討するのが目的である。

(1)―2　中小企業のアライアンス

アライアンスとは、他の組織体との補完関係を構築することである。パートナーシップに基づくアライアンスは迅速な製品化・商品化に欠かせないアイテムであり、いわゆるエコシステム形成のための必須要素でもあるが、まずは「どの時点で、誰と組むのか」についての検討が必要である。

補完と拡大へのアライアンス戦略

中小企業のアライアンスの相手としては以下の五つが考えられる。

1. 大学との連携
2. 研究機関との連携
3. ベンチャー企業との連携
4. 大企業との連携
5. 中小企業同士の連携

図表5.2　中小企業・ベンチャー企業の強みと課題

	新規事業に対しての強み	課題
中小企業	●経営者の決断力、起業家精神、リーダーシップ ●小回りの利く組織体制 ●環境変化適応への危機感 ●経営のフレキシビリテイ ●事業化への客観的指摘を聞く耳と心 ●金銭感覚：コスト意識	●新しい展開のときの専門人材不足 ●新しい技術シーズ展開は独自では完成度向上が難しい ●広範なネットワークと情報収集・解析能力の不足 ●資本運転資金不足 ●中長期の開発継続努力が難しい
ベンチャー企業	●社長（リーダー）の起業家精神 ●アドホック・フレキシブルな企業経営体制 ●ビジョン・目的の共有化により自立・自律型組織ストックオプションなどの資本政策によるインセンティブ ●雑用の少なさによる開発・事業化の促進（社長以外の担当者） ●変化に対応するスピード、即断即決、臨機応変な意思変更など	●基本的な経営感覚が身についていない、社長がいる場合がある（大学発ベンチャー企業などに顕著） ●基盤的な技術やビジネス体制が不足し（ほとんどなく）、製品・商品の信頼性が低い ●人材不足、資金不足 ●ブランド、信用力不足 ●ビジネス・プランが実現性に欠ける場合がある（上記の項目と関連、起業が早いすぎる場合も多い） ●資本出資者とビジネスの方向性、出口の不一致が起こりやすい。

まず、1の大学との連携については主に、不足する技術をピンポイントで補う目的で行われる。技術移転を数多く経験してきた研究室と連携するのであれば問題は少ないが、一般に研究成果としての新技術シーズというものは再現性や拡張性に乏しい。そのためこれらは企業にとって、あと少しの補完を求める際の連携に適している。

次に2の研究機関からの導入は、開発すべきものが明確になっている場合で、既存する製品に新技術を導入してサンプルを試作するような製品開発が可能な場合も多い。もちろん委託先の研究機関の能力によるが、中小企業の既存技術に価値を付加する役割を果たしたという実例が多く存在している。

3のベンチャー企業と連携するケースは、ベンチャー企業が開発してきた新技術・新製品が未完成なとき、中小企業がこれを活用しようというものである。ベンチャー企業が「死の谷」を渡るためのリソースが不足しており、かつ補完すべきものを既存の中小企業が技術として持っている場合に、アライアンスを組むことで両者がWin－Winの関係になることができる。

4の大企業との連携であるが、今後の中小企業発展のカギとなるひとつのモデルは、大企業との連携を「下請け型」ではなく「パートナー型」で行うところにある。すでに述べてきたような米国の「開発型ベンチャー企業」がモデルとなる。ただし、これを行うには、大企業からの委託を受動的に待つようなビジネススタイルではなくて、自ら開発したコア技術を確保したうえで新しい事業化提案を大企業側に持ち掛けるような提案型のビジネススタイルでないと、対等な形でのアライアンスは難しい（この連携の意味については、次節にて大企業側からの視点でも検討を加える）。

5の中小企業同士の連携については注意が必要である。通常、連携の効果は「足し算」ではなく「掛け算」になることが多い。これは、大きな数を組み合わせるほど大きな値が得られ、逆に小さな数を組み合わせたのではそこそこの値（片方の数が平均以下、ここでは1以下の場合、その値は足した場合のそれを下回る）しか得られないことを示している。それぞれの中小企業が、強みを明確にしてそれをさらに強くしていくという考え方が必要となる。

(1)―3　大企業の持つ課題と対応への動き

いま、大企業では、すべてを自前でまかなうような研究開発システムとその機能を保持する時代はほぼ終了しつつあるといっても過言ではない。米国の大企業では、すでに二十数年前の「中央研究所の終焉」に形として顕れている。一方、日本においては、「勝ちパターン」のベースとして、組織の管理体制などが（生産プロセスの合理化、高品質化を求めるという）プロセス・イノベーションに向いていたといってもよい。要するに、リスクはすべて避ける、戦略より戦術といった形で、会社経営も、教育制度も、すべてがプロセス・イノベーションに補完的に働いていたのである。このあたりが第4章で述べた米国の事情に対して日本におけるマネジメントは模索中のレベルとなっている。

大企業における研究開発の現状と課題

大企業の新技術・新商品への挑戦的風土は限界に達していると近年よくいわれている。これは短期売上規模の追求、そして開発リスクの回避とスピード不足が原因といわれているが、その詳細は後ほどまとめていく。一方、学官を含めた日本全体の基礎的技術能力の蓄積とマーケットの成熟度は相当なものであるが、その間をつなぐ人材があまり活用されていないのは否めない。

これには、従来、大企業の研究開発部門の多くが、新規の製品や事業を開発する場所というよりも、生産効率を求めるプロセス技術の「品揃え」を充実させる場所として優遇されてきたことが作用しているように思われる。ところが現在に至って、彼らのミッションが新しい製品・商品を創り出す「プロダクトイノベーション型」に変化してきたため、研究開発部門への期待は増大した。しかし、一方には従来型のプロセス技術開発に求められるリスク管理も強固に存在しており、新事業に対応した運営を模索しているのが現状であろう。

以下に、大手企業で研究開発を新事業に展開する際の課題をまとめた。

1．短期的な研究開発管理

多くの企業では製品開発において短期のマイルストンを設定しながら、技術を差別化し、競合に勝ち抜くための具体的成果が求められる。予算管理は単年度ごとなので、短期的なリスクチェックが中心となり、複数年に渡る研究開発は、よほど戦略やビジネス・プランが明確でないと難しい。また変化が激しい技術革新のなかにあっては、技術者の教育や訓練、勉強といった機会に充てる時間がなかなか確保できず、人材育成上の課題も生じている。

2. 新規事業のトライアルは自前主義

新規の事業開発は各社とも「事業構造改革」の最優先課題であるが、その尖兵の要員および基盤はいまだに自社内のリソースを活用した横展開が基本となっている。現実には、既存事業の運営が苦しいため、新規事業は、既存のメインストリームではない管理者や技術者の受け皿となる場合も少なくない。経営マネジメント側にとって新規事業の中身（マーケット・技術）は解りにくく、リスク管理だけか、または放任という両極のマネジメントとなる場合も多い。そうしたことから、これまでの新規事業の展開は、担当者と社内人材だけで行われるケースがほとんどであった。そのため、新しい事業や開発初期の極めて重要な時期に、従来型の発想と方法に基づいた展開がなされ、結果的に新規事業の芽をつぶすことになりやすい。

3. 内部会議の多さによる時間浪費と意思決定の遅さ

ビジネスの立ち上げにひとまず成功すると、今度は、開発投資やアライアンスのタイミングなど、数多くの意思決定が必要となってくる。しかし、経営層が従来のリスク回避型のマネジメント体制と意識を持っている限り、新規事業にリスクが少ないことを証明しなければ追加投資が決定されないというような壁と現実的に直面する。このとき実行側は、リスクの小ささが証明されるほどに、開発アイテムとしては市場での競争力が損なわれていくというジレンマに陥る。

4. 社外との協業が難しい

新しくユニークな製品開発ほど、自社には存在しない技術や応用と結び付ける必要が出てくる。このとき、技術力のある小規模会社とアライアンスとしてのパートナー関係を結ぶことが重要となってくるが、大企業側がうまく対応できない場面も多く見られる。これは、大企業の一般的な管理スタイルが縦割り型であるため上下関係、すなわち「下請け」という意識と構造を持っていることによる。このことが、ベンチャー企業との信頼関係を必要とする開発パートナーシップ、アライアンスの構築・維持を結果として阻害する場合が多い。

5. 売上げ至上主義

大企業での新規事業展開は、すでに図表5・1に示したように、まず売上げ規模が考慮されるため、顕在・巨大マーケット重視で進められる。このとき、市場規模が最低でも百億円、場合によっては数百億円の見通しが必要となり、新規のニッチ製品では売上げ規模が不足することになる。一方、すでに存在する巨大マーケットは当然のことながら熾烈な競合状態にあり、そこに正面から参入するのは至難の技である。

大企業の新しい動き：オープン・イノベーションの模索

クローズド・イノベーションの範疇にある日本の大企業においても、新しい試みとしてオープン・イノベーションへの試みが始まっている。これは大企業の新規事業展開、すなわちイノベーションの効率よい展開に対する手法のひとつとして経営システムの一環として取り込まれつつある。

具体的な方法論としては、産学連携やベンチャー企業や中小企業との連携・アライアンスなどが挙げられる。そこでのポイントは、従来の下請け関係ではない、パートナーとしての関係が求められ、そのための知的財産やマネジメント戦略が必要となる。

オープン・イノベーションへの対応としては以下のようなものがある。

1. 開発・製造技術面での内外のベンチャー企業や中小企業とのアライアンス：新規事業に関連して特化した技術の入出・確保

2. マーケティング・営業面での内外の関係会社とのアライアンス：国内、海外で新規にマーケティング・営業体制を構築

3. 個人専門技術者とのアライアンス：フレキシブルな雇用：必要なときに必要な人（機械設計、システム設計、現場立ち上げ、安全関連コンサルタント、アフターサービス要員、業界客先対応コンサルタントなど）とコンサルタント契約を実施

かつての大手企業の場合では、社内規定（信用調査、リスクマネジメントなど）や意思決定システムの複雑さなどから、実際の展開が極めて困難なところであった。それをまさに、生き延びるため、イノベーション・エコシステムの一環として突破しようとしている構図が見えてくる。またその受け皿として、そして経営革新のツールとして、コーポレートベンチャーやホールディング会社のような形を考慮

することの有効性が検討されているが、これらについては後述する。

大企業の新しい対応への動き：コーポレート・ベンチャーの模索

大企業におけるコーポレート・ベンチャーの形態である「社内ベンチャー」と「社外ベンチャー」についいては、単に新規事業創出のひとつの手段として位置づけられたり、リスクマネーの使い方として議論されていることが多い。

一方、日本より二〇年以上先行して技術やイノベーションのマネジメントに取り組んできた米国においては、コーポレート・ベンチャーをスムースに立ち上げることが本体の経営革新の成果という、まさに企業全体のイノベーション・システムのひとつとして捉えるフェーズに入っている。

企業マネジメント側の視点から経営改革や事業構造改革の尖兵としてコーポレート・ベンチャーを見ると、どのような意味があるかということを検討する。新しい事業展開で成功を収めてきた企業は、当初はベンチャー的な精神を持っていても、成長してある程度の規模になってくると「守り」に入ってくる。特に、創業者がいなくなり、創業当時を知らない人々が主流になってきたときに、このような「リスク回避」の姿勢が生じやすい。

また、ある業態において収益を上げた企業がその後、無駄を削ぎ落とすことで、つまり一流企業としての「最適化（効率化）経営」の形が整うほどに、新規事業への挑戦という無駄な側面は減ることになる。これでは企業内のイノベーションは期待できなくなる。イノベーションへと向かうためには、現状からの脱却「革新」が経営マネジメントにおける最大の課題となる。それを以下に示す。

・新事業の創出による新たな収益源の発掘―事業の革新
・安定化、管理化する内部組織や風土への揺さぶり―風土の革新
・変化に対応する本業組織への刺激と対応訓練―組織の活性化
・外部環境への対応への尖兵部隊―外部環境対応、オープン・イノベーション対応
・若手、革新的な従業員への場の提供―起業家精神の養成

企業環境は常に変化している。この変化に対応するなかで、時には組織体を大きく変革していかなければ、取り残されてしまうこともある。これは多くの組織体にまつわる歴史が教えるところでもある。コーポレート・ベンチャーへの挑戦は、単なる新事業の尖兵だけではない。前述のように本体の企業革新、経営革新においても重要な意味を持つものである。それには、コーポレート・ベンチャーが将来、イノベーションを主導する中心的存在となるべく使命を背負っているという経営マネジメントサイドの認識が必要である。

(2) 産学連携とアライアンス

ここではイノベーションをエコシステムとして捉えたとき、重要なツールである産学連携とアライアンスについて、対象を中小企業・ベンチャー企業に絞り、ビジネス上のさまざまなマッチングの方法、

パートナーシップ、利害関係等における判断基準の違いとその克服方法について述べる。

(2)―1　産学連携の重要性と判断基準の相違

産学連携において、その実施の最終目的が合致していれば、比較的簡単にターゲットを共通認識できる。しかし実施目的にずれがあると、マネジメントや方法論にもずれが生じて、その結果、意識や価値観に落差がある関係となってしまう。こうした問題をいかに克服してうまく連携を行うか、ベンチャー企業を主な対象として、その基本的関係の本質と対処方法を述べる。

産学連携の意味と重要性

産学連携に限らず、組織内におけるミッションや基本的立場がずれたままの連携は難しい。うまくいかない理由はいくつも考えられるが、基本的立場が同じはずの産産連携でさえ、簡単ではない。これは、連携を考えるうえでのヒントになる。技術革新の加速化、技術の専門化・複合化などにより、企業においても自前で全ステージに対応することに無理が生じてきたことはすでに述べた通りである。しかしながら、さまざまな内部調製機能を必要とする大組織の企業では、真に組織間で推進される連携の実現は、簡単なことではない。

どこかとアライアンスを組む場合には、必ずといっていいほど双方の文化や考え方の違いを相克する必要が生じる。それには、歴史や経緯といった各々の積み重ねに見られる差を、互いが認め合い、理解し合うところからスタートしなければならない。

例えば大学と企業は、これまでは同一の原理・原則に基づかない空間にあったといえる。そのため産業界と大学の双方とも、当初はそうした違いがあるが故に「連携＝アライアンス」は容易であると考えていた面があった。事実、双方の価値判断の原理は、「企業＝経済」「大学＝知の追求」といった具合にかけ離れており、違いから生じる軋轢も表面に出にくかったのだろう。

ところが、企業と大学が同じ原理・原則の土俵に乗ったとたん、利害関係が生じるようになった。そのため、かえって連携＝アライアンスが難しくなってきているという面もある。これは、企業同士であれば、軋轢が存在しても最終的に経済原理で解決できる部分でもある。

こうした産学連携の難しさを理解したうえでフレキシブルに対応し、うまく大学を利用するのが企業にとっての、または企業をうまく利用するのが大学にとっての産学連携の基本となる。この手法は、外部リソースをうまく使うという意味ではオープン型イノベーションの実施例ということにもなるが、技術リソースの不足しがちな中小企業・ベンチャー企業にとってこのような産学連携は、効率的にイノベーションを実現する重要な方法論のひとつとなる。

産学における Win－Win の意味とマッチング

アライアンスや連携の際に大切なのは、双方が「やってよかった、今後もやろう」と思うことである。いわゆる「Win－Win の関係」である。産学連携を行ってみても、どちらか、または双方が「もう二度とごめんだ」と思うようでは、これは決してWin－Winの関係とはいえない。また、相方が自分のWinにこだわりすぎると、やはり問題となる。Win－Winが難しいといっている人たちは、それがリスクも共有する関係であるということも認識すべきだろう。

一方では、ミッションの達成によってもたらされるWinの内容を、産学それぞれにおいて明確化しておく必要もある。例えば、産業界のWinは顧客へ提供する商品の開発と売上げ・利益増大などにつながり、大学のWinは教育・研究の成果につながり、官のWinは国・地域・県・市などの産業振興につながる。産学連携においては、こうした出口を目指しながら、各種のマッチングを模索し、展開することになる。

空間軸、領域面でのマッチング

新技術の成果を事業化するときに、関連する技術をすべて自前でこなす会社、すなわち「クローズド・イノベーション型」の企業こそが一流の会社とされてきた時代があった。しかし現在では、業種によらず新製品・新事業を成功させている優良会社を見ると、得意な事業分野を絞り込み、かつ多くの開発テーマを持ちつつアライアンスを継続的に展開し、事業化、産業化ステージにつなげて収益を上げていくのが主流となってきた。

このとき、革新的な分野であればあるほど、大企業にとって技術シーズやマーケットが不足したり、未知の分野と遭遇したりする。大学等との連携の基本は、そうした欠落空間を補うことにある。つまり、適切なマッチングを得ることによって全体の開発スピードも上がり、その場合には、ベンチャーは得意な分野やステージにますます特化できるようになる。

ここで、大企業の視点からアライアンス構築の際に用いられる相互の関係を三つのパターンに分類する。産学、特にアライアンスを探す・組む場合に「どこと・どのように行うか・あるいは行わないか」という空間的なマッチングの考え方を示したものである。

《パターン⑴補完・充足の関係》

すでに製品に近いモデルがあるが、あと一歩差別化されていない場合の補完的アライアンスを示している。例えば企業側が「ほぼできあがっているが、わずかに欠けている」部分を補おうとするもので、大学等における萌芽的な技術の導入やライセンス獲得などがこれに対応する。大企業が産学連携やベンチャー企業との連携を通じて、そうした一部の技術を使う場合もこのパターンとなる。

《パターン⑵共同展開の関係》

自社の基盤技術の強みを認識し、弱みとなる技術部分をアライアンス先から入手することで、相乗的に全体として強くなろうというパターンである。この場合には、学側も研究だけでなく、開発・事業化といったある程度踏み込んだ共同開発が必要となる。大企業とベンチャー企業との開発連携等もこの典型的な例となる。

《パターン⑶新規展開の関係》

いわゆる落下傘型ビジネスを新しく展開するパターンである。企業にとって自社内の原資は限られているといえども、大学などが持つ技術シーズそのものの差別化が著しい場合や、経営マネジメントレベルの強い思い入れがある場合には、新事業の実現には時間がかかるが、外部から革新的な技術シーズを導入することで新しい可能性が生まれる。

このような連携が「イノベーションのエコシステム」を駆動していると関連づけて考えていくとわかりやすい。アライアンスは「マーケットニーズ」という必要性からおのずと模索されるものであるが、従来事業が陳腐化していく過程では、新事業開発そのものが目的になる場合もある。新技術に主導されたベンチャー起業などもこのケースに当てはまり、そうした場合はパターン(3)のケースとなる。

時間軸、速度のマッチング

ベンチャー企業におけるアライアンス・連携の「成功」とは何か。それは、製品開発が迅速に進むことでマーケットが見えてくることである。このときベンチャー企業側が大学に期待することは「優秀で再現性のある技術シーズの提供」であるが、そのほかに「開発ステージでの連携」すなわち顧客に提示する評価サンプルの試作段階での連携も重要となってくる。

一般には、開発スピードが顧客への付加価値を決定づけることになる。したがって、産学間の協力関係がその開発ステージにうまく作用すれば、産学連携は事業化ステージへの近道となり、より大きな成果に結びつく可能性が高くなる。

産学官連携における思考方法の相違

産学官連携の現場においては、相互の理解は進んでも、それでも随所に違和感を覚えることが多い。これは、産学官における論理、思考形態、判断基準といったものが異なることによるところも大きい。まずは、産学官それぞれの立場と思考法、判断基準を検討する。

・産の思考と判断基準：「適否」の判断が主体であり、たとえ流動する不確定な状況にあっても、経済原理に基づいた最適な判断が求められる。そうしたときの「最適」には前例がない場合も多く、あくまで自分で判断することが必要となる。実は、ベンチャー企業という組織形態は、環境変化への適応を最大まで可能にした組織体ということもできる。加えて、CSR（企業倫理）に基づく社会的責任（雇用）の問題も、適否の判断のひとつに含まれる。

・学の思考と判断基準：「正否」の判断が主体であり、科学・技術の世界において、正しいか正しくないか、理論的か、または現象的に正しいか、実証できるかなどが重要なポイントになる。一方では、利益相反、責務相反など、税金を使用しているが故の課題と論理構造も併せ持つ。

・官の思考と判断基準：「当否」の判断が主体であり、当然ながら法務、法律関係条文に照らし合わせての判断が下される。また、管理（administration）として、過去の蓄積、事例の集積に基づいた前例主義による判断も重要となる。一方、そうした公正さと併せて、学・産のスムースな連携を推進するリーダーシップも期待される

以上、技術（科学）＋経営（事業）＋管理（法律）というように、発想と判断基準が異なる分野を融

合させることも、「産学官連携」のひとつの側面といえる。もちろん、各々の思考方法が異なるのは当然のことである。しかし、目標を明確にすることで、思考形態の共通化を図ることは可能になる。例えば、連携の目的がベンチャー企業の事業化の場合には、最後は産側の判断基準が優先され、「適否」の判断となる。このとき共通の目標を達成できるのは、「正否」の判断でも、「当否」の判断でもない。

(2)—2　日本の大学発ベンチャー企業の課題

イノベーション・エコシステムにおける大学発ベンチャー企業の役割についてはすでに第1章(2)で述べてきた。ここでは、現場から特徴的な三社のケースを取り上げ、発展途上であるが、イノベーション・エコシステムの実現に向けた課題と対応策を検討していく。

大学発ベンチャー企業の共通の課題とその原因

多くの大学発ベンチャー企業に共通していえることは、ベンチャー支援に向けられた各種制度の活用により、以下のような起業時の立ち上げメリットを受領していることである。

・早期かつスムースなベンチャーの設立と公的な補助金獲得
・大学技術のスムースな移転と大学のバックアップ
・インキュベーション施設の活用などの自治体の支援

ここで取り上げる三つの大学発ベンチャー企業は、上記のメリットを充分受けているが、創業三—五年の時点で、資金不足による経営危機「死の谷」に直面していた。単純に資金が獲得できないというよりも、むしろベンチャー企業内部の経営マネジメントに課題があり、予定より多い資金の流失と予想外に低い売上げにより資金不足を起こしていた。

以下、対象とした三社に共通して見られる課題とその原因について挙げていく。

1. 起業家精神、コミュニケーション力の不足

・各種助成金に頼る体質となり、経営者、従業員双方の起業家精神が欠如

・大学教官の関与の仕方が曖昧なためポジションが迷走し人間関係が悪化

2. 技術の不確定性、性能不足

・大学のデータ不足による不確定さの発生（ビジネス上の技術シーズとして不足）

・マーケットの製品ターゲット拡散により手を広げ、全体の技術ポテンシャルが低下

3. 資金計画の欠如、売上げ不足

・顧客のターゲット絞り込みが不足していたため、売上げにならない多様な仕事が急増

・サンプルだけの出荷（小額売り上げ）に留まり、縮小均衡型の悪循環に陥る

・開発から事業化ステージでの必要資金が多額となり、その費用が集まりにくくなる

4. マネジメント力の不足

・ビジネス・プランの欠如（技術シーズ展開のプランだけで見直すこともない）

・顧客のビジネス上の時間軸に対する認識不足

・株主や役員間のビジネスに対する認識（事業目的やビジネスの方向性）の不一致

5．その他

・知的財産の集約化が図られず、各種契約やアライアンス獲得に遅れを出す

・サンプルの評価は良くとも、実績不足のため、本格販売まで到達できない

・実績づくりと技術の証明・確立のためにベンチャー企業としては過大な設備投資を必要とした

大学発ベンチャー企業における対応策の参考事例

開発から事業化へと向かう途中、いわゆる「死の谷」に直面した三社に対し、「死の谷」から抜け出すための対策（特徴的な項目と改善点）を示す。

1．X社（プロセス装置関係ベンチャー）：自前展開型からの脱皮

・連携型ビジネス・モデルの確立：すべて自前で行うというビジネス・モデルから脱却、既存企業と連携することで、装置の開発速度の確保、販売品のメンテナンス体制などの役割分担を明確化。

・社長の交代：兼任の団体役員ＯＢから、情熱ある若手（ビジネス指向かつ専念できる）専任の人材に変更

・知的財産の集約化、整備：これまで、教官が個人所有する知的財産の会社への正式譲渡、各種共同出願特許のベンチャー企業への集約化などを実施

・資本政策の見直し、補充、返済：資本政策の再作成、株主の集約、連携企業への出資要請、各種ＶＣ

からの出資等を実施

2. Y社（ナノテク材料関係ベンチャー）：夢追い研究型からの脱皮

・研究業務内容の仕分け：基礎研究や時間のかかる研究は大学や公的研究機関、大企業との連携研究へ

ベンチャー企業として行う範囲を開発と事業化に特化

・補助金体質の排除：価値あるものは顧客に何でも売ることにして、全員でマーケティングを実施（補助金が入っていたことで顧客対応が切実でなかった面や企業家精神を改善）

・実現可能なビジネス・モデルの確立：事業内容の整理と時間軸での分配・振り分けにより事業可能性の再評価を実施

3. Z社（環境・エネルギー部材関係ベンチャー）：サンプル出荷型からの脱皮

・ビジネス・モデルの再確立：サンプル以外の製品の装置・プロセスも含めて売れるものは何でも売っていく体制とビジネス・プランを作成

・社長の専任化を行い、補助金受託体質に起因する社内の大企業病を退治

・マーケティング主体の会社に変身：社長の率先垂範による行動と、営業実績のある人材の確保

・知的財産の集約化、整備：教官の個人所有特許や別会社所有特許、共願特許など、これまでバラバラだった知的財産を集約、アライアンスを確保

まとめ

先端性、汎用性、共に優れる素晴らしい技術があるから、ベンチャーを起業したらすぐビジネスになる、そんな考えを、かつては産・学・官で共通して持っていたことは否めない。いまでこそ、「技術さえあれば」という勘違いは減ってきているが、まだ安易な起業も存在する。片手間での経営は難しいことや、ビジネスには実績・信頼の積み重ねが必要であることの再認識が求められる。

一方、ベンチャー企業を起業する環境条件として日本の優れる点は、政府主導ですでに各種制度の環境整備がなされており、これを活用することで、スムーズなベンチャー企業の設立と展開や知名度の向上、大学や自治体の支援とデータの利用、インキュベーション施設の活用など、さまざまなメリットが得られるところである。まずはベンチャー企業自体による自助努力（自立・自律）が求められるが、それを行ってきている企業に対しては、顧客の獲得や製品の商品化といった不確定さを担保するインフラ整備として適切な施策さえあれば成功する環境は整いつつある。

この検討事例では大学発ベンチャー企業の現実と課題を示した。なかには順調なところもあるだろうが、全体をみると日本においては、イノベーション・エコシステムの一員としての動きはまだ始まったばかりである。

(3) 技術移転と知的財産マネジメント

事業戦略、技術戦略に加えて、最近は「知的財産戦略」という言葉も多く聞かれるようになったが、アライアンスを組んでいくうえで特に重要となるのが、この知的財産である。知的財産には、特許だけでなく、商標や意匠、ノウハウなども含まれており、商品の保護をマーケット側までカバーするものとなってきている。ここでは、イノベーション・エコシステムを「回す」一つのメカニズムである技術移転と、それを支える知的財産マネジメントに関して、日本の中小企業・ベンチャー企業を対象にその意味を検討する。

(3)―1　知的財産の重要性と中小企業・ベンチャー企業

知的財産には「創造・保護・活用」という三つの要素が存在する。中小企業・ベンチャー企業が、大企業の豊富な人材と資金力に対抗するためには、究極的には知的財産（契約の法務を含む）戦略しかないといっていいくらい、慎重な対処が必要となってくる。同時に、大企業などの相手企業とWin－Winのパートナーシップ関係を築くうえでも、知的財産戦略は必須のものとなってくる。

知的財産の重要性とパートナーシップの確立のための戦略

中小企業においては、大企業が行っているような攻めと守りの双方からの大がかりな知的財産戦略はできないし、また、よほどの場合でなければ必要とされない。しかし独自に開発してきた製品の試作品ができたときや、新しい事業化展開に収益性が見えてきたとき、連携やアライアンスを考慮するときには、当然ながらその付加価値部分の特許化や意匠・商標登録を行うことが望まれる。これを怠ると、マーケットができた段階で、大手を含む競合先にマーケットを奪われるということになりかねない。

大企業の特性として、中小企業の商品が知的財産で保護されていないと、マーケットが拡大した段階で類似商品を大規模に展開したり、当初開発試作を行った中小企業を下請けとして取り込んだりといった戦略にしばしば打って出る。特に、自社開発品によるビジネス・モデルを持っていない下請け型の中小企業においては要注意となる。

中小企業の新規事業展開は第二創業の意味合いを持つものが少なくない。そのため、大企業で実施されるような複数の新事業提案と実施とは大きく異なって、企業生命を賭して勝負に出るようなものも多い。最近では、こうした知的財産戦略構築に関連して、中小企業庁をはじめとする国レベルの支援事業が活発に展開されている(1)ので、これらを上手に利用することも重要であろう。

中小企業の知的財産に関する選択と集中

企業規模ごとに重視すべき事業化ステージを分類し、中小企業に適した知財マネジメントの特徴を検討する。大企業・中堅企業の場合、自ら発掘・開発した技術シーズや製品については、これを保護する機能が社内にビルトインされている。しかしながら、一般的な中小企業にはそのような人的余力はあまりなく、得意のステージや商品に注力することが彼らの生きる道となる。例えば、開発型の中小企業における選択と集中では、開発や事業化ステージでニッチのマーケット部分に集中することになる。

中小企業・ベンチャー企業として開発型を志向するのなら、その知的財産マネジメントは、自社のビジネス・モデルにおける顧客との関係を明確にしたうえで、知的財産の位置づけを明確にすることが大切となる。特に中小企業・ベンチャー企業は知的財産関係者および資金のリソースが限定されているため、大企業のような全面的マネジメントではなく、当初は選択と集中による知的財産マネジメントが必要となる。

中小企業における知的財産の役割の再考

事業展開のなかで、知的財産の主な役割を整理すると下記の三種類になる。

1．ビジネス上の参入障壁

知的財産権に含まれる独占・排他権を利用して、他社が追いつけないよう時間稼ぎのために使う。これらを戦略的に拡大していくと「デファクト戦略」ということになるが、通常はどのような技術でも代替や競合の方法が出てくるので、中小企業の場合は、あくまでも競合相手に対して時間を稼いだり、その意欲を削いだりすることを考えるのが現実的である。

2．アライアンスのためのツール

企業、団体といった法人組織と連携するときは、知的財産をベースとした契約が必要である。逆に知的財産が存在しないと、単なる売買契約になったり、または下請け契約になってしまい、付加価値はほとんど相手の大きな企業組織のものになってしまう。

知的財産をベースに、そのライセンスを事業戦略の中心に据える中小企業・ベンチャー企業の場合は、知的財産獲得と他社とのすみわけ、連携というような知的財産戦略が事業戦略そのものになってくるといってもよい。

3．技術・マーケット情報の抽出

パテントマップなどの情報整理ソフトを用いると、自社はもちろん、業界全体や競合相手の技術や事業戦略について知ることができる。もちろん、各社の特許が公開されるのは、出願後一年半が経過してからなので若干古い情報ではあるが、未来を示す情報であるともいえ、使い方によっては事業戦略を描くうえで大変有益な情報となる。

また上記以外にも、知的財産の獲得は、企業価値を算定する基準としても使える。このように、知的財産はさまざまな利用価値があるので、その獲得戦略および利用戦略を考慮しておくことは重要である。

(3)―2　技術の移転

企業におけるビジネスの成功とは、所有する原資や仕入れ商品の付加価値を高め、これを回転させて利益を上げることにある。そうした観点で見ると、技術移転を行う際には、「技術や製品が優れるもの」よりも、「顧客が欲しがるもの」に対する目利きが必要となってくる。

《技術移転先の選択(1)同業系の企業》

自社の商品である知的財産（特許）と関係する分野でビジネスを展開している企業は、顧客というよりも、むしろ同業・競合といえる。相手がよほど技術的に困っているか、実績ある技術補充の必要に迫られている場合には、技術移転が成立することもあるが、一般に技術だけの移転はそう簡単なものではないので、同業者同士の場合は、その難かしさがわかっているだけにさらに難しいといえる。

《技術移転先の選択⑵異業種の企業》

これから新しく事業化を展開しようとしているような異業種の企業の場合には、新技術に関する知的財産も比較的売りやすい。特に、技術内容だけでなく、そこに事業上のポテンシャルに関連した複数の特許が含まれていて、かつ企業が狙う新しい分野と重なっているような場合、共同開発から事業化へと至る技術移転が実現する可能性は高い。

《移転する知的財産の価格の設定⑶本当の顧客とサンプルの必要性》

ある事業分野で企業が生き残っているとすれば、その分野に関連する研究は、すでに実施されているかサーベイが済んでいる。彼らは、特許には興味があってもその難しさを知っているが故に、データだけ提示されても飛びつくことは少ない。しかし、サンプルやプロトタイプまでできていれば、これらの会社は技術移転を真剣に検討しようと乗り出してくる。

以上のポイントをまとめると相手企業が考える「特許の価値」は、技術そのものの可能性に関する価値はなく、あくまでも事業において発揮される価値である。このあたりに発明者との意識の差が生じているのは否めない。発明者というのは自分の発明の価値を大きく捉えがちである。特に「シーズ型の発明」の場合、自身が思い描く可能性は現実味を失い、夢でも見ているような価格になってしまう傾向にある。

ＴＬＯの役割と活用：大学からの技術移転のプロセス

技術移転によって付加価値をつけるのが大学におけるＴＬＯの主な役割で、これもイノベーション・エコシステムを回転させる大切な手段のひとつである。なぜなら、大学と企業とでは「研究」と「開発」にギャップがあり、この中間領域の障壁（＝魔の川）を越えるためには、どうしても共同で作業を進める必要がある。

大学側は、研究データだけでなく、試作品やプロトタイプまで進めることを視野に入れる場合、中小企業・ベンチャー企業は「試作品開発」を目的とするアライアンス先となることも多い。一方では、中小企業・ベンチャー企業では息の長い共同研究は困難なため、提携の内容に対する相互理解も必要である。

参考までに、現実に見られるＴＬＯを介した大学から企業側への技術移転のステップを示していく。もちろん企業と大学の間には教員との長い付き合いを優先させた「お付き合い技術移転」というのもあるので、そちらについてはこの限りではない。

・特許の出願はＴＬＯにとっては商品の仕入れと同じである。したがってその商品（特許）に関連した研究内容の公開が必要となる（研究内容に関するクローズドな情報連絡も含む）。開示または非開示特許に関する企業側からの興味の調査（共同研究か共同開発か、企業へのライセンシングか）は重要な判断基準となる。

・最適な研究・開発体制の調整とライセンシング範囲を想定する。共同研究・開発の内容を詰めると同時に、企業の開発ターゲットに合わせたライセンシング範囲を決める。基本的な特許の場合、これが行われないと企業のキャパシティに依存することとなり、技術、特許の用途に関する可能性が逆に制約される場合も多い。

・ライセンシングについていは、一時金を除き、基本的には、事業としての売上げが上がってからロイヤリティが発生する。もちろん共同研究期間の実費、人件費などの費用は別途とする。共同研究期間中、出願の持分は変化するが、大学は基本的にこれを実施しないので企業側の出願でも構わないが、極力共願にしないことも大きなポイントとなる。ライセンシングの一時金は、費用、権利範囲の広さ、独占度などを総合して決めるが、期待利益はランニングロイヤリテイで支払うこととする。開発ベンチャー企業などライセンシングフィーによる事業なので、一時金については、期待利益を価値として、技術・事業性を評価するのが現実的である。

技術移転に係る費用負担は、明示化されたライセンス契約を基準とし、成果については実際の売上げにリンクすることを原則とする。このように知的財産を前向きに考えることで、技術価値を価格へ転換する際の考え方が明確になる。

知的財産の価値評価

世のなかには、世界をひっくり返してもおかしくない「超革新的」な基礎技術もあるが、短期的なビジネス上の価値（＝価格）としては、それほど高くないかもしれない。あまりにも先端・先鋭的な技術は、現実からかけ離れているので、このような知的財産には別の視点からの価値評価が必要であろう。歴史が評価してくれると捉えたほうがよい。

一般論となるが、知的財産の価値評価は、事業の時間軸（製品や商品の開発・事業化を促進し、さらに展開させるサイクル）によって大きく変わってくるのが本質である。その価値増大のイメージを示したのが**図表5・3**[2]である。この図の一部にも示してあるが、事業ステージが進展するに従って価値がなくなっていく知的財産（特許）が存在することにも注意が必要である。

ベンチャー企業にとって知的財産は、資金獲得における大切な一手法であるが、その価値は、シードやアーリー・ステージ、さらにエクスパンションへと事業化ステージが進むに従って単純に上がるのではなくて、価値に対する不確実さが減少すると捉えたほうがよい。そうした変化のなかで価値のポテンシャルを保つことができた知的財産こそが、事業化展開におけるコア財産の一部として重要になってくる。

知的財産は将来への投資であるが、その中身は「技術の事業

図表5.3　知的財産価値の論点整理

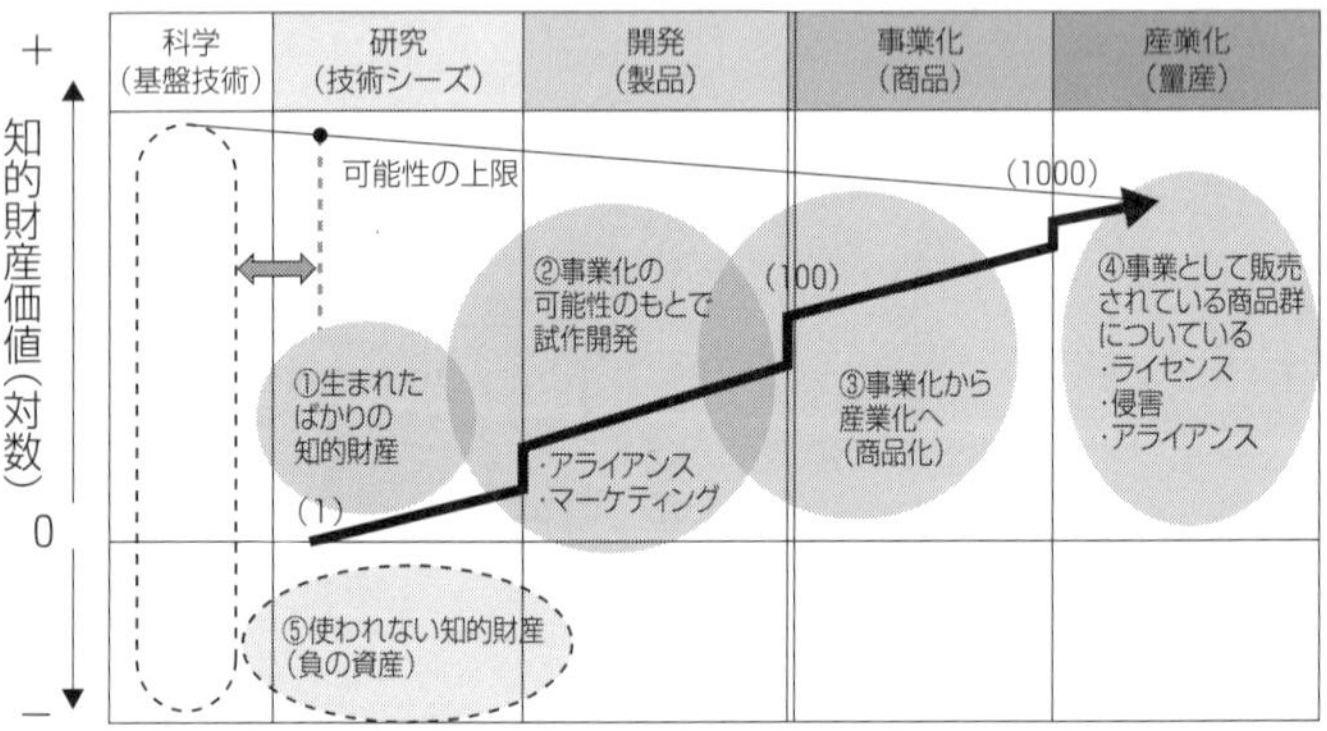

化を想定し、これを財産として表す」ツールでもある。

(4) 日本のベンチャー企業と資金

日本においてもイノベーションのプロセスでベンチャー企業が果たす役割は決して小さくないが、すでに第3章でシリコンバレーにおける情況は説明したが、ベンチャー企業の潤滑油たる「資金」について併せて検討が加えられた例は少ない。そこで、ここでは、イノベーション・エコシステムを支える資金について述べ、日本のベンチャー・キャピタルや補助金を活用するうえでの課題等についてもまとめる。

(4)―1 資金調達と補助金

事業を始めるには多くの資金が必要である。しかし、その獲得とマネジメントを注意深く行わないと、初期に資金をたくさん集めても結局は無駄使いに終わり、事業の展開に支障が生じることも多い。本項では、ベンチャー企業をベースに、日本における資金獲得のあり方や考え方について検討する。

ベンチャー企業の資金調達

ベンチャー企業における資金調達にはさまざまな方法がある。図5・4[3]に、これらの全体像をイメージとして図式化した。

初期における資金調達先は一般的に、本人や友人、親戚縁者がまずあって、そのあとに投資、融資、商社金融などが続く。投資家については、エンジェルから始まり、政府系、銀行・証券系、商社系、メーカー系のＶＣファンドなどある。これらは日本や米国にも共通に見られる。これらをどう使い分けるかは、出口戦略を想定したうえでその組み合わせ方を錬る必要がある。

最近では、「ベンチャー企業の資金といえばベンチャー・キャピタル（ＶＣ）」という図式が、一般的なイメージとしても浸透している[4]。この図式は、開発ステージから事業化ステージに移行する段階、つまりベンチャー企業のなかでも新技術の革新度が高く、サンプルの試作も済んでおり、一部実需として販売が始まる段階では成り立つことが多い。この場合には比較的短期間で投資が回収され、ＩＰＯ（株式の市場公開）の成功も近いといえる。

しかし、日本における大多数の大学発ベンチャー企業、国公立研究所発ベンチャー企業などは事業化を目指した発展途上に

図表5.4　新規事業における資金調達と出口例

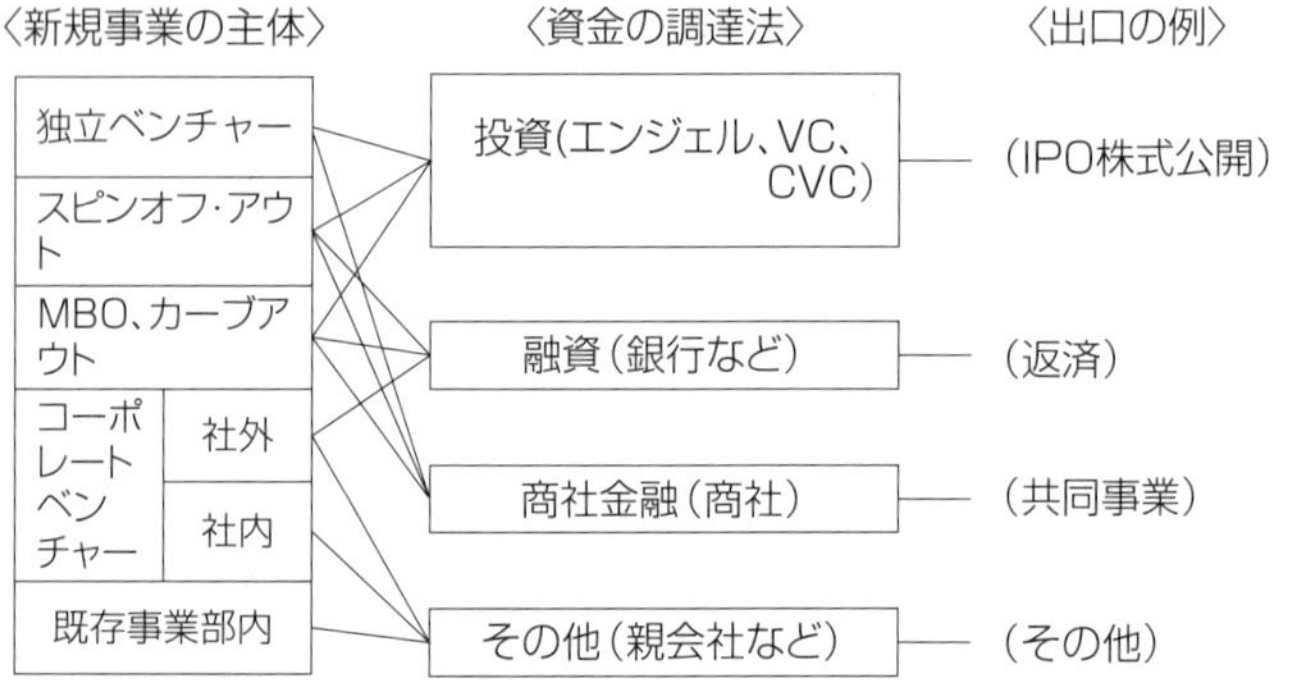

あることが多く、ベンチャー企業を立ち上げたものの、まだ研究ステージにあるというケースも多い。また、開発ステージにいる場合でも、顧客や商品化に関係する本当の意味での事業化の見通しが得られていない場合もある。

もちろん、VCにはそうしたスタートアップ時の「初期ステージ」にこそ投資が期待されるが、日本の場合は、投資家自身もベンチャーというよりは大銀行系サラリーマンの場合が多く、一般に保守的になりがちである。また、研究や開発のステージを事業化段階と勘違いして、短期の回収を重視した投資が行われるようになると、見込み違いが発生する。

このように、ベンチャー企業に対する投資については、米国のVCが行なっているような、技術と事業化の両方の中身と進捗ステージを十分に考慮した、「どのような体制で、どのような資金の獲得が最適か」という検討が必須となることはいうまでもない。

早すぎた投資によるマネジメント体制の危機

VC側は、投資回収の計画上、どのようなベンチャー企業であっても事業化の見通しが利かないと投資しにくい。そのため、IPOに向けた体制を早目に期待してくることは否めない事実である。この点について、ベンチャー企業の体制の管理という意味を込めて注意事項に触れておく。

いくつかの大学発ベンチャー企業では、会社の運営や資金管理をVCからいわれるままに行ったところ、まだ研究段階であるにもかかわらず、技術者よりも管理や営業の人材のほうが多くなってしまったという例が聞かれる。なかには、費用的に技術者の給料よりも、そちらの関係者への支払いが増えているという笑うに笑えない例も散見される。帰するところ、VCからの資本金投資というのは、IPOを目指して行われるものなのである。そのためVCは、ベンチャー企業のマネジメント体制として、特にIPO前後はベンチャー企業としてではなく、普通の企業における体制（つまり官僚的な管理体制）を求めることになる。

ベンチャー企業の社長がそうした認識を十分に持っているのであれば問題は少ないが、経験に基づかない杓子定規的なマネジメントにおいては間違いが起こりやすく、注意が必要である。

まとめると、IPOを目標とするベンチャーの場合、将来の会社の形を整えるという認識でIPO後の体制づくりを進めるのはよいが、それでもベンチャー企業としてのマネジメントの基本は、各ステージで、行なうべきことをきちんと進めることにある。このとき、IPOを行うことばかりに集中して体制づくりを進めると、いつしかそれが新規事業を阻害しかねない「管理体制」へと変質し、ベンチャー企業そのものが機能しないという状態に陥ってしまう。

補助金とベンチャー企業について

ベンチャー企業におけるマネジメント上の危機は、補助金の授受でも起こりうる。一般に、公的資金を受ける研究開発については、公正性、透明性が求められるため、しっかりとした管理体制下で補助金を受け取ることが要求される。

このため、補助金の利用は、イノベーションという「不確実性」を伴うようなビジネスを指向する研究・開発ステージにはあまり向いておらず、実際に不適である場合も多い。

ベンチャー企業を立ち上げるに際して、補助金は、使い方によって毒にも薬にもなるといえる。補助金を受け取ることが決まったベンチャー企業は、実態として数名の研究者によって運営されていても、補助金の管理者や管理補佐役といった人員を多く配し、しっかり管理しなければならなくなり、官僚化が引き起こされる可能性もなくはない。

こうした現実によって企業のベンチャーマインドが破壊され、まさに「規模は小さいが中身は大企業病」という最悪の事態へと進展することもある。これらの注意ポイントをまとめたのが、**図5・5**[5]となる。

ベンチャー企業の立ち上げ、特に大学発、国立研究所発の場合、外部資金の導入として、補助金や助成金といった資金調達スキームがある。しかしこのとき、「資金を出す側」はさることながら、少なくとも「資金を受け入れる側」は

図表5.5　ベンチャー運営上の最大の注意ポイント
（補助金とＶＣからの投資の例）

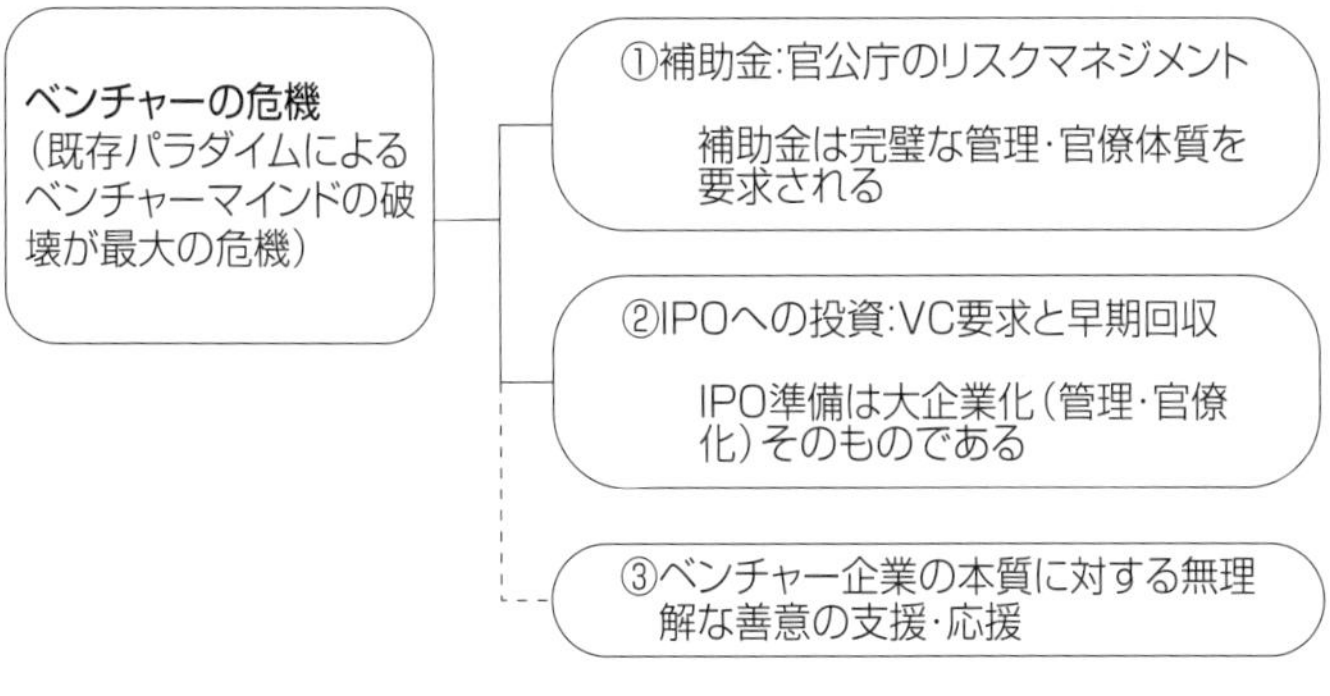
ベンチャーの危機
(既存パラダイムによるベンチャーマインドの破壊が最大の危機)
①補助金:官公庁のリスクマネジメント
補助金は完璧な管理･官僚体質を要求される
②IPOへの投資:VC要求と早期回収
IPO準備は大企業化(管理･官僚化)そのものである
③ベンチャー企業の本質に対する無理解な善意の支援･応援

ベンチャー企業のマネジメント体制というものをきちんと理解しておく必要がある。そうした理解が不足していると、補助金や助成金を受け入れなかったほうがベンチャー企業としてはよかったということにもなりうるので注意が必要である。

(4)—2　資本政策の重要性と創業者とVCの立場

資本政策は、ベンチャー企業のビジネス・プラン（BP）を企画する際に考慮すべき重要事項のひとつである。それは、資金の調達と成功の配分における資本政策上のメリット、デメリットを明確にすることから始まる。

資本政策というのは、創業者と投資家の間における時系列的なリスクとインセンティブのバランスの範疇で決められるため、やり直しがきかないという意味でも双方にとってたいへん重要なポイントになってくる。VCなどから提示される資本政策の案は、VC側に有利な内容となっている場合が多いので、ここでは創業者、技術者として最低限事前に知っておくべき事柄についてまとめてみた。

ベンチャー企業の創設には、一般に、発明者と創業者、そして投資家の三者が存在する。こうした、創業期の不確定な時期に貢献したすべての人々の努力に報いる有力な方法のひとつが、ストックオプションを含めた資本政策である。

通常、事業の立ち上げは前述したようにいくつかの段階を経て進み、ステージが進むことで資金需要も急増する。そのため、通常のスタートアップでは当初予定した額では資金が足りなくなる場合がほとんどで、一般には、増資によってさらに資金を集めることとなる。このとき、投資する側にとっては、これまで説明してきたように、事業ステージが進捗してから資本を出すほうが安全となる。

資本主義の世の中では、もしそのままの株価で多額の投資を受け続けると、創業者側の持ち株比率は大幅に希釈され、将来得られる利益のほとんどが投資家に吸収されてしまうことになる。したがって、いかに先行者としてのリスクをカバーし、かつ資金をうまく集めていくか、これが資本政策の方法論として浮上してくる。つまり、設定株価の適正な引き上げと、後述するストックオプションの付与という手法が用いられることになる。

ベンチャー・キャピタル（VC）と創業者の立場

ＶＣ資金というのは基本的に、事業計画に対する投資（担保は不要が原則）である。このことの意味を考えてみると、個々の案件であまり大きなリスクは犯せないことになる。このため通常の投資金額は数千万円—数億円となり、その目的も投資先企業の株式公開（ＩＰＯ）、または企業そのものを他社に売却する際に伴う保有株式の売却によるキャピタルゲインに据えられることになる。

ＶＣとは、投資することでベンチャー企業の成長速度を加速させ、企業としての経営権の把握と成功報酬の設計（資本政策）を行う。そして、事業の進捗に応じて、株式の価値向上（Value up）を狙う。また、通常のＶＣはストックオプションは持たない。

ＶＣの立場についてもう少し述べる。ＶＣのファンドは五—七年で結果を出す必要がある。このようなファンドは基本的に手数料を歩合で得られるので安定しているともいえるが、それでも利益を回収していかないと最終的にはビジネスとして成立しない。

仮に、投資した案件一〇件のうち一件しか成功しない（アーリー・ステージ投資）とするなら、株価の最終倍率は一〇倍では不足し、一〇数倍以上ではじめてビジネスになることになる。逆に、成功確率が比較的高い事業の立ち上がり後期（レイター・ステージ）への投資ならば、その倍率は少なくてよい。例として、一〇件のうち三件成功するなら、最終の株価倍率は四－五倍程度でよいことになる。要するに、投資リスクをできるだけ小さく抑え、最終的な儲けをできるだけ大きくしたいというのがＶＣの立場である。

一方、創業者の立場としては、自分の出資金を抑えながら、せめて開発完了までは意思決定の主導権を出資者に渡したくないという思いがある。そのため創業者は、出資者を分散させることで自身の主導権を確保する行動に出る。しかし、すでに述べたように、日本では初期ステージでＶＣ（特に銀行系、証券系）から大きな投資を受けるのは難しい。短期間での返済見通しがあれば借金（融資）も選択肢としてあり得るが、これは事業が失敗に終わった場合のリスクとなるのでできるだけ避けたい。さらに経営上のことに触れると、資金がなければ当然のことながら従業員の給料を抑えざるを得ないが、モチベーションを上げるためにも報酬はできるだけ多く支払いたい。

一方ＶＣは、前述の通り、ベンチャー企業の起業時に投資をして、その企業の株価が向上したときに、公開株式の売却利益から持分の投資金を回収するのが基本的な手法となる。ＶＣは投資ファンドをもとに、そこからの手数料で人件費ほかの経費を稼ぐと共に、最終的に五―七年で回収、配当を行う必要がある。そうなると、投資金の回収を五年で計画しているファンドの場合、ＶＣが投資するベンチャー企業の出口戦略としては五年後のＩＰＯまたはＭ＆Ａ（売却）を目標とすることが求められる。すなわち、時間的に期待されるＩＰＯの準備期間としては三―五年というのが通常のタイムスケジュールとなる。これがベンチャー企業にとっても許された立ち上げ時間となる。

株式とストックオプション

資本政策を理解するには、上述したベンチャー・キャピタル（ＶＣ）の役割等への理解に加え、資本金と融資、株式の概念の基礎知識が必要となる[6]。

資本金は、実質的に、ベンチャー企業にとっては、会社設立の必要経費をまかなう性質のものであるので、その資金の範囲内で事業を立ち上げるのが理想的である。しかしながら、事業を大きく立ち上げようと思うほど、一般に初期投資は大きくなる傾向にあり、そのための費金をどこからか調達する必要が生じてくる。

また、新事業の開始直後と、ある程度時間が経過して実績が伴ってきたときとでは、企業価値が異なってくるのは当然であり、それを適正に株価に反映させていくことになる。要するに、新規事業のようなリスクと不確定性の高い事業の場合には、同じ株式でも、あとで投資する人ほど、その株価は高めに設定されていく。そして最終的にＩＰＯ時に、初期の資金調達時に投資した人のリスクテイクに対して成功報酬として報いる、というのがベンチャー企業の資本政策の基本的な考え方である。

ストックオプションとは、会社のストック（株式）をあらかじめ決められた価格で、一定期間内の時期に購入できる権利であり、商法上は「新株予約権」と呼ばれている。これは特に、ＩＰＯに至った後、あらかじめ決められた株価と市場価格との差額が大きいほど、多くのキャピタルゲインが得られることになる。

ストックオプションを利用することは、資金が不足するベンチャー企業にとって、役員、従業員、関係者に成功報酬を付加して努力を促すためのひとつの手法となる。すなわち、ストックオプションというのは、役員、従業員、提携先といったベンチャー企業の発展に貢献する人たちに対して、当面の現金支出を抑えながら報いることができるほぼ唯一の方法ということになる。

もちろん一方にはデメリットもある。もし大量にストックオプションを付与しすぎると、権利行使によって発行済み株式の総額が増加し、結果として公開後の株価下落圧力として作用する可能性がある。また株価の低迷が続くと権利行使ができないため、従業員のインセンティブとならない恐れも出てくる。実際にストックオプションを付与するためは、あらかじめ株主総会での決議が必要であり、何より株価評価値が低い段階でないと意味がないので、創業者の立場としてはなるべく早く、ＶＣに投資を受ける前に、付与を済ませておくことが重要となってくる。また、ＶＣとしては、ストックオプションの付与は出資株式の価値の希薄化につながるため、出資後の権利付与にはかなり消極的となるのが一般的である。

まとめ

資金調達の方法ついてさらに述べると、ものづくり系のベンチャー企業では、ＶＣだけでなく、製造業系のコーポレート・ベンチャー・キャピタル（ＣＶＣ）や商社からの投資（ファンドの期限付きではない）といった長期レンジの投資を受ける形もある。

例えば製造業系のコーポレート・ベンチャー・キャピタルは、比較的足の長い展開を待ってくれたり、そのベンチャー企業に不足するインフラ技術を提供したりすることもある。商社からの投資については、開発完了時にできた製品を各種マーケットに向けて提供してくれたり、さらには開発段階でのマーケティングにより、いち早くビジネスを立ち上げるための心強い味方となる場合も多い。

しかしながら、いずれの場合も、特定のメーカーや商社と密着することから生じる「選択余地の低減」というデメリットも出てくる。

ＶＣほかの投資家からの資金調達の仕組みは複雑であり、立場に応じて利害も絡み合う。複数の提案を検討することが不可欠である。特にベンチャー企業自ら、資金繰り、経営権の保持、ストックオプション付与などについてのトータルなシミュレーションを行うことが大切である。

以上、技術移転、知財マネジメントや資金の現象を観察してみると、そこには、イノベーションのプロセスとして動きはじめた「日本型イノベーション・エコシステム」の原型を見ることができる。

■注

（1）日本では中小企業における知的財産としての特許の戦略的取得と維持、活用（契約書の作成も含む）などに施策が注力されつつあるが、詳細は中小企業庁のホームページなどインターネット上で検索願いたい。中小企業庁編『中小企業白書』ぎょうせいなどを参照。

（2）本章の原形図の初出と詳細な説明は、出川通（二〇〇五）『新事業創出のすすめ』オプトロニクス社参照。

（3）注（2）に同じ。

（4）例えば日本のVCについて包括的にその歴史と機能を明確にしているのが、浜田康行（一九九六）『日本のベンチャーキャピタル（新版）』日本経済産業社参照。

（5）このあたりの詳細については、石割由紀人（二〇〇六）『ベンチャー企キャピタル資金調達術』ぱる出版参照。

（6）注（5）に同じ。

6 イノベーションがもたらす変革

本章は、これまでの議論をもとに、イノベーションがもたらす変革を考察する。まず米国の実態を踏まえ、技術・製品開発の視点から検討する。そのうえで、日本における可能性を探るべく、生産活動の基盤をなす中小企業、そしてベンチャー企業に着目して議論を深める。

(1) 技術・製品開発の視点から

ここでは、イノベーションが産業社会に対していかなる意味を持ち、そしていかなる帰結をもたらすのかについて、まず、イノベーションのもともとの意味である技術や製品開発の側面から、これまでの議論に立ち帰ってまとめる。

(1)―1 イノベーション戦略のマッピング

第4章で見た、事業革新を促進するためのM&Aに関して、そのIT・ソフトウェア分野での考え方は、他のエレクトロニクス領域、製薬ほかのバイオ・ライフサイエンス分野ではどうなっているのだろ

図表6.1　イノベーション戦略のマッピング

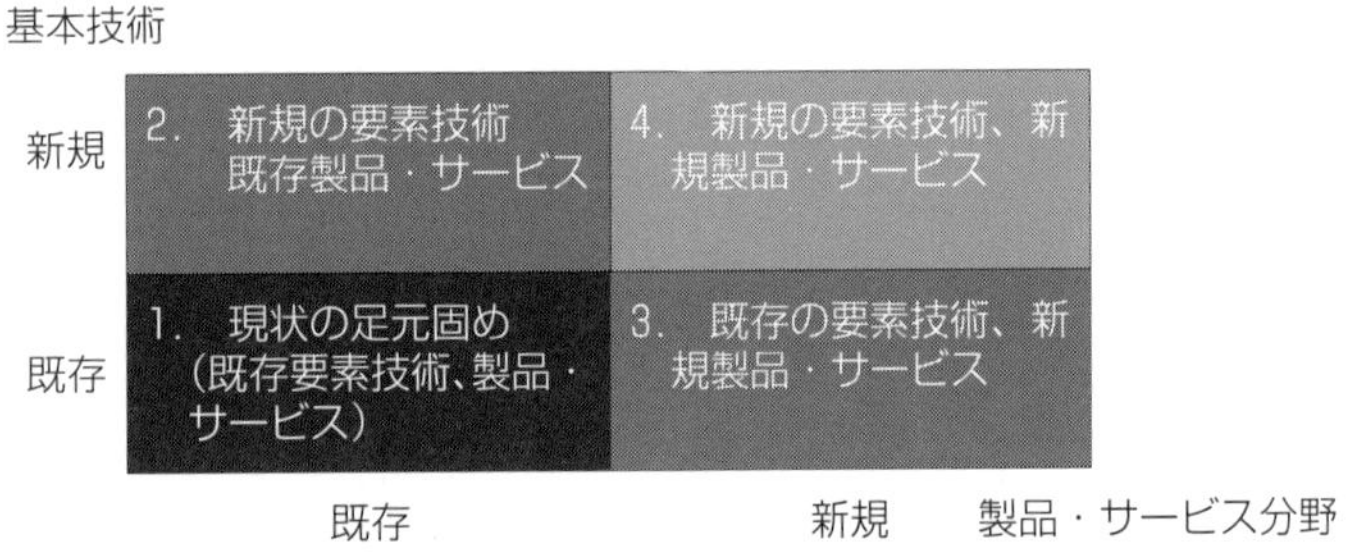

う。そこで、第4章(1)―3の図表4・2の、縦軸の「基本ソフト」を「基本技術」に、横軸の「アプリケーション・サービス」を「具体的な製品・サービス分野」に置き換えてみる。この場合の基本技術には、まだ用途が定まっていない汎用的な「基礎技術」と、ある特定の製品に向けて位置づけできる段階の「要素技術」が含まれる。ここで、企業のR&D戦略がより長いスパンで取り組まれるような事業化では、まだ先の基礎技術段階への関与が不可欠となり、パートナー先として大学・各種研究機関が登場してくることになる。この傾向は、一般的には、ソフトウェア企業よりもエレクトロニクス・ハードウェア企業の方がより強まる。また、このハードウェア企業で二〇〇〇年代後半からよく見られるのが、新規の要素技術獲得としての特定ソフトウェア企業の取り込みである。

上記の事柄を踏まえ、イノベーションを促進するうえでベンチャー企業にとって必要となるパートナー（資本関係含む）先企業を選ぶ際の戦略を、モデル化して図表6・1にまとめた。これは、投資や買収に至らない共同開発の場合もそのまま当てはまる。そして、対象先は、対象技術の内容に応じて、国の内外から求めることになる。

(1)—2　オープン・イノベーションが示唆するもの

ところで、これまで本書で事例として取り上げてきた数々の企業は、米国全土に及んでおり、決して、シリコンバレーやボストンなどの代表的産業クラスターの地域に限られた現象ではない。以下に、このようなオープンなスタイルのイノベーション展開の示唆するところを、個々の企業にとっての事業戦略の側面と、より広い産業社会の側面に分けて整理した。

1．事業戦略：①大手企業の立場からイノベーションを促すには、自社にとって比較優位性、補完関係を持つ他社、外部リソースとの戦略的なパートナーシップが有効である。相手先は、事業戦略に応じて、技術研究段階にある大学・その他の公的研究機関、または事業化段階にあるベンチャー企業となる。さらに、②企業同士で見た場合、このようなパートナー関係を促す背景が、双方企業の事業展開におけるフォーカス主義にあることを考えれば①、オープンなイノベーション展開は、逆に、事業領域を自社の得意分野に絞り込むことの有効性、重要性も示唆している。

2．産業社会への意義：①基盤の強い産業クラスターを形成するには、互いの比較優位性を認め合う、対等で補完性を柱とする企業関係、つまりは「フラットな産業社会」が要となる。そのなかで産業クラスターは、イノベーティブな企業同士がダイナミックに互いの事業モデル・利害をすり合わせる形で、自然発生的に形成されていく。そして、②特に、大手企業にとってのパートナリング戦略の出発点は、組むに値するベンチャー企業の存在である。その意味で、大学・公的研究機関等にある技術シーズの事業化、その延長線上でのベンチャー企業育成は、まさに産業政策のテーマに値する。

ところで、以前なら上記のように「オープンなパートナーシップ関係」が主流であったが、最近ではこれが、企業の合併買収に大きく傾いている[2]。その背景として、先にも述べたように、バブル崩壊以降、IPO市場が大きく縮小したことで、投資先企業を大手企業に売却することで投資資金の回収を図るベンチャー・キャピタルの出口戦略がますます定着したという状況がある。

では、合併買収する当事者である事業会社から見るとどうか。相手企業への一部投資に止まらず、合併買収にまで踏み込む主体的な意図は何か。そこで、最近のトレンドのひとつとして注目したいのが、ハイテク・ハードウェア領域で顕著な「技術の独占化、ブラックボックス化」の動きである。もちろん、いまに始まったことではないが、最近の技術競争激化のなかであらためて話題となっている。これと合併買収の動きを付き合わせると、「自社単体では開発が間に合わないが、技術は独り占めしたい。そこで、合併買収という閉じた関係を構築しながらリソースを外部に求める」という事業会社側の現実的な戦略が浮かび上がってくる。ここにきて、従来からのオープンなイノベーション展開は、新しい段階を迎えている。その点で、事例として取り上げたGoogleに代表される合併買収のスタイル（被買収側の現状を維持したままの買収）は、オープンマインドと技術の取り込み戦略の双方に気配りした興味深いモデルといえる。

(1)―3　産業クラスターの成長メカニズム

シリコンバレーが新展開を見せて今日のような成長モデルに移行したのは、ＩＢＭとインテルの協業やシスコシステムズによるＣＶＣの設立（一九八六年）に象徴される一九八〇年代からであると先に述べた。この点に関連して、以下で「イノベーションがもたらす変革」という視点から再度整理する。

ベンチャー企業への資金還流

イノベーションが産業社会に対していかなる変革をもたらすのかを考えるうえで、先述した大手企業とベンチャー企業の補完関係に再度スポットを当ててみる。そこに浮かび上がったのが、ベンチャー企業への資金還流の仕組みであった。

まず、産業クラスターの主なプレーヤーたち（大学、大手企業、投資家、ベンチャー企業）による有機的な相互作用によって、結果的に、どのようなメカニズムがそこに埋め込まれるのかを整理する。**図表6・2**は、シリコンバレーやボストン、他の米国の先進的な産業クラスターを念頭に、そのイノベーション・エコシステムの各プレーヤーが得意ないし本分とする事業領域の比較を行ったものである。例えば大学は、基礎理論から技術研究段階くらいまでをメインとし、米国のエンジェル投資家は、企業設立直後の試作品開発から完成品開発ぐらいを中核領域とする。かつ、ＶＣと同じく、ベンチャー企業の自律成長期以降段階には投資せず、この段階ではそれまでの投資資金の出口をさぐる。

第４章でも述べてきたが、この図表で明らかにしたいことは、ベンチャー企業と大手企業間の技術・製品開発、その事業化に絡む事業ポジションのズレである[3]。まずベンチャー企業は、先端技術・先進事

図表6.2　プレーヤーごとの中心活動ステージの比較

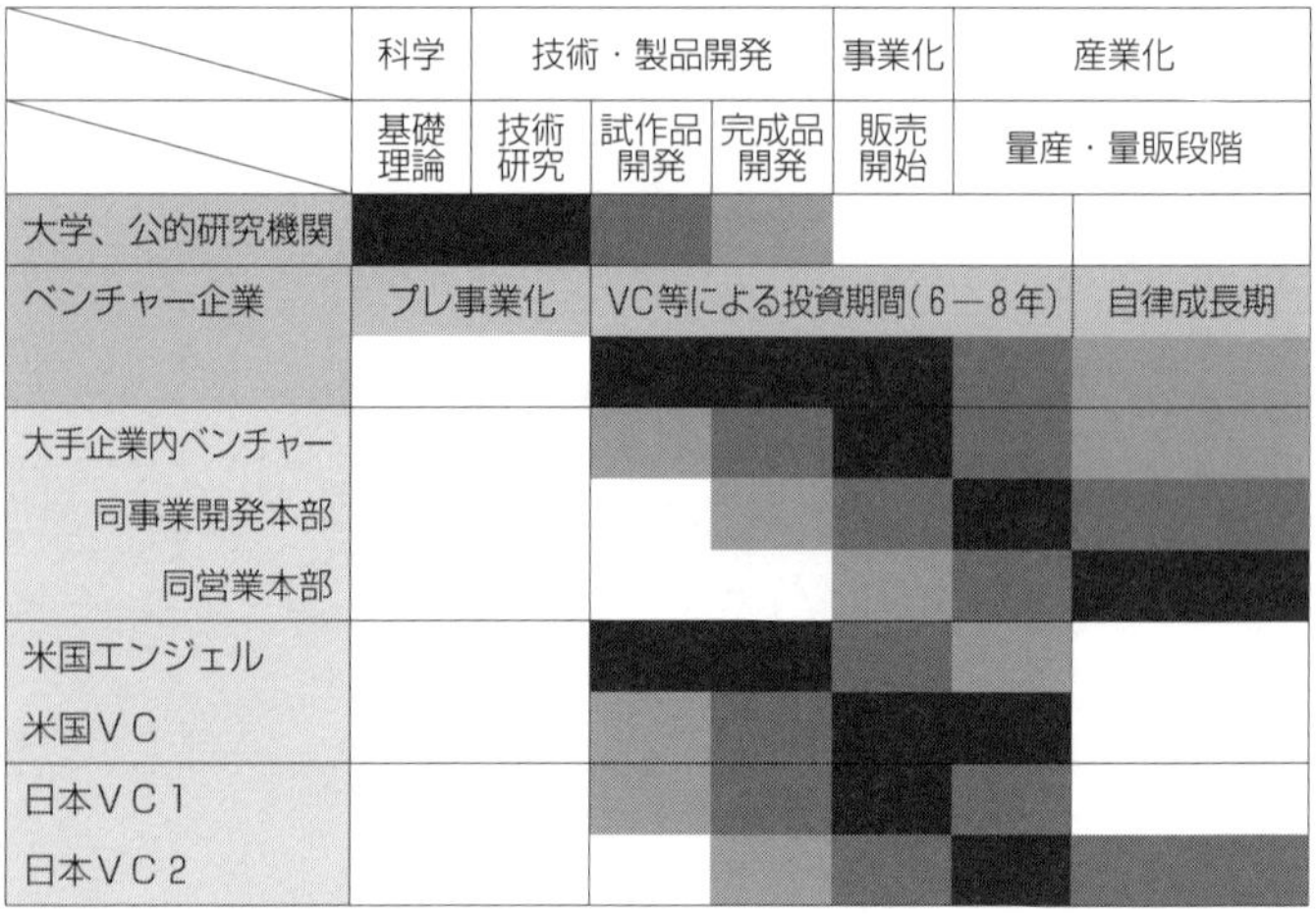

注：日本ＶＣ１：アーリー特化型ＶＣ
　　日本ＶＣ２：通常ファンド

業モデルをベースに、試作品開発から販売開始、そして本格販売へと持っていく一連の各種技術・ビジネスシーズの事業化フェーズに活動の中核を置き、またその部分に強みがある。一方大手企業は、大学やベンチャー企業に対応する研究開発部門やＣＶＣは当然、開発の早いフェーズに重心を置くが、経営資源がさらに投入される事業開発本部や事業本部の重点は、どうしても量産（産業化）段階以降になる。

　以上のようなベンチャー企業と大手企業の相対的な重点事業領域の違いが、両者の間に、各々における事業革新的な意味も含むイノベーション実現に向けた構造的な補完関係をもたらしている。また研究開発部門でさえ、ベンチャー企業の機動性に頼らざるを得ない面が大きいことも先述の通りである[4]。

　実際、ベンチャー企業は、特に完成品の開発段階では、特定の有名大手企業との間で具体的な製品仕様の打合せを繰り返しながら開発を進める。大手企業も、ある程度までベンチャー企業側の開発推移を眺めながら、手ごろな時点で自発的にまたはVCなどからの紹介を受けて戦略投資に乗り出す。

つまり、大手企業は、VCからの買収提案に応じることもできるし、自身から当該ベンチャー企業を買収することもできる。ベンチャー企業の事業存続という点では、この企業買収（ベンチャー側の企業売却）は企業の消滅、事業の終焉のようにも見えるが、完全買収ではないメジャー比率の資本受け入れや、完全買収でも最近目立つ「現状維持」（ブランド、ウェブサイト、代表者、開発体制等）の子会社化は、それまでのベンチャー企業のチームからすれば、経営の安定化と営業力の拡充を達成してなお一層開発特化型で事業を継続できる形となる。また、起業家自身にとってこれは、新たな起業のための大きな資金源となる。

いずれにしても、戦略投資、企業買収を問わず、これら大手企業からベンチャー企業への直接、間接の「資金還流」の根底をなすものは、先にも述べたような、両者の技術・製品開発における補完関係であり、各々の、事業全体からみた相対的な「温度差」である。したがって、この資金還流はあくまで、個々のクラスターのプレーヤーつまり大手企業、ベンチャー企業そしてVC等投資家によるイノベーションの活動が集積した結果として生じる自然発生的なエコシステムである。こうした流れは、ベンチャー企業を支え、VC投資を促し、大手企業に事業革新をもたらす形で産業クラスター全体の新陳代謝を促して、その成長と発展のエンジンとして大きな一翼を担っている。

人材の国際的還流

国際的なリソースの還流は人材面でも起こる。それは国境を越えて事業リソースを求めるという事業コンセプトの問題となり、イノベーションとしては、技術的な革新の側面の枠を越えた、ひとつの事業革新としての側面を帯びていく過程である。

人材の国際的還流は、海外とのハイテク人材の交流においてもっとも典型的とされるシリコンバレー、西海岸の他の地域、中国、インド、イスラエルといったアジア諸国との交流が活発である。カリフォルニア州のハイテク企業トップの五〇％強は、そうした諸国にルーツをもつマイノリティー（少数派）の米国人である。この比率はソフトウェア系でさらに高まる。一方、ボストンやニューヨーク地域では、ロシア、東欧を含むヨーロッパ系人材との交流が目立つ。

米国のそうした先進的産業クラスター地域は、決して先端技術の研究開発だけで成り立っている世界ではない。むしろ、技術レベルの高さは前提条件であって、それら先端技術や製品アイデアなどの事業シーズを本格的に事業化していくプロセスに主軸がある。老舗といわれるＶＣに属する主力キャピタリストの多くがＭＢＡ取得者で占められているのは象徴的である。そして実際に、先端的な技術シーズ自体は、米国各地の特色ある大学に数多く存在する。こうした環境のなかで、事業化に馴染む段階まで達している技術や事業アイデアが、資金面をはじめとするベンチャー企業の発展をサポートするインフラを求めて各地の産業クラスターで起業し、その事業化を推し進めていく。特にシリコンバレーやボストンなどに立地すれば、世界的に知名度も上がり、海外も含めた大手企業との取り引きも促される。

しかも、そうした国際的やり取りも、かなり自然な成り行きとして進む。つまり、そこにはまず海外系人材の集積があり、彼らの母国との直接・間接的なコネクションを活かす形で、海外の顧客企業や事業パートナー（アウトソーシング先など）が世界中に広がって行く。もちろんこれは能動的な働きかけがあってのことだが、言葉、文化を同じくする人間同士のコミュニケーションは、そうでない場合と比べて効率が違う。

この展開は次のふたつの点で、例えばシリコンバレーの企業にとって優位に働く。

1．モジュール製品の国際展開

特にまだ若いベンチャー企業にとっては、そのプロダクツは依然としてモジュール（部品、単機能ソフトウェアなど）でしかなく、完成品やシステムに組み込む必要がある。人材交流の輪を持つことにより、米国内はもとより、海外の有名大手企業にも積極的に売り込むポジションを獲得する。

2．内外コスト格差戦略

中国や台湾、インドなどの安価な労働コストを利用したモデルである。折からのＩＴインフラの発達も手伝って急速に普及している。特にベンチャー企業の場合は、製造プロセスはもちろん、実質的な製品開発部隊も海外側にあるという形が日常化している。このコスト格差戦略は、大手企業、ベンチャー企業を問わず、もはや事業モデルそのものになっている。

このように、産業クラスターにおける人材の国際的還流は、結果的に、個々の企業には大いなる収益チャンスをもたらし、産業クラスター自体にも、その展開のダイナミズムともうひとつの発展メカニズムをもたらした。それは、もとを正せば国際的人材の受け入れから発している。

(1)―4　リニアモデル再考

従来から、技術の事業化プロセスは、技術開発→製品開発→販売・マーケティング→量販・量産という流れのもとに「リニア（線形）モデル」として位置づけられ、実践されてきている。これは、大学や公的・民間研究機関での技術研究・開発の成果を製品として仕上げ、マーケットに出していくという、テクノロジー・プッシュ型の考え方である。つまり、マーケットニーズの充足は技術革新にかかっているとするイノベーションの発想である。主に、ハイテク・ハードウェア領域を中心にこれまでのイノベーション活動を主導してきた。前項の産業クラスターにおけるプレーヤーのポジション分析もこの概念をベースにしている。

ただ、この手法・考え方にのみに頼ると、実際のマーケットニーズの確認が不十分なままテクノロジー自身のトレンド・勢いで製品開発が促され、結果的に「モノはいいのに売れない」という事態にも陥りかねない。また、今日のように製品需要サイクルがめまぐるしい状況では、技術開発、製品開発から始めていたのでは取り残されてしまう可能性もある。これらの課題に対する解決策のひとつが企業買収である。それは、市場ニーズへの迅速な対応を目指すもので、特に、新製品を持って新市場に乗り込む企業買収がその典型である。実態としても確かにリニア・モデルに機動性を持たせることとなった。

これに対して、需要サイドこそがイノベーションを牽引して行くとするデマンド・プル型の発想の重要さもあらためて強調されてきている。そうした動きは、最近のP2P（Person to Person）やソーシャル・ネットワークといったトレンドによる双方向、相互対話型手法の台頭により開発者とユーザーとの直接的対話が容易になったことでさらに拍車がかかっている。これは、従来のリニア・モデル一辺倒に異を唱え、その再考を促す動きであり、特に、そのような対話型手法が容易なソフトウェア開発やITサービス提供の分野で盛んになってきた。最近では、オープンソースのソフトウェア開発手法がその例だが、「サイクルモデル」（Cyclical Model）[4]とも呼ばれている。このモデルでは、企業はまず顧客からのニーズを受け取り、そして生産に取りかかる。しかもこれによって提供される製品・サービスは顧客との対話を繰り返しながら改善・改良される。このプロセスは、まさに日常行われている顧客対応、製品カスタマイズ過程そのものといえる。

リニア・サイクルモデル

これらの議論を「リニア・サイクルモデル」という概念で整理したい。すなわち「時系列的にリニアで進んでいく開発段階の各フェーズで、その都度、市場ニーズに立ち返る」という考え方である。研究段階から少しでも脱し、将来の製品化、事業化を目指そうとするのであれば当然のことである。実際の開発工程に則して、例えば、開発本部と営業本部の情報共有によって一層促進されよう。

もう少し具体的に見ていく。例えば、特定の家電製品の開発に際し、新しいターゲット顧客層をさらに狙おうとした場合、米国では例えば「フォーカス・グループ・ミーティング」というものを行う。これは、顧客予備軍を集めて意見交換してもらい、そのやり取りから製品開発に反映できそうな情報を引き出すものである。また医療現場にさらに充実したサービスを提供したいという場合にも、現場で実感する切実な必要性（あると便利な機能・サービスなど）をヒアリングすることは、医療機器やサポートシステムの改良に向けて欠くことができない。このように、既存の製品やサービスの改良段階、マーケット投入段階は、よりサイクルモデルをベースとした活動となっている。

一方、例えば、超電導体開発の場合、いまでこそ、動力装置、発電機、電力貯蔵、伝送、核融合等にむけて開発が進んでいるが、この超電導という現象そのものが生み出されるまでの過程はどうだったか。いうまでもなく、ユーザーとのインターフェースはさて置き、実験に没入する日々が続いたと想像される。そしてその後に迎える長い歳月の開発過程を考えれば、これは明らかにリニア・モデルで説明される。

バイオ・創薬プロセスはさらに興味深い。遺伝子解析や分子構造分析などの基礎研究段階は研究室、実験室の過程で、これが実際の創薬プロセスに入ると、患者に関する基礎的データの収集が行われる。そして、臨床試験段階になると今度は実際の患者、その予備軍へと広がり、ある意味でマーケットとのインターフェース段階に入る。薬として売り出されたあとの副作用事例から改良を加えていく過程では、特にその色合いが濃くなる。全体を見ると、リニア・モデルの過程から、徐々にサイクルモデルに重心が移っていく。つまり、技術・製品開発過程が進むに従って「サイクル」の範囲が次第に増幅していくのである。図表6・3に、全体のイメージを示す。

図表6.3　リニアサイクルモデル

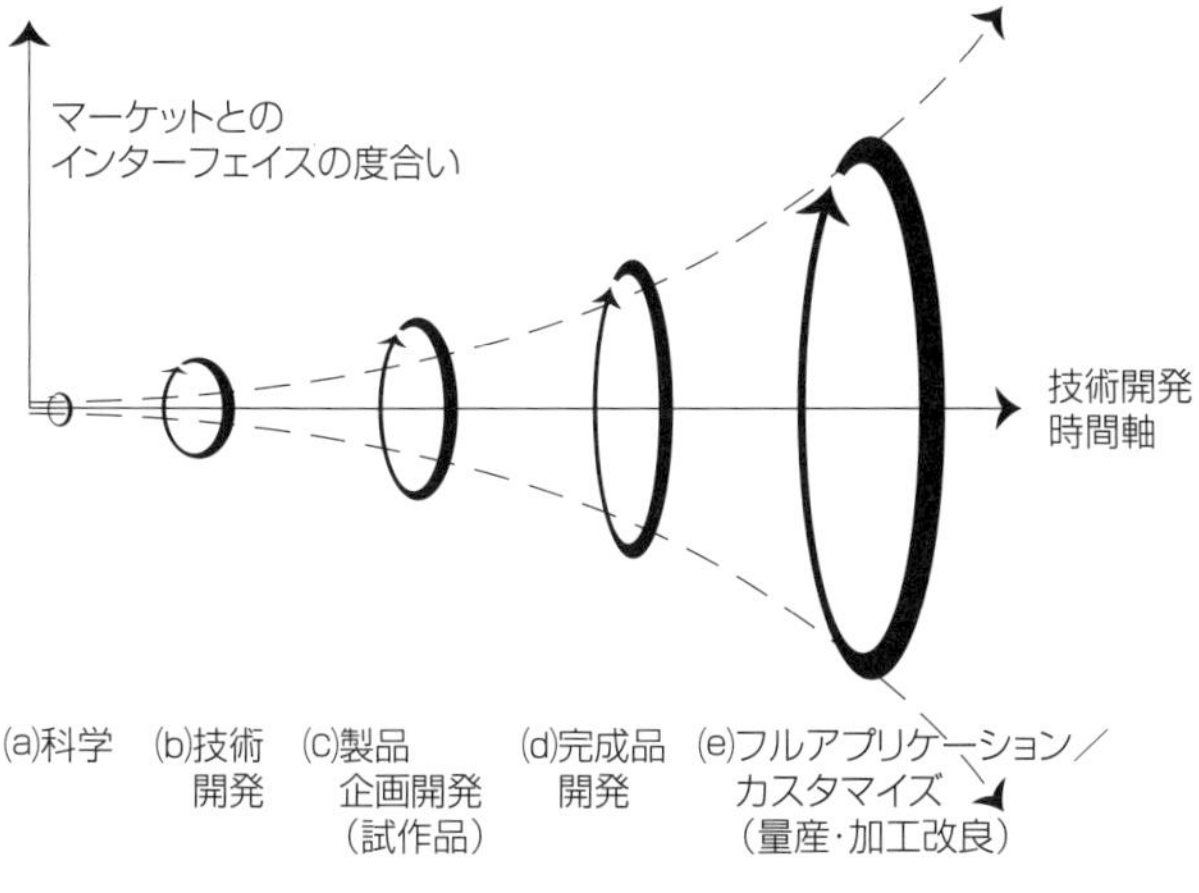

イノベーションの価値

ここまでの議論を踏まえると、①ハードウェア寄り（半導体、エレクトロニクス系、コンピューター、通信ネットワーク系等）ほどリニア・モデルにマッチし、ソフトウェアやサービス提供系はサイクルモデルであるとなる。また、②ＩＴ・エレクトロニクス、ライフサイエンスを問わず、研究開発段階ほどリニア・モデルにマッチし、量産・量販、加工・改良段階は、顧客のインターフェース過程が重要になり、リニア・モデルも変質する。

ところで、実際のイノベーション・プロセスを考えると、確かに参加者が多元的に絡み合い、リニア・モデルでは説明しにくい場合が多い。「複雑系」の考え方である。しかしそれは、上述のとおり実はリニアモデルと相容れないものではなく、量産・量販かつ加工・改良段階での議論と位置づけできる。図6・3の(e)の段階である。これは確かに日本企業がもっとも得意とするフェーズである。

技術・製品開発の過程で、開発が進んでも研究室から出ないとしたら、最終的に市場ニーズと相容れないリスクが増す。また、量産・量販段階でも、顧客の要求にのみ沿って加工改良していると、顧客が明快なニーズを発しなかったり、ニーズ飽和の状況下では、事態が一向に進展しないことも明らかである。つまり、これら両段階において、それぞれが自己完結することはない。

あくまでもイノベーションの積み上げ（前工程）の延長線上に量産・量販、加工・改良段階（後工程）がある。つまり、サイクルモデルに立脚した顧客対応力を増しながらも、リニアに開発工程が進んでいく。そこでは、確固たる基礎技術とプロダクトの企画力が要になる。これが果たされて初めて、前後工程の有機的なインターフェースが生まれ、結果的に、①要素技術から、社会に役立つ製品、アプリケーション、システム構築が生まれ、発展的に開発を推し進める余地も広がり、かつ②マーケットが成熟することで利益率、成長力を失いがちな量産・量販（顧客対応）段階においても、顧客のニーズを先取りできそうな製品発想が生まれ、実際の開発に反映しうる。これらの根幹にイノベーションがあることは明らかである。シリコンバレーが得意とするのも、この要素技術・事業シーズから一気通貫の事業化、産業化プロセスなのである。

(2) 産業組織の視点から―新たな中小企業・ベンチャー企業論―

ここでは、これまで述べてきた米国型の「イノベーション創出を担うベンチャー企業」をモデルにしながらも、日本の中小企業をイノベーション・エコシステムの一員として再考する。両者の類似性や違いを明らかにし、日本型の中小企業・ベンチャー企業の展開の可能性について言及する。

(2)―1　中小企業・ベンチャー企業の組織と環境への対応

日本には、米国流の「ベンチャー企業」という概念が導入される以前から、新しいビジネス・モデルや事業展開に挑戦する比較的小さい企業群が存在していた。いわゆる開発型の中小・零細製造企業群（以下中小企業と総称）である。まずはこれらを取り巻く環境の変化と適応条件について検討する。

中小企業の新事業促進のメカニズム

いわゆるベンチャー企業の体質を持つ開発力に優れた中小企業のなかで、ニッチではあるが世界的なトップシェア商品を有する企業は既に（意識しているかどうかは別にして）技術やイノベーションのマネジメント手法（ＭＯＴ）を用いていると推察される。

しかしながら、これまで大多数の中小製造業群は、優れた技術力を持っていても、開発に貢献できるのは一部の技能的プロセスに限定されてきた。また、従来の大手企業の工場分社的下請け体質、手厚い技術指導により、イノベーション・プロセスの大切なポイントであるマーケットとのつながりからも遮断されてきたといっても過言ではない。一方、中小企業側にも、自らマーケットへ展開する努力が求められなかったことに甘んじてきた過去が存在するのは事実である。

ベンチャー企業と大企業の関係

イノベーションを発現させるには、環境の変化にスピーディーに対応する一方で独自の仮説の構築と検証ができる機動的な組織が適している。このことは米国のMOTの事例分析からも読み取ることができる。[5]日本においても、その組織がベンチャー企業である場合には、イノベーション・エコシステムとしての自己整合性を備えるユニットの候補として捉えることができる。

米国では、独立した小さな組織といっても、西海岸の場合、その背景にはクラスター型の企業群とそれを支える親密なネットワークがある。一方の東海岸においては大企業群が歴史的に積み重ねてきた基盤技術が土台となってベンチャー企業群を支えている。

そうした背景があってこそ、単なる補完的関係を越えたイノベーション創出のためのイノベーション・エコシステムが培われ、地域のアセットとなっていった。そこでは、組織を越えた経営者や技術者同志の強力なネットワーク、すなわち信頼と協調、競争といった関係において自立・自律した個人の存在があることはすでに検討してきた通りである。

一方、大企業内部に居ながらそのリソースを有効に使い、半独立体としてベンチャー企業と化しているコーポレート・ベンチャーについても検討してきた。この場合は、大企業内で完全に隔絶した組織体ということではなく、母体となる企業側とマネジメント面での相互関係を持ちながら、かつイノベーションを起こしやすい組織体制でもあった。

これらの視点から、ベンチャー企業と大企業との接点を、イノベーション・エコシステムひとつのベースとして捉えることができよう。

中小企業の試験開発機能

中小企業は、小さな組織であるが故に、環境変化にうまく対応しながら自分の得意な分野と事業化ステージ（特に研究や開発ステージ）に特化できる。それはビジネスにおける組織体としての環境適応であり、まさにエコシステムとなる。特に、他の組織体との補完的関係を保ちつつ、独立して独自の価値を持つことが生き延びていくうえでの重要なポイントとなる。

日本のなかで実質的な仮説構築・検証サイクルの機能、すなわち試作開発の機能は、大手企業の内部よりも、外部の中小企業の職人的な技に依存してきた部分が大きい。

近年、企業内の情報・安全管理といった体制強化の傾向を受けて、小回りが求められる決断・修正サイクル（プロトタイピング、αマシンなどに関する迅速な試作とその検証・修正）は大企業の内部で行うのが難しくなってきている。そこで着目されるのが、「試作・試行・検証・修正サイクル」を得意とする中小企業である。

なぜ、一部の中小企業が最先端技術の部分モデリングや試作開発を担うことができるのか。そもそも先端技術は「ハイテク」とも呼ばれ、とりわけ進んだ技術として脚光を浴びる存在であるが、実際には、先端技術だけでは製品や商品として完了しにくい。したがって、従来の既存・基盤技術と併せて展開することになる。

イノベーションを起こす中小企業は、確固たる既存・基盤技術を持っているところが多い。そのうえで、設計側の要求に対してさまざまなアイデアを出し、かつ機敏に対応できる能力があって初めて、連続的な新製品の試作開発を成功させることができる。

(2)―2　中小企業の現状と新たなフレームワーク

中小企業とベンチャー企業の共通点は「小さな組織体」にある。ここではベンチャー企業から学ぶべき点を検討していく。小規模な組織体であることで、環境の変化が組織内部の全員にダイレクトに伝わり、その結果として、スピーディに変化に対応することができる。そうした特質は、イノベーション・エコシステムの大切なツールとして以下のような点で発揮されると見ていい。

1．自らの強みの発見とオンリーワン戦略：一歩先をいく独自商品展開

基本は自社の「強み（と弱み）の認識」にある。しかしながら、この自己分析は、内部の人間にとっては思いのほか難しい。ぼんやりと判っているだけでは、強み・弱みの認識とはならない。特に中小企業では限られたリソース（人・技術・金）をやりくりする必要があるので、入念な「強み（と弱み）」の見極めが重要となる。以下は、強みを見出す具体的手法の一例である。

自社の「製品」がいかに「商品」として売れているか、その理由を把握していくことが「強みの認識」の第一歩となる。このとき、あくまで顧客の視点で行うことが大切である。次に「商品」としての強み

を「技術要素」に落とし込んでいく。これにより、技術的な強みがどこに起因しているのか（例えば、商品価値「他社に比べて「ずれ」のない精密な装置」→技術価値「精密位置合わせ技術」→技術要素へ分解「○○製の装置＋△△さんの熟練技術」など）がおのずと見えてくる。

第二歩は、技術的要素まで分解された強みを認識することである。この段階になると、逆に自社の弱みともいえる特徴にも話が及んでくる。つまり、顧客側から見た差別化ポイントと、その技術要素の不足分も明らかになってくる。

具体的な取り組みとしては、顧客が望んでいるニーズを把握することであるが、例えば、せっかく顧客から引き合いがあったにもかかわらず、これまでに断ったことがある製品の技術仕様を再確認することがマーケットと技術のつながりを確認する最短の道である。

次に行うことは「技術的に難しい」「量が少なくて採算が合わない」などの理由でできなかったものを明確にしていくことである。そうした製品のマーケットニーズを明確化することが差別化を生む仕様、すなわち開発のターゲット設定につながってくる。この例は製品仕様から技術シーズ・技術要素、ひいては次の開発テーマを探すフローとして考えるものである。これにより、自社の強みを活かしながら、かつ世の中の一歩早く先をいく「Only One 製品」の構築が可能になる。

2．マーケットからみた技術の再認識：技術の複合化、融合化による徹底活用

開発における目標仕様を満足させるうえで、そこに使用できる技術はいつもひとつだけとは限らない。

複数存在する可能性は常にある。そうしたなかで、特に既存技術と関連性が高いと考えられるものを選択することが、新しいものをマーケットまでつなげるステップ、すなわちイノベーションのプロセスとなる。

具体的には、既存の設備や技術ベースが役立つと思われるものを一点と、従来の発想とは異なるもの一―二点を並行的に選定する。このとき、国内はもとより世界中からの技術候補を探してくることも、自社の限界を越えるという点では必要となる。世界は広いように見えるが意外と狭く、探すだけの価値があるというのも真実である。結果、マーケットベースの具体的な開発ターゲットが設定され、差別化に向けた製品を創っていくことになる。

留意すべき点として、開発のターゲットに対する技術の難しさを強調しすぎると、実現性が薄れるというリスクが生じるが、一方、ターゲットの水準を下げていくとOnly Oneから遠ざかり、誰でもできる技術・製品となってしまうこともある。

誰にでもできる技術・製品は、結局のところ人件費が勝負を分けることになり、とても開発費が捻出できない。また、リスク管理を徹底しすぎると、開発自体も難しいことは避けて、できる範囲のものを作るという具合になってくる。そうなると、どこでもできるものになり、やはりコスト競争になってしまう。一見難しい開発にこそ「開発の真髄」があるものだが、当然のことながら、避けられるリスクは避けたほうがいい。これを技術的に実践する方法としては、異分野技術の融合や、汎用既存技術に少しの新規先端・独創技術を加えることで新技術のリスクを避けていくことが挙げられる。要するに「先人たちが築いてきた、汎用、既存技術を徹底的に使え」というスタンスもひとつのポイントとなる。

3．アライアンスとオープンなネットワーク：協調と競争のダイナミズム

中小企業が新規事業の創出を図ろうとする際、ベンチャー企業群が実践しているアライアンスやネットワークは参考になる。

米国におけるアライアンスの事例はすでに述べてきたが、ひと昔前までは、新事業を立ち上げる際には何もかもを自前でこなすのが一流の会社といわれてきた。しかし米国ではすでに一九八〇年代の半ばあたりから、さまざまなアライアンス形成が主流となってきている。

中小企業が新事業を立ち上げようとした場合、自社内のリソースは少ない。このとき、アライアンスを組むことで得意なステージに特化できるし、アライアンスの構築により事業化がスピーディに進むというメリットもある。実際、開発を行ったものの、新規市場でのノウハウ（客先対応や製造技術など）がまったくないという状況で展開される例も多く、そうした場合、事業化はまずうまくいかない。そうした事態を避けるためには、知的財産をベースに①②のポイントを確立しておくことも必要である。これにより有効なアライアンスの構築も可能となる。また、オープン・イノベーション型のビジネスモデルを有するベンチャー企業とアライアンスを組み、その発想をうまく活用することも、自立・自律した中小企業として新事業開発を成功させ、イノベーション・エコシステムの一員となる近道のひとつである。

(2)―3　エコシステムから見た日本の中小企業の強み

下請け的な工場経営から脱却し、持てる技術に新たな付加価値を加え、独自の製品・商品展開を指向する、そうした中小企業の経営者、技術開発者を想定して、イノベーションのマネジメントの一部を示していくことが、日本の現実的なイノベーション・エコシステムの構築に貢献し、その存在価値が付加価値にもつながっていく。

中小企業の固有の特徴としては、ニッチマーケットへの素早い展開（すなわち意志決定と行動のスピード）が挙げられる。これは、社長自身がマーケットや技術を熟知していればさらに加速される場合が多い。また、組織がもともとフラットで、それが故に世の中の動きに敏感であるなど、MOTでいうところの「開発・事業化ステージ」を乗り越える必要条件がすでに備わっている場合もある。いい換えれば、中小企業というのは一般に、このようなベンチャー的運営と組織、起業家精神がその「固有の特徴」に含まれており、そのことがイノベーションをより身近なものにしている。

一方、下請け型の中小企業の場合、自ら世の中の動きに対応していく経験が不足したり、既存の事業以外の新しい展開に必要な要素やリソースが不足するなど、新たな努力が求められる部分もある。しかし、既存のリソースを強みとし、新しい技術とベンチャー企業の発想、マネジメントを導入することで「Only One／一歩先をいく製品・商品展開」も可能となる。やはり、従来の発注元を含む同業の仲間内ネットワークだけでは、同じような情報しか得られず、結果、同じようなことしかできない。

真にイノベーションを望むなら、異分野での展開を目指す第二創業にも等しいエネルギーとスピード、新しい切り口が必要となる。それには、異質の環境にあえて身を置き、異質の考え方や発想、手法に触れるということも有効であろう。すなわちＭＯＴの発想やツールを理解し、取り入れるよう努めることが決め手となり、そのことにより、文字通りイノベーションのエンジンへと変革していく。

中小企業はイノベーションに近い位置にいる

日本の産業の足腰を支えている、すでに存在し、かつ地力のある中小企業が、自社の持つ強みやポジションをよく認識し、かつ積極的に異分野の智恵を活用し、アライアンスの活用も含むオープン・イノベーション型の展開を図ることで、新しい切り口を見出していくことに期待したい。これまで中小企業が苦手としてきた先端技術のマネジメントの展開や、知的財産戦略といった考え方をベンチャー企業から学んでいくことが、イノベーション・エコシステム実現への第一歩となる。

■注

（1）本書「第３章(1)―４　経営理念、開発取り組み姿勢」参照。
（2）本書「第２章(2)―２　企業発展ステージと資金調達」の図表２・７参照。
（3）本書「第４章(3)―６　クラスター・プレーヤーの相互作用」参照。
（4）この言葉自体は、もともとは物理学の言葉である。

（5）詳細はバーゲルマンら編著（二〇〇七）『技術とイノベーションの戦略的マネジメント（第四版）』翔泳社参照。

（4）本書「第4章(3)—2　大手企業の事業戦略」参照。

おわりに

一国を取り巻く経済環境は刻一刻と変化する。ある地で発生した乱気流は猛スピードで世界中に伝播し、新たな乱気流を巻き起こす。財、サービス、人、資金の移動の自由化が進み、市場メカニズムへの依存、グローバル化が増す今日、これらの外部変化を遮断することはほぼ不可能に近い。

国境の存在を前提に貿易の自由化を推進したGATT、その後継者のWTOを横目に、グローバル化の波が世界を包み込み、先進国は新興国を脅威として警戒すると共に、その消費市場としてのポテンシャルに魅せられる。

金融市場においては、デリバティブをはじめとする金融イノベーションの進展がリスクに対する認識を一変させた。プロフェッショナルが操るリスク・マネジメントにより一般人のリスクに対する良識は鈍化し、実体経済の潤滑油たる旧来の役割から離脱した金融独自の合理性に世界が注目する。時には経済成長の原動力としてもてはやされ、ひとたび状況が反転すれば実体経済への影響は計り知れない。

歴史家は経済動向の浮き沈みに、ある種の周期性を見出し、危機を予見する。しかし、昨今の変動は、そのスピードと影響範囲において未曽有の領域に達しており、新古典派経済学の理念を主軸としたこれまでの経済制度は環境変化への適応という視点から限界を示している。準備された処方箋は何処にも存在しない。時には乱気流を追い風とし、時には流れに身を任せ、新たなルールを見出せないまま、ゲームは進行する。

このように激変する環境のなかにあって、国々は、経済活動の源泉をどこに見出すか、また、その力を活用することによってどのような社会的価値を創生していくか、そうした、国としての根幹をなす考え方、それを実現する手段を模索する。

そこでは、金融市場が求めるArbitrageを可能にする未来の予知能力とは一線を画す、実体経済における基礎体力、環境変化への反発力が問われる。では、その力を体現するものは何か？　この問いに対する解として、ベンチャー企業の本質に迫るべく議論を重ね、本書の執筆を進めるなか、三名の筆者が確信を強めていったのが、ベンチャー企業と、それをあたかもひとつの生態系のごとく包み込むシステム―イノベーション・エコシステム―の存在であった。

本書は、米国のシリコンバレーと東海岸、そして日本の三つの地で創出されたベンチャー企業に着目し、その実態を観察することからスタートした。そこには、さまざまな軌跡をたどりながら成長し、大企業へと脱皮する、既存の企業に吸収される、あるいは衰退するベンチャー企業が登場した。設立の経緯、ターゲットとする技術、事業戦略、投資家、大企業との関わり方などの分析から、シリコンバレー対東海岸、米国対日本といった地域による特性を抽出することもさることながら、共通分母となるベンチャー企業のエッセンスを見出すことも本書の目指すところであった。その作業のなかで浮かび上がってきたのが、環境変化を脅威としてではなく、原動力と捉えながら成長していくベンチャー企業の姿であり、その結果として経済の基礎体力、環境変化への反発力が強化されていくという社会現象であった。

ある種の均衡状況にあった経済がドラスティックな環境変化に直面した場合、早急に対応を迫られる既存の企業は、生産調整、人員調整、資本増強、事業の部分的売却など、限られた手段しか持ち合わせない。Incumbentであるが故に対応的にならざるを得ないわけだが、ベンチャー企業は、新たな環境を自らの技術力を発揮する機会と捉え、市場を作り込み、新たな成長の経路への道筋をつける。また、ベンチャー企業は、自己の持つ技術力を、外部から資金を調達しながら経済的価値を持つ製品・サービスへと変換し、そのプロセスのなかで収益を上げるという行動原理を持つ。よって、イノベーション・システムの一原動力として機能することは、必ずしも彼らの一義的な目的ではない。だが、その自律的な行動の結果として、既存の企業体の行動原理からは排除されやすいエマージング・テクノロジーへの挑戦が現実のものとなり、社会が内蔵するイノベーション・エンジンのスターターに火がともされるのである。

また、ある一定の条件下では、個々のアクターが厚生の最適化を追求することにより社会厚生の最適化が図られる、とする新古典派経済の理論に相通ずるところがあるように思えるが、分散的意思決定による均衡というロジックでは、ベンチャー企業の社会的価値を捉えることが難しい。なぜなら、本書が示してきたように、パートナー企業、大手企業、大学、ベンチャー・キャピタル、エンジェル投資家など、イノベーション・エコシステムを構成するアクターとインターアクションを取ることにより、ベンチャー企業はアイデア・技術を育み、またそのプロセスのなかでこれらのアクターに新たな展開の機会を提供するという、相互に補強し進化するダイナミックスが発生するからである。本書は、ケース・スタディーを積み重ねることにより、イノベーション・エコシステムと称した現象を抽出し、ここに実態経済の基礎体力、環境変化への反発力の源泉を見出した。

日本においては「失われた十年」を過去のものにすべく導入されたさまざまな政策の追い風に乗りつつ、ベンチャー企業を筆頭とする、やはりさまざまなイノベーションの仕掛けの社会実装が進んできた。地理的分布を見ると、これらの仕掛けの集積化は全国一律には進んでいない。また、歴史的径路、地域の特性にこれらの仕掛けが合い重なりエコシステムとして機能しつつある地域も顕在化し始めたが、未だ限定的な現象として留まっている。こうした状況下で政策課題となるのが、イノベーションの要素の集積を、本来自律性が内在する真のエコシステムにまでいかに持っていくかである。

これらの政策課題は日本に特有なものではなく、先進国、新興国を問わずさまざまな国で、また、欧州連合、ＯＥＣＤにおいてイノベーション政策の一環として議論されていることも注目に値する。大学発ベンチャー企業への支援、産学連携の推進、プラットフォーム構築、知的財産の流通促進など個別の施策はすでに数多く存在する。ここからさらに踏み込んで個別施策の限界に挑戦するためには、イノベーションが発生するメカニズム、ひいてはイノベーション・エコシステムのより深い理解が求められる。

「ベンチャー企業の本質に迫る」ことを試みた本書は、その一歩を踏み出したと自負するところである。しかし、ファクトから導き出した「イノベーション・エコシステム」の視点は、Moût（絞りたての葡萄果汁）にも等しい。残るは、ワインとして醸造させる作業であり、概念化にチャレンジする研究者の登場に期待する次第である。

座談会

原山　今回はそれぞれまったく異なったバックグラウンドを持つ三人が集まりました。共通点は東北大学。出川さんと氏家さんは卒業生、私は現役の教員です。まずはお二人に自己紹介をお願いしたいと思います。

【背景】

氏家　私は東北大学の経済学部を卒業した後、日本の大手証券に入社しました。十七年間の在籍期間中、前半で経営・法人業務企画関係や系列リサーチ会社を経験した後、後半は株式公開やベンチャー企業投資関連の法人業務に携わっていました。いまでいう情報通信、ＳＩ（システム・インテグレータ）業界中心の成長企業発掘業務です。そして最後の数年で、シリコンバレー本拠のハイテク大手企業の日本法人を担当した縁もあり、一九九九年春に渡米してシリコンバレーに移り、いまの会社を現地で設立して独立しました。以来一〇年、シリコンバレーを中心に、東京とも行き来しながら、日本の情報通信・ソリューション業界、さらにエレクトロニクス業界向け中心に、中長期的な視点での技術・製品開発や事業モデル構築など、今回のテーマである「イノベーション」に携わる領域でのリサーチ・コンサルティング業務をシリコンバレーの現地人材と一緒にやってきました。また、そのような個別企業向けとは別に、その時々のテクノロジー・トレンドや、シリコンバレーの構造変化、背景変化などについても定期的に考えをまとめ、オンライン上でも公開してきました。

そんな関係で、私のポジションは、IT・エレクトロニクス系領域での、先進的な技術とその事業化、革新的な事業の一層の促進、そしてその周辺のベンチャー・インフラといったところにあります。本書の「イノベーション」というテーマ領域にかなり近いといえるでしょう。企業の研究開発部門の方々と議論することも多いです。そんな意味で、今回書き上げた内容も、そんな日常業務からにじみ出てきた「考えごと」がほとんどです。

出川　私は一九七四年に東北大学の大学院工学研究科を卒業後、造船重工メーカーに入社しました。一九七四年というのは前年にオイルショックを経験した年でもあります。そのため入社当初から古いことよりも新しいことを行う人員として長く新規事業に携わっていました。さまざまな取り組みのなかで多くの失敗を経験したのですが、成功したこともいくつかあって、それをベースに会社のなかで業務を展開していました。そうした五年から一〇年スパンの新規事業をいくつか立ち上げ終えた段階で、私は全体をマネジメントするポストに就いたのですが、やはり経営やマネジメントの視点に立つ既存事業全体の行き詰まりがよく見えてくるわけです。そこで、当初は日本国内だけで展開していた新事業を海外のベンチャー、具体的にはアメリカ東海岸のベンチャー企業と一緒にいわゆる「連携型」「オープン型」の取り組みを試みたりもしました。私はその結果社外でもベンチャーとして新規事業を立ち上げたのですが、これがなまじ早期に高収益を達成したため会社に吸収されて事業部となり、私は本体に戻されて事業部長となりました。ところが大企業のなかで本格的にイノベーショナルなことに取り組もうとすると、そこにはやはり大企業ならではの障壁がある。当時さらに進んで私は競合相手との連携による新しい企業体を作ろうとしており、関係者間ではほぼ合意状態にあったのですが、最終的な段階で社長の大反対に遭ったわけです。

大企業組織の論理は強く根づいており、企業内部だけでは無理と判断しそこで今から五年前、自分で会社を立ち上げて、組織内部でイノベーションを起こす人たちの支援業務を始めました。ケースによっては支援に留まらず深く入り込むこともありますが、要するにベンチャーの支援と大企業の支援、さらにその間にある中小企業の支援、これらの関連性のなかで新事業を展開してきたわけです。結果的に、まさに現代の日本の製造業で課題となっているイノベーションのマネジメントの部分について、少しだけ先駆けて体験してきたことになります。

原山　氏家さんと出川さんは、現実の世界、特に米国の西海岸と東海岸それぞれの地域において、ベンチャーのリサーチャやベンチャーとの連携といったリアルな経験をしてこられた方々です。そんなお二人と出会って私はまず、東北大学の学生にこの体験を知ってもらいたいと思いました。そして実現したのが四年前から行っている三日間の集中講義「MOT事例分析講座」です。本書は、この講義で示された実例やケース・スタディーに対して分析を加え、まとめる過程で誕生したものです。まさしく「ベンチャー企業の本質」に迫ろうとする壮大な試みといっていいでしょう。

もちろんベンチャー企業そのものだけを見ていたのでは現象を捉えることはできません。そこで私たちは「イノベーションという視点で見たとき、ベンチャー企業はイノベーション・システムのなかでどんな役割を果たしているのだろうか」という点に着目し、そこから議論をスタートさせました。この出発点から議論を重ねる過程で登場したのが「イノベーション・エコシステム」という概念です。まだふんわりとした赤ちゃんのような概念ですが、しかし全体的な議論をこれに収束させたいという点では三人が方向性を共有しており、今回の座談会は、まさにそのための一歩を踏み出そうとしているわけです。本のなかでは総括の部分に相当します。

さて、本書には一貫して、頭でっかちの議論よりも現場から何かを引き出したいというスタンスがあります。いわゆる「ベンチャー企業論」ではないわけです。あくまでベンチャー企業を見ながら、ベンチャー企業、そしてイノベーションをより深く理解しようとする試みの成果としてここにあるわけです。

出川　今回の三人による議論は私にとって非常に面白い経験でした。原山先生はもともと数学系理論と経済、教育といった分野を修めてこられた方なので、今回の議論でも本質的・体系的な流れをしっかりと捉えながら、かつ斬新な切り口を提供していただけたと感じています。それから経済学部出身の氏家さんは、まさに西海岸のシリコンバレーと日本の金融とビジネス界を歩いてこられた方で、それぞれのつながりと全体についてお金とビジネスの流れの面で見ることができます。そんななかで私は根っからの技術者でしたが、それだけでは完結せず、日本の大企業だけでは実現が困難だった新規事業に中小企業と取り組んだり、または東海岸のベンチャー企業と連携しながらマネジメントに取り組んだりした経験を持っていて、現在はいわゆるＭＯＴ（技術経営）の体系化をベースに日本国内の大企業や中小・ベンチャーの部事業展開への支援に取り組んでいます。こういう補完関係のなかで仕事ができたことはとてもいい経験だったと思います。

原山　私がベンチャー企業に興味を抱いた発端は、スタンフォード大学に一年間滞在していた一〇年前にさかのぼります。当時、スタンフォード大学とシリコンバレーの関係について論文を書いたのですが、そこで登場したのがいまでいうベンチャー企業でした。ただし、このときは自分の研究対象としてしか見ていませんでした。もちろんシリコンバレーの現象を実感として捉えていましたし、各方面の方々と接する機会も多かったのですが、それらをベンチャー企業の立場からまとめようとはしなかったわけです。しかしその後、氏家さんとお会いして、まさにフレッシュな現場の生の声を聞かせていただいて、これをまとめたいと感じたわけです。

実をいうと私の取り組みにはもうひとつの側面があって、科学技術政策も研究テーマとしています。実際に政策を作る側に身を置いた経験もあります。このときの政策論では、いかにベンチャー企業を活用してイノベーションを起こすかという議論も交わされたのですが、やはり政策論のなかで考えると現場との乖離が大きいわけです。そうしたことからも、現場の感覚を身に付けたいという思いはかねてから抱いていたといえます。

さらにこの三人の補完性について述べると、まず技術の現場を経験してこられた出川さんがいて、技術を事業化していく過程での現場にいる氏家さん、そして私は経済学と政策を専門にしてきたと、そういう関係性のなかで成り立っています。つまり本書は、この三人の専門家による文理融和の成果でもあるわけです。

【ベンチャー企業のインキュベーションの場】

原山　本題に入りたいと思いますが、氏家さんは本書の中で「シリコンバレーというのはベンチャー企業の巨大なインキュベーションの場だ」と述べておられます。このイメージには私も強く共感できるのですが、しかしほとんどの人は「西海岸のシリコンバレーには次々とベンチャー企業が誕生している、だからあそこは凄いんだ」と、そう見ているわけです。シリコンバレーの本質を見極めるうえでは、それよりもむしろ、先ほど引用した氏家さんの言葉「ベンチャー企業のインキュベーションの場」という理解のほうがより現実に近いと思われるのですが、少し説明していただけますか。

氏家　シリコンバレーに移って現在の仕事を始めたころは、日々、物事を根本から考えさせられました。

会社を自分で興して一から始めたことも大きかったでしょう。顧客企業の事業テーマに行き着く前に、自分たちにできること、そのレベルを自問したうえで対外的に訴えなければならない。自分たちのビジネスだから、誰かに教えを請えるわけもなく、また、日本にいたときのように活字から膨大な情報を得られるわけでもなく、自分で考えるしかない。そして考えて得られたアイデア、実感を他者と議論してすり合わせる。これが一番楽しいわけですが、そんなことを何年か重ねていくうちに、シリコンバレーというのは私と同じようなことを種々の技術テーマ、ビジネス領域で日々実践しているアントレプレナーたちの集積地だと気づき、この地は「巨大なインキュベーションの場」なんだと実感しました。シリコンバレー特有のシンパシーの源泉は、どうもそのあたりにありそうです。

ところで、シリコンバレーというのはハイテクのメッカ、先端技術の集積地というイメージで語られることが多く、もちろんそれ自体は正しいのですが、現地で私が実感し、そして最近ますます意を深めているのは、当地では、「テクノロジーのレベル・先進性は前提条件で、それらを「事業化する」レベルの高さこそが当地の本質なのだろう」という思いです。その本質とはすなわち、技術・製品の初期的な事業化から、より大きな事業に発展させていく段階のことです。そこには技術を担うベンチャー企業、いわゆる「ハイテク・ベンチャー」が存在し、彼らの共同開発先になりうる大手企業がいて、ベンチャー企業を資金面ないしは事業化フェーズでサポートするベンチャー・キャピタルがいる。そして周囲には法律事務所やコンサルティング・ファームがいて、もちろんこれらの川上には大学が存在している。そうした「エコシステム」が確かに回っているわけです。

この「エコシステム」のなかでは、技術やその他事業シーズを持ったベンチャー企業がさらなる資金獲得のために投資家に働きかけ、より大きな仕事を得るために大手企業にアプローチするわけです。例えば、大学からスピンアウトしたベンチャー企業があって、最初はその出身大学だけと仕事をしていた、または政府系の資金だけで事業を展開させていたのが、その後、ベンチャー・キャピタルからお金をもらい、そしてＩＢＭにトライするなど、外の世界に少しずつつながりを持ち始めていくわけです。このプロセスが、いわゆるＭＯＴ（Management of Technology）なのだろうとも思います。

このとき、ベンチャー企業内のプロセスに注目すると、集結したメンバーのキャリア、つまり得意技に応じて、ＣＥＯの係やＣＦＯ、ＣＴＯ、マーケットマネージャー等々、さまざまな役割を分担することで、より短期間での急成長を図ります。上下関係ではない本当の意味での対等者同士の役割分担です。私は、そもそもベンチャー企業とはそういう存在で、またこれらを包括する生態系的なネットワークこそがシリコンバレーの本質、つまり「巨大なインキュベーションの場」であると、そう実感したわけです。事実、シリコンバレーの人たちは、そうした実感、意識をどこかで共有しているフシがあります。さきほどいったシンパシーです。

出川　私も西海岸にはずいぶん行きました。結果的には東海岸のベンチャー企業と一緒に仕事をすることになったのですが、それ以前には、シリコンバレーを訪れて何百というプレゼンを聞いています。しかし、どちらかというとローテク（基盤・既存技術）によるきっちりとしたものづくりを指向するハード系の大手企業に所属していた私は、シリコンバレーのテクノロジーに対する脆弱なイメージを最後まで拭い去ることができませんでした。

加えて当時のシリコンバレーには、大企業が来たら少しでも高く技術を売りつけようとか、自分がベンチャー・キャピタルから資金を獲得できたら大企業に対抗してやろうという特有の熱気があって、結局、ここのベンチャー企業と組むのは難しいと判断したわけです。

そこで東海岸に行ってみると、私たち日本企業とバックグラウンドを共有できそうなベンチャー企業がたくさんあって、しかも日本の少し先を行っている。一方のシリコンバレーは私にとって、日本のずっと先を行っている印象でした。こうした事柄を振り返ってみても、シリコンバレーは米国のなかでも特殊な地域であり、まさにベンチャー企業のインキュベーションの場として、またトライアルの場としてあり続けてきたように思えます。

ただしこれは一〇年から一五年前の話です。かつては米国のなかでも特殊な存在のように感じられたシリコンバレーも、その後の成熟によって変化が見られると思われます。このあたりはとても興味深いところです。

一方、東海岸との違いにも興味があります。私が一緒に仕事をしてきた東海岸のベンチャー企業には、ベンチャー・キャピタルという概念があまりありません。彼らはどちらかというと、大企業を迎え入れることで資金と技術の補完関係を結ぼうとします。ＩＰＯよりもむしろ、技術者が自己実現をしてその結果リッチになることを目指す。実際、大企業とひとつの契約を結ぶと六―七人のコアの技術者は個別に何千万から何億円のお金を手に入れることになります。そしてヨットやコテージを購入する。このあたりにも差異がありそうなので、ベンチャー企業のインキュベーションの場としてシリコンバレーを見たとき、どう変わってきたのかを知りたいところです。

【東海岸対西海岸】

原山　これまで対照的なケースとして頻繁に取り上げられてきた西海岸と東海岸ですが、そこにはある種の役割分担があったといわれています。もちろん、その補完関係は時と共に変わってきていると思われますが。

出川　その補完関係は、時間的なものさしとしての先端部分が西海岸ということでしょうか。それとも空間的なものとして事業の領域分担的なものと考えたほうがよいのでしょうか。

原山　両方あるような気がします。さきほど出川さんは十数年前にシリコンバレーを訪れたときに脆弱なイメージを抱いたとおっしゃいました。当時、シリコンバレーは育ちつつあったのではないでしょうか。

出川　いまから振り返ると、まさしく育つ途中にあったと思います。

氏家　そのころ、つまり一九九〇年代前半は米国経済がかなり悪く、シリコンバレーも新興企業を含めて元気がなかった時期でもあったので、「脆弱に見えた」という面もあったかもしれません。

原山　インキュベーションしつつある状況が、当時の出川さんには脆弱に映った。一方、日本の大企業が求めていた相手先はもう少し固い補完関係だった、そういうことになりますか。

出川　その通りです。当時のシリコンバレーは、ソフト分野は別としてハード系を主とした製造業系の日本企業と補完関係にはなり得なかったと思います。

氏家　産業の得意領域の違いという面もあると思います。シリコンバレーがカバーしてきたハードウェア分野といえば、半導体、コンピュータとその周辺機器、そしてネットワークです。そこにソフトウェアとインターネットが加わった。つまり、日本が得意とするエレクトロニクス領域全体をカバーしているわけではありません。

原山　あらためて現状に目を向けてみると、当時のインキュベーションを経て育ってきたベンチャー企業の体質や、さらにはそのビジネス・モデルも変わってきているかもしれません。

氏家　シリコンバレーの補完性と進化に関していうと、まず、ベンチャー企業からイノベーション的に立ち上げていくシリコンバレーのモデルは、もともとボストンを源流に始まったという点が挙げられます。大学の研究技術を活用して事業化し、それらを社会に還元していくというモデルは東海岸で誕生したわけです。一方、IBMやゼロックスに象徴される大企業というのは、そもそも社内ベンチャーによるR&Dにイノベーションの源泉があったものの、出川さんが本書で指摘されている通り、一九八〇年代、社内の研究所というのは完全に行き詰まってしまう。そこでシリコンバレーはこれらを補いながら、かつ後発であるメリットも活かしながらビジネスを展開してきたわけです。

さらに当地が東海岸と異なるのは、アメリカにおけるマイノリティの人たち、つまり中国やインド、イスラエル、韓国など、そういう国々の優秀な人材がUCバークレーやスタンフォードといった大学に集まって、しかも有り難いことに、この地に残ってくれたわけです。この人材層は、母国の貧しさ、賃金の低さ、市場のなさを振り捨てて、ある意味で退路を絶って、シリコンバレーでの勝負に賭けている。これは実際に、あるイスラエル人が言っていたことです。いわゆるアメリカン・ドリームでもありますが、もう少し切実なバックグラウンドが秘められていて、母国では得られないものにチャレンジし、その成果をしっかりと当地にもたらしました。こうした積み重ねがシリコンバレーを進化させる大きな要因だったろうと私は考えています。本論で触れた通り、海外との取り引き、結局それは彼ら母国ルートでのやり取りですが、そんな対外的な拡張というのは自然発生的に起きているわけで、これもその後の大きな進展のひとつかと思います。オフショア・アウトソーシングです。

出川　確かに東海岸というのはヨーロッパに向けて開かれてきた地域のように感じられます。ヨーロッパに向けて開かれているということは同時にクローズドな社会でもあって、いわばヨーロッパの伝統的な芸当の一環で東海岸に出店したという感が強い面があります。同じ観点から眺めてみると、シリコンバレーというのは最初から世界に向けて窓が開かれていたといえるかもしれません。

氏家　確かにそうですね。世界に向けて窓が開かれた背景は、ふたつあると思います。ひとつは先ほどコメントした構成人材で、特にアジア系の優秀な人材が集まって、卒業後もそのまま当地に留まって、そこの先発大手企業に入るか、あるいはキャリアを積んだ後に新興企業を起こす。そして、彼らのルーツである母国との連携を行うことで大きくなる。もうひとつの背景が、その技術製品開発ポジションに関わっています。つまり、シリコンバレー企業は、汎用技術・モジュールを供給するポジションにあるので、その後の事業段階で完成品として販売するためには国内外大手企業の存在が不可欠だった。だから、海外のブランド企業にも積極的に働きかけてきたわけです。

それから、シリコンバレーはいつごろから本格的にブレイクしたかという点ですが、東海岸での社内ベンチャー的なイノベーションが行き詰まったとき、ひとつの解決策として西海岸に面白い会社が多いという認識が芽生え、そこにパートナーを求めて出向いて行った。それが一九八〇年代後半。このあたりに特に注目しています。重要な点は、自然発生的に集積したベンチャー企業が大企業からその価値を認められ、そしてパートナーシップや資金提供の対象になっていったということです。

シリコンバレーでは、二〇世紀前半から少しずつ積み上げて、一九六〇年から八〇年にかけてベンチャー企業のレベルが向上し、技術的にもボリューム的にもさらに厚みを増していった。そして、この発展に対して、当時の大企業、特に東海岸側のＩＢＭやゼロックスといった有名な大企業が価値を見出した。このとき大企業が考えたことは、ベンチャー企業を育成するべきだとか、大企業は外とのパートナーシップを通じてイノベーションを促すべきだというような「べき論」ではなく、あくまで自分たちが要求する技術レベルに相手先が到達しているという事業判断に過ぎなかったはずです。

こうしたケースが増えて大きな節目を迎えたのが八〇年代後半です。つまり、全米的で伝統的な老舗大手企業がシリコンバレーに注目して一緒に仕事を始めた時期に、個々のベンチャー企業もブレイクしたし、結果的にシリコンバレー・クラスターの底上げも図られて、現在モデルの発展モードに移ったという流れになります。八六年のシスコ・システムズによるＣＶＣ設立は象徴的です。

【ベンチャー・キャピタルもまたベンチャー企業】

出川　以前、ある会合でベンチャー・キャピタルに関する氏家さんの発言を聞いてなるほどと思ったのですが、「ベンチャー」という言葉の発端は「ベンチャー・キャピタル」にあるのだそうですね。つまり「ベンチャービジネス」というのは日本における造語で、本来の意味からすると「ベンチャーたる人」とは、新しい技術を追い求める技術者よりもむしろ「お金を出す人」に対して用いるべき言葉ということになります。このとき西海岸と東海岸に目を向けてみると、東海岸はビューロクラティックな管理社会であるため保守的なお金の使い方をしてきたという違いが見えてくるような気がします。

氏家　確かに以前、ある講演会で、「ベンチャー・キャピタル自体が、ベンチャー企業の代表的な事業モデルだ」といいました。共通点は、他人から資金を集めて勝負する点です。手に職、つまり技術があればベンチャー企業側にまわり、技術に関心はあるが自身で開発できるほどではない、むしろビジネス展開が得意だ、そんな場合にベンチャー・キャピタルになる。特に独立系の新興ＶＣの場合がそうですが、自分たちがそもそも本質的にベンチャー企業的存在なわけです。だから、彼らが他の一般のベンチャー企業を育成するのはそれが「投資先」だからであって、そうでなければ本来そうした育成に身を乗り出す筋合いはない、それがシリコンバレー的な認識です。

原山　論点を整理しましょう。出川さんが指摘したのはベンチャーという言葉に含まれるリスク・テーキング行動のことだと思います。そもそもベンチャーというのは未知の領域にチャレンジすることで、当然ながらそこにはリスクが発生するわけですが、しかし技術者は新しいことにチャレンジして新技術を生み出し、そこに自分の存在意義を見出すのだからベンチャー精神を持つのはごく自然なことだと、そう出川さんはおっしゃったわけです。

そこで次に浮かび上がってくるのがお金です。投資家にしてみれば、新しいことよりもリターンがしっかりしていることに投資するのが普通のコンサバティブな態度なわけですが、このとき、あえて新しいことに特化して投資する、それがベンチャー・キャピタルということになります。

そこで、彼らベンチャー・キャピタルが何をやっているかというと、ただ大きな会社というわけではなく、自分たちで会社を作り、自分たちでマーケティングを展開して資金を集め、その投資先を見極めて注ぎ込んでいるわけです。まさにベンチャー精神に裏打ちされた企業といえそうですが、氏家さん、このベンチャー・キャピタルの構造について説明していただけますか。

氏家　ベンチャー・キャピタルという会社を立ち上げようとしている立場で考えていただくと解りやすいと思います。何が必要になるかというと、まず資金です。もちろん自分の資金は限られているので、周囲から集めなくてはならない。このとき、周囲、つまり最終投資家の関心は、「このファンドはどこに投資するのだろうか」とか、「それは儲かるのだろうか」といったことに向けられます。つまり、有望な投資先の存在が重要なわけです。有望な投資先がまわりにたくさんあって、個々の投資メリットを最終投資家に納得してもらった段階で初めてファンドに資金が集められ、投資が開始できる。そんな構造になっています。

出川　金融の素人からすると、お金の廻し方に工夫があるという面で非常に面白い構造だと思います。ここであえて教えていただきたいのですが、ベンチャー・キャピタルというのはどうしてシリコンバレーに集中して誕生したのでしょうか。

原山　そこには、技術系のベンチャー企業と、ベンチャー企業たるベンチャー・キャピタルの両方があることで双方の発展が可能になったという背景があります。先ほどの氏家さんの説明にもあったように、投資先を探し、投資家を説得する。これこそがベンチャー企業たるベンチャー・キャピタルのビジネス・モデルなわけです。こうした持ちつ持たれつの関係の集積によって発展したのがシリコンバレーということになりそうです。

氏家　確かにその通りだと思います。まず、企業投資事業として充分に成り立つと思えるくらいにまで投資対象が積み上ったとき、自然発生的に投資ファンドが生まれ、これをより組織的、継続的に運営すべくベンチャー・キャピタルという形態が確立されていった。そういうことになりそうです。その後、ますます当地にこのベンチャー・キャピタルが集中していったのは、やはり、人材と資金に好循環をもたらしてくれているエコシステムのなかで、優良な投資先としての新興ベンチャー企業が次々と生まれていったことに尽きるでしょう。そのことが、ベンチャー・キャピタルに資金を預ける最終投資家を一層引き付けることになった。こうした経緯は、特に独立系の民間ファンドの場合に顕著です。

他方、一般の民間投資マネーがなかなか手を出しにくい基礎的な技術研究・開発段階には、米国の政府系ファンドが対応します。また、老舗と呼ばれるベンチャー・キャピタルは、かなり投資会社化しています。出口戦略、つまり投資資金の最終的な回収戦略に端的に出ていますが、最近のM&A手法、つまり投資先の他企業への売却手法に代表されるように、その全体の投資回収方法論は、ずいぶん完成度を高め、成熟してきたという印象です。それは、特に二〇〇一年のバブル崩壊以降、ここ数年でさらに強まっています。

【大企業との共生】

出川　先の話題で氏家さんが、ベンチャー企業の価値を認めるのはマーケットではなく大企業であるとコメントされました。これはとても重要な側面だと思います。事実、私が見聞きしたベンチャーもほとんどが大企業の視点に基づいて立脚し、事業展開しています。ただ、ＩＰＯとなると、これはマーケットが企業の規模を決めると思うのですが。

原山　その場合、どんなマーケットなのかが重要となってきます。ベンチャー企業がカスタマーに直接売る場合もあると思いますが、多くの場合、その相手役となるのが大企業なわけです。そうするとやはり大企業がそのベンチャー企業の価値を認めるか否かが重要なカギとなります。ベンチャー企業から大企業へと成長して、プロダクトを自ら市場に流通させている企業もありますが、それは少数派です。

氏家　私が大企業との関係で頭に描いているベンチャー企業とは、ハイテク・ベンチャー企業です。かなり専門性の高い、技術者同士のやり取りが大手企業とベンチャー企業間で起こる、そんなシーンを念頭においています。一方、確かにＩＰＯでは、資本市場を介することで、そのベンチャー企業が持つ技術・事業納得性が一般大衆にも広く受け入れられれば時価総額も増えますし、その意味ではいわゆる会社の規模も大きくなるでしょう。ただしこの段階は、金融経済が介在した後の話で、私が議論しているのはそれ以前の、技術・製品開発段階のことなので、そういう意味ではよりイノベーティブな段階での話ですね。

出川　するとやはりＩＰＯも含めてベンチャー企業を語るには大企業の存在が欠かせませんね。

それから先ほど、東海岸を見ているとベンチャー・キャピタルの存在感が希薄だという話をしましたが、大企業が自身の一部分をベンチャー企業との補完関係で維持してきた東海岸では、本来的にベンチャー・キャピタルの必要性が低かったのかもしれません。結果的に西海岸が先行して東海岸が遅れた形となりましたが、別の視点から見ると、当初からインキュベーションの後の段階を迎えていたのが東海岸で、その前の段階の、飽和的で未分化な技術がいくつも育ちつつあったのがシリコンバレーだったと捉えることもできそうです。そしてシリコンバレーの場合、まさにハイリスク・ハイリターンの性質を備えていたためにベンチャー・キャピタルが必要だった。

氏家　確かにそういう見方はできるかもしれません。受け皿となるべき「既存大手企業」の厚みは確かに当時のシリコンバレーには欠けていたでしょう。八〇年代で、地元の大手企業といえば、ベンチャー企業の体質をいい意味でも維持していた先発のヒューレット・パッカードくらいだったでしょうし。

出川　ここで注目したいのが、ベンチャー企業はベンチャー・キャピタルも含めて手段であり、目的ではないという点です。ベンチャー企業さえ作れば何でもできるかというとそうではなくて、あくまでイノベーションのための手段でしかない。しかしそのイノベーションも、実は目的でなくて手段なわけです。例として技術者の立場から見てみましょう。彼らは自分たちが作った技術を少しでも早く世の中に出したい。なぜなら新しい技術を誕生させただけでは彼らはハッピーになれない。それが世の中の役に立って、社会全体がハッピーになってこそ価値が認められ、そして自分たちのもとへと還ってくる。そこで有効な方法を模索してみると、やはり結果的にたどり着くのはイノベーションで、そのための手段としてはベンチャー企業を立ち上げるのが早い。しかしお金がない。だから大企業やベンチャー・キャピタルに頼ることになる。一連の関連性は、このような連鎖として捉えられるような気がします。

原山　そうですね。ただ、手段や目的という言葉の捉え方については気をつける必要があると思われます。誰の視点から見た手段なのか、そして目的なのかという点です。例えば政策論で取り上げるイノベーションがあって、次いで大企業が自ら起こすイノベーションがある場合、このとき、大企業の視点から見るとやはりベンチャー企業というのは手段になるのですが、しかし先ほど出川さんがおっしゃったような「技術者の視点から見た手段」とは意味合いがだいぶ変わってきます。

ここで、日本の政策論で取り上げられてきた論点について少し触れたいと思います。そこにはまず、国の経済成長をプロモートするにはイノベーションが欠かせないという議論の出発点がありました。そして議論が重ねられ、これまでは大企業がリーダーシップを発揮してイノベーションを起こしてきた、しかし大企業にも限界がある、それならばということで目を付けたのがベンチャー企業だったわけです。そして横を見たらシリコンバレーがあって、どうやらベンチャー企業が原動力になっている。そこから、ベンチャー企業を増やそうというロジックで進められてきたのがこれまでの日本の政策論でした。マクロな視点とミクロな視点が混在していたわけです。何よりも留意すべき点は「誰の視点で」という部分にあったのです。

本書の主題に戻ってみましょう。本書では、ベンチャー企業の最大の原動力はイノベーションを起こすことよりもむしろ、自らが持てる技術の事業化にあると見てきました。では、それらベンチャー企業を次のフェーズへと導いているのは何か。そこには、大企業がベンチャー企業に価値を見出してパートナーシップを確立し、資金を提供し、その成果として開花した技術を自分たちの事業に活かしているという事例を見出すことができました。こうしたさまざまな要因がイノベーションに作用しているのではないかという考えを本書のスタンスとしてきたわけです。

そこで、これまでの議論をまとめてみると、やはりベンチャー企業だけでイノベーションまでたどり着くことはなく、先ほどまでに出てきた大企業やベンチャー・キャピタルといった外部とのインタラクションによって結果的にイノベーションが引き起こされていると見ることができそうです。

氏家　そうですね。そのインタラクションにおけるベンチャー企業の立場について、本書はベンチャー企業に焦点を絞って議論を重ねていますが、ベンチャー企業が大企業とコラボレートするレベルに達したことで双方が共に発展できたという歴史的背景からすると、まず大企業の存在が必要だったことになります。ベンチャー・キャピタルがベンチャー企業の見極めをする際、大手企業に確認を入れたり、そことの取引関係を重視したりするのも自然な関係であるわけです。

ところで、本書でいう、「ベンチャー」という言葉を、通常の「ベンチャー企業」としてのみ位置づけると、少し狭いというか、意図しているところと少し違うと感じられる面があります。私の書いた箇所は特にそうですが、そこでの「ベンチャー」は、「イノベーションへのチャレンジ」という捉え方で解析を試みているので、ここは読者の方々にも認識してもらいたいと思います。

【アントレプレナーシップ】

原山　先ほどの氏家さんのコメントのなかに、シリコンバレーにおけるアジアの人材に関する話題がありました。確かにシリコンバレーではアメリカがオリジンではない人たちがかなりの割合で活躍しています。独自のカルチャーが存在するわけです。

そこで、この「カルチャー」に関して、「シリコンバレーはアントレプレナーシップを持つ人たちが独自のカルチャーを育ててきたから発展した」という説明をよく耳にします。アントレプレナーというのはまさに技術を事業化へと導く主役なわけですが、これをインキュベーションという視点で見ると、彼らが周囲とのインタラクションのなかでアントレプレナーシップを身につけていったそのプロセスもまた、シリコンバレーが外部を上手く巻き込みながら成長できた背景として捉えられそうな気がします。

氏家　以前、シリコンバレーで、ある新興ベンチャー企業を訪問して、ある担当者に「ＭＯＴについて意見交換したい」といったら、「それ何ですか？」という感じで怪訝そうな顔をしていました。確かに、彼らにしてみれば、ＭＯＴつまり技術経営というものは、技術を事業に仕立てていくという行為において日々の生活そのものであって、体系化された概念として論じるべきものではないということでしょう。同じように、アントレプレナーシップ、ベンチャー精神も、それを現場で実践している人たちからすれば、実は意識するまでもない、またそんな暇もない、空気のように当たり前の行為なのかもしれません。そんな捉え方に真実味を感じるのも事実です。もちろん、その彼自身、インドにおける最高の工科大学であるＩＩＴ（インド・インスティチュート・オブ・テクノロジー）出身の秀才で、ＭＯＴの概念はしっかり身につけていての話ですが。

ただ、そうはいっても、実際にシリコンバレーも、その産業クラスターが形成されつつあった段階では東海岸をモデルにしたわけで、そこにあるアントレプレナーシップやＭＯＴ的な考えを学びながらスタートしたことは間違いないと思われます。

原山　ここでは、アントレプレナーシップやＭＯＴという概念が生まれたプロセスに注目すべきかもしれません。人は、アントレプレナーを目指して起業するのではなく、事業を成功させようという強い意志によって起業するわけです。そして周囲とのさまざまなインタラクションを経て最終的にアントレプレナーへと育っていく。MOTも同じで、さまざまな現場におけるいくつもの学習の成果が学問として体系化され、広く共有化が図られたものといえます。

出川　現場の感覚からコメントしたいと思います。私も新規事業の立ち上げをいろいろ経験してきた一人です。三〇年も前のことですから、MOTはもちろん起業家精神という言葉すらまだ存在しなかった環境で、成功と失敗の両方をいくつも経験しました。そしていま、米国で書かれた多くのイノベーションやMOTに関連する著作、例えばドラッガーやクリステンセンの著書を読んで自分の過去を振り返ってみると、やはり多くの無駄が見えてくるわけです。こうした点だけを取ってみても、有効な学問体系があるならばそれは活用すべきだと思います。

アントレプレナーシップに関していうと、たとえ教育で十分に身につくものではないにしろ、知識として共有化を図ることで起業家精神の大切さやそれを身につけるためのヒントを与えることはできると思います。四年前から続けてきた東北大学での講義についても、体系化されたものをひとつ作るという意味で要素分解していくと、やはり最後は人材、そして起業家精神に落ち着くのかもしれません。

また、世の中には起業家精神を語る人がたくさんいて、それぞれ意味があると思いますが、できれば一度、省庁や大企業といった肩書きから離れて語ってほしいという気持ちも一方ではあります。そうすると起業家精神の大切さが迫力を持って実感できる、そんな体系化が果たされるかと思います。ここが日本の大きな課題のひとつかもしれません。
起業家精神というのは、チャレンジ精神やハングリー精神と基本的に異なるような気がするのです。後者はどちらかというと自分が生き残ることをより強く求めている。しかし一方の起業家精神というのは、さまざまなことを広く認め合って、コミュニケーションしながら、なおかつそれで新しいことを始めようとしている。私はそういう風に理解したいと思っています。

氏家　出川さんの話を聞いていて、ふと思い出したのですが、最近の中国についてです。報道で見たのですが、中国のある工場では日本の金型工場のノウハウがマニュアル化されていて、日々のトレーニングのなかで若い人たちが着実にスキルアップしているそうです。そして、日本では町工場が担っているようなものづくりを大量生産モデルにまで発展させている。まさに重要な点を概念化、マニュアル化して共有し、それを現場に落とし込むことで成功しているわけです。この場合、起業家精神とは少し違いますが、共通の概念や理念を掲げ、それをモチベーションにもしている。これ自体は、言葉にはしないまでも「アントレプレナーシップ」と相通じる、とても大事なことだと思います。

【イノベーション・エコシステム】

原山　イノベーションにおける一種のバリューチェーンのなかでベンチャー企業を捉えたとき、彼らはどの部分を主役として担うのかという議論があります。もちろん、ベンチャー企業が存在するだけで完結するものではありません。では、ベンチャー企業はいかに他の部分と絡み合っていくのか。まさにそこを追究するために私たちは集まったわけです。そして出てきたのが「エコシステム」という概念でした。

これまでの議論では、エコシステムにおいて作用するインキュベーションとその先にあるイノベーションとの関連性が見えてきたように思います。エコシステムのなかでは、技術が育ち、発起人たるアントレプレナーも育つなかでベンチャー企業そのものも育っていく。しかもそのフェーズのなかには、ベンチャー・キャピタルをはじめとする外部とのインタラクションがあって、さらに成果を受け取る大手企業が存在する。なかでも興味深かったのは西海岸が東海岸をモデルに発展してきたという部分でした。

そこで気になってくるのが日本の状況です。日本はアメリカを見ながらベンチャーをプロモートする必要があると思ったわけです。そしてベンチャー企業をサポートするにはベンチャー・キャピタルも必要だというロジックから施策的に手当てしながらこれを進行させようとしています。しかしここにきて、形はコピーしたものの何かが欠けているということになった。まさに欠けているのはエコシステムだったのではないでしょうか。

いま、日本のベンチャー企業は奮闘しています。それも自分たちだけで。もちろんそれでは不十分なわけです。私たちが取り上げているエコシステムというのは補完的な関係によって成立するものなので、単純なパズルとして見ても現在の日本はパーツが欠けている。しかも、さらなる問題として、パーツを埋めたからといってエコシステムが機能するわけではないという課題も残されています。ベンチャー・キャピタルを増やせばいいとか、アントレプレナーシップを浸透させればいいとか、そういうことではないわけです。ここでは、そうしたパーツを対象にした議論の限界、その先について議論を試みたいと思います。

出川　原山先生が本書のなかで「システム」と「エコシステム」という言葉を明確に使い分けていて、私はなるほどと思ったわけです。システムというのは目的からブレイクダウンした事柄で構成されているので方向性がはっきりとしている。だからターゲットが明確な場合は「システム」として開発すればいい。ところが今回取り上げているエコシステムというのは方向性がぼんやりとしか見えない。しかしそのなかでは、個々が自己最適化を図りながら役割分担がなされ、まさに全体として同時に育っている。これは不確実性要素が多いイノベーションと相性がいいわけです。したがってイノベーションはシステムではなく「エコシステム」で考えていくべきだと、私はそう捉えています。

ただ、多くの人がまだシステムとして捉えているために、例えばシリコンバレーのクラスターというシステム、または産学連携というシステム、あるいはベンチャーを作り出すシステム、これらを個別に持ってきて、それぞれのモデルに従った「システム」として組み上げている。これこそが日本流イノベーションの大きな妨げになっているように思われます。エコシステムの形成を推進するには、まずトータルな話から始める必要があるのではないでしょうか。トータルな話ができる人が少ないという課題も一方にはありますが。

ここで本書の主題であるベンチャー企業に目を向けてみると、実は開発型の中小企業というのは、先ほどの氏家さんのコメントにもあった通り、MOTなどのマネジメントをごく当たり前に実践しながらイノベーションを目指しているわけです。私たちもそうした事例から多くのことを学んできました。ただし日本の現状としては、そんな中小企業をまだ上手に活かしきれていない。こうした事柄を見ても、中小企業の方々には自分たちが日本のイノベーションを背負っているという意識をもっと強く持っていただきたいし、同時に、周囲の方々もそうした中小企業を上手に活かしてほしい。これらがアクションとして循環すると、まさにエコシステムに近い仕組みが誕生するのだろうと思います。これがひいては、起業家精神の実践につながるものと思っています。

氏家　ここで、エコシステムの本質を整理した方がよさそうですね。その構成要素ですが、一番目が「人材」です。特にこれは日本に視点を移して考える場合、とても重要な要素になると思われます。二番目に「資金」です。三番目としてすでに述べた「海外とのつながり、グローバル展開」です。

まず人材に関していうと、日本ではよく、ベンチャー人材がいない、といわれます。ある面、そうかもしれません。人材自体が大手企業に偏在していますから。つまり、優秀な技術・事業人材が、大組織の外になかなか流動化しない。そこで、シリコンバレーの大企業人材はどうなっているか。大企業とベンチャー企業との間で共同開発、またはジョイント・ベンチャーを起こす、または独立ベンチャー企業が新たにベンチャー・キャピタルから資金を手に入れて、新たに大手企業から人材を引き抜く、これらの過程で起きているのは大企業人材のベンチャー側への流出です。もちろん大手企業からのスピンアウト起業の場合もこれに当てはまります。

そうした現象は、結果として、ベンチャー企業と大企業、大学といった各領域の人材が有機的かつフラットに結びついたシームレスな状況を形成していきます。その結果、ベンチャー企業だとか大企業だとかという垣根が低くなっていく。この背景には、厚いVCマネーがありそうです。もちろん、VCからの資金調達に成功した場合ですが、そこでは、大企業からベンチャー企業に移っても、ベースの収入が担保されている。そのうえさらに、成功を目指す大いなるモチベーション感があるわけです。この点は、日本におけるイノベーション・エコシステムの「人材」を考えるうえで、かなり現実的な問題といえます。加えて、大企業に「いる」と「いない」とでは社会的な立場、扱い、自身の意識が変わってくることも、もうひとつの大きな違いです。

人材についてさらにいうと、先ほども触れたように、シリコンバレーには海外、特にアジア諸国の優秀な人材が集まってきています。そしてアメリカのなかでもシリコンバレーの方が東海岸よりも三割ほどエンジニアの給料が高い。つまり、イノベーションを担う人材が大企業や国内外から優秀な順に集まってきているわけです。この部分も、日本はまだ時間がかかるように思われます。ただし、シリコンバレーを担ってきたアジア人材も地理的には近い存在なので、可能性は大いにあると思っています。

もっとも、大企業のなかにいるからベンチャー・エコシステムとは遠い存在かというと、とんでもない。オープン・イノベーションの担い手は誰なのかというと、それはまさに大企業のなかにいるアントレプレナーであるわけです。大企業にあって、自社のニーズとの見合いでベンチャー企業を見極め、ベンチャー・エコシステムを牽引していくのは、他でもない大手企業側の人材であるのは事実です。

次に、エコシステムを資金面から捉えてみます。簡単にいえば、シリコンバレーのベンチャー企業は、常に大企業の製品開発ニーズを補完するポジションにいてくれるので、アメリカ国内の企業から見ても、海外の企業から見ても、いいパートナーであるわけです。そこでは資金が、直接的にも間接的にも、産業化フェーズに重心を置く大企業から製品開発系のベンチャー企業へと還流していきます。この資金還流のメカニズムが、シリコンバレーではすでに仕組みとしてビルトインされていて、イノベーション・エコシステムのひとつの大きなエンジンになっています。

余談ですが、そうしたメカニズムの有効性について、カリフォルニア州政府もこれに途中で気づいたのかどうかは判りませんが、シリコンバレーをハイテク技術、そして汎用製品（モジュール）開発のメッカとして位置づけてブランディングすれば、国の内外から資金も情報も人材もどんどん集まってくる。そして実際にそうなった。確かにこれは、ブランディングの大いなる成功事例といえそうです。

出川　人材におけるエコシステムについて、実際の生態系と照らし合わせて考えてみたいと思います。ある生態系が存続するための条件として、まずそこに含まれる個々の生命体が過酷な条件下でサバイブできることが挙げられると思います。これをシステムとエコシステムにそれぞれ当てはめてみると、そもそも「システム」というのは全体として存命を図る方向でオーガナイズされているわけですが、しかし「エコシステム」にあっては、どんなに優秀な人材であっても自立できない個体は生き延びるのが難しい。また生き延びるだけではビジネス面においてあまり意味がなく、「成功する」ことが求められます。

ここで浮かび上がってくるのが日本の企業人材の体質です。企業のことだけ考えるよう教育されてきたために、なかなか外へ出ようとは考えない。単独でサバイブする自信がないわけです。しかし、人材が流動化しないことにはエコシステムが動かない。この点に関する議論がないままアメリカのエコシステムを持ってきたところで、誰も生き残れないのではないかという懸念があります。

実はクラスターという概念にも似たような懸念を抱いていて、これは企業同士の連携に関わるなかで実感してきたことなのですが、弱い企業と弱い企業を連携させたところですぐに潰れてしまうわけです。連携というのは強い企業同士の間で行われてこそ有効に作用する。技術移転も同じで、やはり強い特許と強い受け皿とが揃わないと望ましい成果が得られない。これはエコシステムの基本だと思います。

ここで「オープン・イノベーション」に関していうと、これは、すでにエコシステムのなかで生きている人たち、すなわち連携や技術移転を実践している中小企業などにとってはごく当たり前に行われてきた行為なわけです。ただ、オープン・イノベーションという言葉を現在における現象として捉えてみると、これまでクローズド・イノベーションで生きてきた大企業が自らを改革するための概念として取り入れ始めている。つまり過去に視点を置いたとき、エコシステムにおけるオープン・イノベーションというのは当たり前の行為なわけです。このことは、産学連携、そしてベンチャー企業という小さな組織についても同じことがいえると思います。本書は、そうしたひとつひとつの行為について、現在の視点からあらためて考察を加えてきたといえそうです。

【ベンチャー企業にとってのイノベーション・エコシステム】

原山　ベンチャー企業を中心に据えた際の「エコシステムの要」について考えてみたいと思います。まず、ベンチャー企業に関しては、氏家さんのコメントにもあった通り、自然発生的に誕生し、そして育っていくものだという認識が前提としてあります。そうした環境は、まさにベンチャー企業が誕生し、育っていくための必要条件を兼ね備えているのですが、ただ、それだけでは不十分なわけです。なぜ不十分かというと、ベンチャー企業は各要素と「取り引き」することにより自らを維持し成長させていくからです。彼らは、ベンチャー・キャピタルと「取り引き」することにより資金を調達し、大企業との「取り引き」を介して自らの技術を売り込み、さらにカスタマーと「取り引き」を行うなかで利益を獲得し、誕生し、育まれ、成長していくわけです。つまりこれらの「取り引き」がないところにベンチャー企業は誕生しないし、育たない。先ほど出川さんが触れたクローズドな世界というのは、まさにこうした「取り引き」が存在しない世界といえます。

では、誰が「取り引き」をするのか。やはり、それは「ひと」ということになりそうです。それも、外の世界とコミュニケーションできるひとでなければならない。このとき、ひととひとがいくら話を詰めたところで、血が通っていなければ何も成立しません。血というのは情報であり、またお金でもあるわけです。そうしたことは、イノベーション・エコシステムという概念にとって、極めて重要な要であるように思えます。

最後に、本書の締め括りとして次のことを読者の皆さんに伝えたいと思います。本書はこれまで、米国の西海岸と東海岸の事例を紹介するなかで日本の話題を取り上げてきました。こういう構成をするとあたかも米国モデルの導入を第一のスタンスとしているように思われがちですが、しかしそうではありません。米国でのケース、つまり西海岸と東海岸の違いに着目することで私たちは、各々の場所におけるそれまでの歴史を含めたさまざまなファクターの相互作用の結果として、イノベーション・エコシステムが形成されてきたという事実を見出してきました。従って、個々の場において、それぞれが独自のエコシステムを形成していくというスタンスこそが、本来の命題としてはふさわしいと思われます。

日本についても同様で、国内に一律のイノベーション・エコシステムが存在するわけではありません。それぞれの場、または地域においてどのようなエコシステムが形成されるのか、そのときベンチャー企業はどのような役割を担っていくのか、こうした議論こそが重要なわけです。それは政府が決めるようなものではなく、地方自治体が計画するようなものでもありません。そもそも計画してできないからこそ「イノベーション」なのです。

もちろん、イノベーションが起こるような状況を施策として準備することはできます。しかし、そこには限界がある。ここで重要となるのが「ひと」です。では、そのひとについてはどうすればいいのか。これは、実は基本的な教育にたどり着く課題でもあるのです。単にアントレプレナーシップを身につければいいということではありません。相手のことを理解し、複数の価値観を認めるなかで周囲の人たちを上手に巻き込み、そしてアントレプレナーとして業を起こす、そうした力がほしいわけです。そのような力を持つ人たちが育ち、集まってくるとその地域は強くなっていくし、その国は強くなっていくのではないでしょうか。氏家さんと出川さん、最後にコメントをお願いします。

氏家　改めて米国の産業システムを考えると、自由自在な企業間パートナーシップがその大きなエンジンとなっていると実感します。会社の規模を越えたお互いの強み、補完関係を認め合いつつパートナーシップを進めるなかで、企業同士が成長し、結果的にクラスターも成長してきました。しかもそれは、当然ながら、事業判断の積み上げとして自然発生的に起こっている。そして、産業政策とは、そんなエコシステム、つまりは軌道にまで持っていくための推進エンジンであると感じます。

出川　私は、いろいろなことをいったものの、実は楽観的なのです。日本という国は危機に瀕した際に最適化する能力が高い。多様な人材がいるおかげで、厳しい条件のなかでも上手に最適化が図れる。ただし「個人」という場では、生態系というのは厳しいサバイバルを強いてくると思います。特に日本の技術者は真面目なので、いざというとき翻弄されないためにも、また自己実現して成功するためにも、いまから視野を広げておく必要があるかもしれません。そのとき、本書が少しでも役に立てば幸いです。

原山　ありがとうございました。これで終わりたいと思います。

な 行

は 行

ま 行

や 行

ら 行

さ 行

た 行

索　引

あ　行

か　行

■ 著者紹介

原山　優子（はらやま　ゆうこ）

1951年東京都生まれ。ジュネーブ大学大学院教育学研究科博士課程修了（教育学博士），同大学院経済学研究科博士課程修了（経済学博士）。1998年，ジュネーブ大学経済学部助教授に就任。その後，日本の経済産業研究所研究員を経て，2002年，東北大学大学院工学研究科技術社会システム専攻教授に就任し，現在に至る。大学評価・学位授与機構の特任教授，総合科学技術会議の非常勤議員などを歴任。

■ 主要著書

原山優子（2001）「シリコンバレーの産業発展とスタンフォード大学のカリキュラムの変遷」青木昌彦他編『大学改革　課題と争点』東洋経済新報社。

原山優子他（2003）『産学連携「革新力」を高める制度設計に向けて』東洋経済新報社。

Jiang, J., Y. Harayama & S. Abe（2007），"University-Industry Linkages in the Japanese Context, Between Policies and Practice," in S. Yusuf（eds.）, *How Universities Promote Economic Growth*, World Bank Publications.

■ 主本書執筆担当

はじめに・第1章・おわりに

氏家　豊（うじいえ　ゆたか）

1956年宮城県生まれ。東北大学経済学部卒業。日本の大手証券会社にてコーポレート業務に従事。米国西海岸の主力企業日本法人も担当。1999年，カリフォルニア州シリコンバレーにSBF,Inc.を設立（President & CEO）。以来，現地人材とともに，主に日本企業向けの技術・製品開発，事業開発関連サポート業務を行い，現在に至る。日経ネットの「海外トレンド」ライター，日本の複数自治体の海外アドバイザーを歴任。

■ 主要論文

「シリコンバレーの資金集積メカニズム」「日米の事業気質比較」「シリコンバレー流事業連携」「M&Aの時代」ほか：（日経ネット連載）

「地域クラスターの可能性」「日本社会の拡大をデザインする」「新製品，新機軸導入の要」「米国製造業の生き残り戦略」ほか：（自治体への寄稿）

■ 主本書執筆担当

第2章2節・第3章1節・第4章・第6章1節

出川　通（でがわ　とおる）

1950年島根県生まれ。東北大学大学院工学研究科修了（工学博士）。日本の大手重工業メーカーにて研究開発から各種コーポレートベンチャーを起業し内外の中小企業，ベンチャー企業と連携していくつかの新事業を創出。

2004年，㈱テクノ・インテグレーションを設立（代表取締役）。多数のベンチャー企業の創業に参画するとともにNEDO技術委員，JSTアドバイザリーボードほか多くの役職に就任。早稲田大学・東北大学・島根大学・大分大学・香川大学客員教授なども併任し現在に至る。

■ 主要著書

『技術経営の考え方：MOTと開発ベンチャーの現場から』光文社新書，2004

『新事業創出のすすめ―プロフェッショナル技術者を目指して』オプトロニクス社，2006

『図解「独立・起業」成功プログラム』秀和システム，2007

『「理科少年」が仕事を変える，会社を救う』彩流社，2008

『図解入門ビジネス 最新MOT（技術経営）の基本と実践がよ～くわかる本』秀和システム，2009

■ 主本書執筆担当

第2章1，3節・第3章2，3，4節・第5章・第6章2節

■ 産業《さんぎょう》革新《かくしん》の源泉《げんせん》
―ベンチャー企業が駆動するイノベーション・エコシステム―
〈検印省略〉

■ 発行日――2009年7月6日　初版発行

■ 著　者――原山《はらやま》　優子《ゆうこ》・氏家《うじいえ》　豊《ゆたか》・出川《でがわ》　通《とおる》

■ 発行者――大矢栄一郎

■ 発行所――株式会社　白桃書房《はくとうしょぼう》
〒101-0021　東京都千代田区外神田5-1-15
☎03-3836-4781　Ⓕ03-3836-9370　振替00100-4-20192
http://www.hakutou.co.jp/

■ 印刷・製本――亜細亜印刷

ISBN978-4-561-75181-6 C3063